学术争鸣竞放
丝路再铸辉煌

XUESHU ZHENGMING JINGFANG
SILU ZAIZHU HUIHUANG

——第五届经济全球化与
21世纪中亚经济国际学术论坛论文集

国际学术论坛组委会 主编

中国财经出版传媒集团
经济科学出版社
Economic Science Press

图书在版编目（CIP）数据

学术争鸣竞放　丝路再铸辉煌：第五届经济全球化与 21 世纪
中亚经济国际学术论坛论文集/国际学术论坛组委会主编．
—北京：经济科学出版社，2017.12
ISBN 978 - 7 - 5141 - 8976 - 6

Ⅰ．①学…　Ⅱ．①国…　Ⅲ．①世界经济 – 国际学术
会议 – 文集②经济发展 – 中亚 – 国际学术会议 – 文集
Ⅳ．①F113 – 53②F136 – 53

中国版本图书馆 CIP 数据核字（2018）第 009544 号

责任编辑：李　雪　张庆杰
责任校对：王苗苗
责任印制：邱　天

学术争鸣竞放　丝路再铸辉煌
——第五届经济全球化与 21 世纪中亚经济国际学术论坛论文集
国际学术论坛组委会　主编
经济科学出版社出版、发行　新华书店经销
社址：北京市海淀区阜成路甲 28 号　邮编：100142
总编部电话：010 - 88191217　发行部电话：010 - 88191522
网址：www. esp. com. cn
电子邮件：esp@ esp. com. cn
天猫网店：经济科学出版社旗舰店
网址：http：//jjkxcbs. tmall. com
固安华明印业有限公司印装
710 × 1000　16 开　17.75 印张　340000 字
2018 年 12 月第 1 版　2018 年 12 月第 1 次印刷
ISBN 978 - 7 - 5141 - 8976 - 6　定价：55.00 元
（图书出现印装问题，本社负责调换。电话：010 - 88191510）
（版权所有　侵权必究　打击盗版　举报热线：010 - 88191661
QQ：2242791300　营销中心电话：010 - 88191537
电子邮箱：dbts@ esp. com. cn）

前　言

一、缘　由

20 世纪 90 年代，为获"世川良一"奖学金，我们以"新疆经济发展与中亚经济圈"为申报选题，幸被批准立项，并在立项批复中专门写到"资助'新疆经济发展与中亚经济圈'"这样的项目。从此，新疆大学开始了中亚经济的研究，但这时的研究还只局限在点到点的空间范围研究，而未能将中国新疆、中亚五国作为全球经济中的一个子系统来研究，特别是在美国提出"新丝绸之路"，日本（亚洲开发银行）提出"振兴中亚计划"（"海上丝绸之路""陆路丝绸之路""空中丝绸之路"）后，我们认识到对中亚经济的研究，必须应该将其放在经济全球化、金融国际化、企业跨国化、社会生活信息化的背景下进行。于是鲍敦全老师和我经过反复讨论交流，决定经济研究所主要研究领域之一就是"经济全球化与 21 世纪中亚经济"，这就是会议主题的缘由。

二、轨　迹

按这个主题，除每年召开"中亚经济"年会外，每 2 ~ 3 年召开一次"经济全球化与 21 世纪中亚经济国际学术论坛"，由于各方面原因，仅召开了五届（包括本届）。尽管会议未能按照原计划实施，但新疆大学对于中亚经济的研究却始终没有停止。1995 年，我们提出的"中亚经济圈"的概念，包括其圈内外人流、物流、资本流、技术流和信息流；1999 年提出的"中亚区域一体化"的概念；2000 年提出的建立

"中亚自由贸易区"的设想；2004 年又提出"东西协同、立足新疆、直面中亚、走向世界"的系统思想，为我们后来的研究领域设定了基本理论框架。

三、探　　索

今天，在经济全球化新格局背景下，中国提出的"一带一路"倡议已经成为沿线国家、民族的共同心声！为了更深入地研究"一带一路"倡议的历史演进和变迁轨迹，"一带一路"建设的空间结构，"一带一路"倡议的理论基础和现实条件，"一带一路"倡议的实施战略与实现路径，并试图对在经济全球化背景下中亚经济的发展趋势做出我们的判断，我们召开了本届研讨会。

参会论文 24 篇，除 3 篇为综合专题研究外，其余 21 篇均围绕"一带一路"倡议而展开。既有讨论"中俄合作投资"的，也有讨论"丝绸之路经济带发展新方向""丝绸之路与欧亚同盟对接"的，还有讨论"全球价值链"的，等等。这些论文时代感强，研究的问题均是在推进"一带一路"进程中所面临的重大理论和现实问题；文实非泛，文实是指有骨头有肉。收录的论文绝大多数没有套话、大话，有问题论问题，有论有证。其论点、论据明确可信，其结论"言有尽而意无穷"。

当然，唯一不足的是我们硕士、博士研究生的参与少了一些。

四、展　　望

以"一带一路"倡议为主题的研究，正在向纵深发展；"一带一路"倡议的实践正在"一带一路"沿线国家生根发芽、开花结果。"一带一路"建设的推进，定会助推中华民族伟大复兴的中国梦，并且将惠及亚洲、欧洲、非洲乃至全世界，这对于提升世界经济繁荣发展，构建人类命运共同体，具有深远的历史和现实意义。

现在，"一带一路"的建设发展正方兴未艾，但也有风险和挑战。作为理论工作者，应齐心协力，共同为"一带一路"建设目标的达成尽绵薄之力，也希望我们的理论成果能让政府决策有所参考。

以上数语，权当前言。

新疆大学经济研究所

何伦志

目　　录

丝绸之路经济带与欧亚经济联盟合作对接的政治经济分析[*]

冯宗宪

（西安交通大学欧亚经济论坛与全球发展研究院）

摘　要：本文讨论了丝绸之路经济带与欧亚经济联盟合作对接问题，并将其简称为欧亚区域经济一体化合作进程。首先，本文介绍了丝绸之路经济带与欧亚经济联盟合作对接背景。其次，对以丝绸之路经济带与欧亚经济联盟合作为基础的欧亚经济合作对接，进行了政治经济学分析。讨论了功能一体化、协定规则一体化以及相互依存和国际机制问题。再其次，讨论了欧亚经济一体化合作对接的动因、机制和方式。最后，对欧亚经济一体化合作对接的风险管控进行了分析，提出了相关的政策建议。

关键词：丝绸之路经济带；欧亚经济联盟；合作对接；政治经济分析

一、丝绸之路经济带与欧亚经济联盟合作对接背景

2013 年 9 月和 11 月中国国家主席习近平在出访中亚国家和东南亚国家时，分别提出了共建丝绸之路经济带和 21 世纪海上丝绸之路的倡议。2015 年 3 月 28 日，国家发改委、外交部、商务部联合发布《推动共建丝绸之路经济带和 21 世纪海上丝绸之路的愿景与行动》，标志着丝绸之路经济带建设已由倡议阶段迈向方案制定和落实推进阶段，这在欧亚大陆板块开启了新的区域发展和区域合作模式，为欧亚大陆相关国家增添新的经济活力和发展动力。

欧亚经济联盟是一个由白俄罗斯、哈萨克斯坦、俄罗斯、亚美尼亚、塔吉克

---

* 本文获国家社会科学基金重大项目、国家自然科学基金应急项目和陕西省社会科学重大项目资助。

斯坦、吉尔吉斯斯坦 6 个国家为加深经济、政治合作与融入而计划组建的一个超国家联盟。2011 年 10 月，该计划由俄罗斯时任总理普京以欧盟为基础而提出并引发关注的。但作为一个概念，是由哈萨克斯坦总统纳扎尔巴耶夫于 1994 年在莫斯科大学演讲期间首次提出的。需要说明的是，这里的欧亚主要是指狭义上的"欧亚地区"，也就是独联体地区。独联体的框架为成员国提供了一系列功能性服务，包括运输、社会福利、植物检疫标准，最重要的是免签证旅游和劳动力迁移。

2011 年俄、白、哈三国领导人签署《欧亚经济一体化声明》和《欧亚经济委员会协议》，决定从 2012 年启动欧亚经济一体化的新阶段，即统一经济空间。2014 年 5 月，俄、白、哈三国领导人在哈萨克斯坦首都阿斯塔纳签署了《关于建立欧亚经济联盟的协议》。根据条约，欧亚经济联盟已于 2015 年 1 月 1 日正式启动，到 2025 年联盟将实现商品、服务、资金和劳动力的自由流动，终极目标是建立类似于欧盟的经济联盟，形成一个拥有 1.7 亿人口的统一市场。

然而，在讨论与丝绸之路经济带对接中一直有一些不同的声音。早在中国提出"一带一路"倡议伊始，俄罗斯国内主流学者是抱着非常谨慎的态度进行观望的，有学者认为，中国"一带一路"所穿过的中亚地区一直以来是俄势力主导的范围，所以俄罗斯起初的态度不是非常积极，甚至国内反对声不少。俄方有人认为丝绸之路经济带对欧亚经济联盟产生了排斥、挤压和替代效应。俄罗斯一些学者认为"明确回答欧亚经济联盟与丝绸之路经济带能否结合的问题不是那么简单。俄罗斯和中国拥有不同的历史和价值观，发起国追求的目标也不一致，有时还互相矛盾。"① 也有俄罗斯学者甚至认为"丝绸之路"是中世纪的浪漫神话故事，俄罗斯的政治家绝对不该支持中国的这个神话故事，否则容易让中亚国家的公众舆论产生不再需要依赖俄罗斯的幻想。② 对俄罗斯而言，新"丝绸之路"建设还有一个不利影响，即它显著提高了中国在该地区的经济和地缘政治影响力，造成俄罗斯影响力不可避免地相对下降。③ 中俄在中亚区域的利益可能会发生碰撞，中国在该区域影响力的提升可能会削弱俄罗斯的影响力等。

俄罗斯专家从公认的中俄在中亚存在引人关注的角逐这个事实出发，认为未来欧亚经济联盟与"丝绸之路经济带"之间存在竞争关系。上海合作组织原秘书长梅津采夫将这种关系称作"健康的竞争"，而中国专家则称之为"竞争与合作"。对于"丝绸之路经济带"与欧亚经济联盟是否可以结合的问题，也同样存

①② По силам ли Китаю переустроить Центральную Азию. http：//www. notum. info/news/politika/po-silam-li-kitayu-pereustroit-czentralnuyu-aziyu.

③ ［俄］А. Г. 拉林，В. А. 马特维耶夫高. 俄罗斯如何看待欧亚经济联盟与"丝绸之路经济带"对接［J］. 欧亚经济，2016（2）.

在巨大分歧。按照俄罗斯金融经理俱乐部塔玛拉·卡西娅诺娃的观点："明确回答欧亚经济联盟与'丝绸之路经济带'能否结合的问题不是那么简单。俄罗斯和中国拥有不同的历史和价值观，发起国追求的目标也不一致，有时还互相矛盾。"有关中国的"丝绸之路"构想符合纳入"经济带"的国家（包括中亚和俄罗斯）利益的观点也值得推敲。正如哈萨克斯坦著名政治学家 K. 瑟罗耶日金指出："最近所有关于中国地缘政治倡议的讨论都是围绕着中国利益而进行，至于地区各国可从中获得哪些好处和利益等合理问题，中国专家却没有给出答案。"①

以上问题，也受到中亚国家的关注。有人认为俄罗斯将中亚合作伙伴视为被动的对象，认为他们的命运取决于两个大国之间的对话。该地区至今仍被视为俄罗斯的独家势力范围，有人认为俄罗斯需防止该地区受到外部势力的渗透以及保持在该地区经济、政治和安全等领域的主导地位。②

美国对两者既不支持，也不看好，因为两者都被视为美国倡导的"新丝绸之路计划"的竞争对手，是对美国重返亚太以及推进 TPP、TTIP"两洋战略"的对冲和抵消。两者的发展都与亚欧大陆桥、欧亚本身的发展相关联。两国高层达成共识，两者要相互借重，相互补充，相互对接合作。③

同时，两者都有风险，包括经济、安全、政治方面的风险，都面临不小的挑战，都任重而道远。然而，形势比人强。欧亚经济联盟成立后，即受到俄罗斯遭受西方经济制裁和国际原料和能源价格大幅下跌导致的经济衰退双重打击的影响。2015 年欧亚经济联盟整体衰退 3%，2014 年俄罗斯和白俄罗斯经济增长率分别下滑至 0.6% 和 1.6%。其中俄罗斯、白俄罗斯分别衰退 3.7% 和 3.8%。这两年哈萨克斯坦经济增长率从 2013 年的 6% 分别加速下滑至 4.3% 和 1.2%，亚美尼亚基本维持在 3.5% 左右，吉尔吉斯斯坦从 3.6% 提高到 5.9%。5 个国家货币均贬值超过一半，吉尔吉斯斯坦严重受到在外劳工回流的影响，失业率近 30%。

俄罗斯政府的转变是在西方制裁加码下的顺势行为，放低姿态，通过与中国的经济合作来缓解西方制裁的压力。为了摆脱经济颓势，突破西方经济封锁，应对 TPP 和 TTIP，俄罗斯主导的欧亚经济联盟开始寻求与上合组织、东盟加强经济合作并与中国丝绸之路经济带倡议进行对接。莫斯科当地时间 2015 年 5 月 8 日，国家主席习近平同俄罗斯总统普京举行会谈，一致同意中俄要共同推进丝绸之路经济带建设同欧亚经济联盟建设对接。

本文认为，尽管丝绸之路经济带与欧亚经济联盟存在差异，但二者是并行不

① ［俄］A. Г. 拉林，B. A. 马特维耶夫高. 俄罗斯如何看待欧亚经济联盟与"丝绸之路经济带"对接 ［J］. 欧亚经济，2016（2）.
② 亚历山大·加布耶夫. 俄不应再将欧亚经济联盟成员视为"小伙伴"［J］. 环球时报，2016 - 06 - 24.
③ 李兴. 丝绸之路经济带与欧亚经济联盟比较分析 ［J］. 中国高校社会科学，2015（6）.

悖的。丝绸之路经济带建设强调的是合作性、开放性、非排他性和互利共赢性。而与此同时，由俄白哈关税同盟发展而来的欧亚经济联盟，作为一个区域性的经济联盟，在欧亚大陆板块的区域经济发展中也将起到越来越重要的作用。只要在丝绸之路经济带与欧亚经济联盟建设进程中各自秉持包容开放的合作姿态，双方主动寻求利益的契合点和合作面，就有望实现丝绸之路经济带与欧亚经济联盟的有效对接合作，从而能够造福欧亚地区沿线各国。

丝绸之路经济带建设和欧亚经济联盟建设合作对接的主体，是以中国为一方，以俄罗斯为首的欧亚经济联盟成员为另一方，借助于上海合作组织这个平台，统筹各方力量，必要时也可以纳入欧亚经济联盟的合作框架内。经过一年多的共同努力，2015年5月8日，中华人民共和国与俄罗斯联邦在莫斯科发表《中华人民共和国与俄罗斯联邦关于丝绸之路经济带建设和欧亚经济联盟建设对接合作的联合声明》以下简称《声明》。在《声明》中，俄方支持丝绸之路经济带建设，愿与中方密切合作，推动落实该倡议。中方支持俄方积极推进欧亚经济联盟框架内一体化进程，并将启动与欧亚经济联盟经贸合作方面的协议谈判。双方将共同协商，努力将丝绸之路经济带建设和欧亚经济联盟建设相对接，确保地区经济持续稳定增长，加强区域经济一体化，维护地区和平与发展。双方将秉持透明、相互尊重、平等、各种一体化机制相互补充、向亚洲和欧洲各有关方开放等原则，通过双边和多边机制，特别是上海合作组织平台开展合作。为推动实现上述目标，双方将在一些优先领域采取步骤推动地区合作（见表1）。

表1　　　　　丝绸之路经济带建设和欧亚经济联盟建设对接领域

对接领域	对接合作内容
1. 贸易投资领域	扩大投资贸易合作，优化贸易结构，为经济增长和扩大就业培育新的增长点。促进相互投资便利化和产能合作，实施大型投资合作项目，共同打造产业园区和跨境经济合作区
2. 物流、交通基础设施、多式联运等领域	在物流、交通基础设施、多式联运等领域加强互联互通，实施基础设施共同开发项目，以扩大并优化区域生产网络
3. 中国与欧亚经济联盟自贸区	在条件成熟的领域建立贸易便利化机制，在有共同利益的领域制定共同措施，协调并兼容相关管理规定和标准、经贸等领域政策。研究推动建立中国与欧亚经济联盟自贸区这一长期目标
4. 中小企业领域——创造良好环境	为在区域经济发展方面能够发挥重要作用的中小企业发展创造良好环境
5. 金融合作领域	促进扩大贸易、直接投资和贷款领域的本币结算，实现货币互换，深化在出口信贷、保险、项目和贸易融资、银行卡领域的合作。通过丝路基金、亚洲基础设施投资银行、上海合作组织银联体等金融机构，加强金融合作

对接领域	对接合作内容
6. 合作机制	启动中国与欧亚经济联盟对接丝绸之路经济带建设与欧亚经济一体化的对话机制，并将推动在双方专家学者参与下就开辟共同经济空间开展协作进行讨论。双方将成立由两国外交部牵头、相关部门代表组成的工作组，协调上述领域的合作。双方将通过中俄总理定期会晤机制及其他双边合作机制，监督上述共识的落实进程

　　欧亚经济联盟国家都是中国的友好邻邦，相互间经贸合作紧密，中国对欧亚经济联盟国家，特别是对俄罗斯的经济安全以及在世界经济所处地位的影响已非常明显。中国是欧亚经济联盟最大的贸易伙伴，中国的参与将为欧亚经济联盟发展带来更多机遇。欧亚经济联盟吸纳中国为其合作伙伴成员，经济实力将成倍增长，在世界的影响力难以估量。

　　根据《欧亚经济联盟》条约，其目标是在 2025 年前实现联盟内部商品、服务、资本和劳动力的自由流动，推行协调一致的经济政策。这也就意味着，在中国产能"走出去"的当前，与欧亚经济联盟单个国家打交道的情形或将被这些国家"抱团取暖"的形式所替代。统一的经济政策和标准也将节省中国产品走进这些地区的成本。丝绸之路经济带一旦建成或部分建成，将有利于推动建成连接欧洲与亚洲生产和消费能力的快速通道，使得包括哈萨克斯坦、白俄罗斯等国在内的全球化"疏漏"地区更快更好地融入国际交换体系中并获得更多的发展红利。

　　丝绸之路经济带与欧亚经济联盟对接需要"路线图"，因为这是一个宏伟的项目，有许多组成内容，包括交通、物流、石油天然气管道等，需要一整套规划加以实施。① 对接合作的最终目标是开辟"整个欧亚大陆的共同经济空间"。②

　　时隔一年后，该项工作已取得积极进展。2016 年 3 月底，俄罗斯经济发展部出台了对接路线图，制定了一份项目清单。2016 年 5 月 31 日，最高欧亚经济理事会（元首级）通过了与中方正式启动谈判的决议，中方对此表示欢迎。中方期待与欧亚经济联盟开展建设性谈判，早日达成贸易和投资合作的制度性安排，为深化双方经贸关系注入新的动力。

　　2016 年 6 月 17 日，俄罗斯总统普京在彼得堡国际经济论坛开幕式上发出建设"大欧亚伙伴关系"（以下简称"大欧亚关系"）的倡议："建议考虑建设有欧亚经济联盟及其与之有着紧密关系的中国、印度、巴基斯坦、伊朗，以及我们的独联体伙伴和其他感兴趣的国家和组织参与的大欧亚伙伴关系。"应当看到俄罗

---

① "一带一路"如何对接俄"欧亚经济联盟"，第一财经，2015 - 05 - 10.
② 俄批准欧亚经济联盟与越南自由贸易协议，新浪财经，2016 - 05 - 02.

斯"大欧亚关系"战略具有强烈的地缘政治和地缘战略性质，但是鉴于俄罗斯严重的国内经济结构痼疾，俄罗斯不得不将"大欧亚关系"战略的经济内涵瞄准亚太经济一体化进程这个世界经济火车头。一周之后，俄罗斯总统普京访华，俄罗斯方面提出建立"大欧亚伙伴关系"的主张，在京期间，两国元首就建立"欧亚伙伴关系"达成共识，这是一项令国际视野聚焦的重大进展。从"大欧亚伙伴关系"所涵盖的区域来看，主要是俄罗斯、哈萨克斯坦、白俄罗斯等欧亚经济联盟成员，中国、蒙古国等东北亚国家，印度、巴基斯坦等南亚国家和伊朗等中东国家。这些地区恰恰是贸易壁垒、资金活动、劳动力转移受限最多的区域。进一步看，"欧亚伙伴关系"所含内容极其广泛，不仅俄罗斯和中亚所在欧亚经济联盟将会参与，上海合作组织也将可能加入，而且东盟也可能被邀进入，2015 年 5 月欧亚经济联盟已与东盟成员越南正式签署了自贸区协议。据悉，已有近 40 个国家表示有意与欧亚经济联盟建立自贸区。其中包括中国、泰国、埃及和印度。俄罗斯与印度已经启动自贸区谈判，与新加坡、印度尼西亚、泰国、马来西亚等计划研究自由贸易的可能性。

此外，俄罗斯总统普京于 2015 年 5 月在索契举行的俄罗斯—东盟峰会上曾表示，他认为欧亚经济联盟和东盟之间建立自贸区是可行的。2016 年 8 月 5 日，时任俄罗斯经济发展部部长乌柳卡耶夫向记者表示，欧亚经济联盟与东盟间建立自贸区的设想进入实践阶段，俄罗斯与东盟在 8 月双方经贸部长会谈上商定为此组建可行性研究工作组。

2016 年 6 月 25 日，为落实两国领导人声明，中国商务部与欧亚经济委员会正式启动经贸合作协议谈判。协议经历五轮谈判、三次工作组会和两次部长级磋商，范围涵盖了海关程序与贸易便利化、知识产权、部门合作和政府采购等 10 个章节，包含了电子商务和竞争等新议题。

2017 年 10 月 1 日，中国商务部与欧亚经济委员会共同签署了《关于实质性结束中国与欧亚经济联盟经贸合作协议谈判的联合声明》，这是我国与欧亚经济联盟首次达成的重要经贸方面制度性安排。是落实中国国家主席习近平与俄罗斯总统普京 2015 年 5 月签署的《关于丝绸之路经济带建设和欧亚经济联盟建设对接合作的联合声明》的重要成果。协议达成对中国及联盟各成员国都具有重大意义。一方面，欧亚经济联盟将探索与中方建立更为便捷有效的机制，促进货物、服务、劳动力和资本的自由流动，进一步减少非关税贸易壁垒，提高贸易便利化水平，营造产业发展的良好环境；另一方面，对于推动"一带一路"建设与欧亚经济联盟建设对接合作，促进中国与欧亚经济联盟及其成员国发展更高水平、更深层次的经贸合作关系具有重要意义。

2018 年 5 月 17 日，哈萨克斯坦阿斯塔纳经济论坛期间，中国商务部国际贸易谈判代表兼副部长傅自应与欧亚经济委员会执委会主席萨尔基相及欧亚经济联盟（简称"联盟"）各成员国代表共同签署了《中华人民共和国与欧亚经济联盟经贸合作协定》（以下简称《协定》）。《协定》范围涵盖海关合作和贸易便利化、知识产权、部门合作以及政府采购等13个章节，包含了电子商务和竞争等新议题。《协定》旨在进一步减少非关税贸易壁垒，提高贸易便利化水平，为产业发展营造良好环境，促进我国与联盟及其成员国经贸关系深入发展，为双方企业和人民带来实惠，为双边经贸合作提供制度性保障。标志着中国与联盟及其成员国经贸合作从项目带动进入制度引领的新阶段，对于推动"一带一路"建设与欧亚经济联盟建设对接合作具有里程碑意义。《协定》正式签署后，双方将抓紧履行国内程序，力争明年年初生效实施。

二、丝路经济带与欧亚经济联盟合作对接的政治经济学分析

丝绸之路经济带与欧亚经济联盟的合作对接，事实上开启了欧亚区域经济一体化的历史进程。

荷兰经济学家丁伯根在1954年就提出了关于区域一体化的定义和区分，丁伯根创造性地把经济一体化进行了消极和积极的区分。根据一体化的措施，如果一个经济社会通过消除已有的贸易管制制度，则认为是消极的一体化过程；而主动通过改变自身现状来完成一体化进程的，则成为积极一体化。[①] 可以看出，积极一体化比消极一体化更加主动，也更强调统一的强制力量对于自由市场纠正的作用。

美国经济学家巴拉萨（Balassa）与1961年对区域一体化的区分定义进行了发展和深化。他认为，区域一体化不只是一个简单的过程，而是一种状态，从结果来看，区域一体化致力于产品和要素的移动最终不受任何非自由市场因素的约束。也就是说，一方面，它包括旨在消除各国经济单位之间差别的种种举措；另一方面，它也意味着为各国间各种形式的差别待遇的消失。经济一体化的形式根据不同标准可分为不同类别。[②] 巴拉萨把经济一体化的进程分为四个阶段：（1）贸易一体化，即取消对商品流动的限制；（2）要素一体化，即实行生产要素的自由流动；区域经济一体化；（3）政策一体化，即在集团内达到国家经济政策的协调一致；（4）完全一体化，即所有政策的全面统一。

---

① Tinbergen J. International Economic Integration Amsterdam：Elsevier, 1954.

② Balassa B. The Theory of Economic Integrati on Home wood Irwin, 1961.

　　美国经济学家雅各布·维纳（Jacob Viner）在《关税同盟问题》一书中首次提出了关税同盟理论，作者通过福利分析的方式得出，自由贸易协定的签订将导致签订者福利的提高。通过降低关税，一方面通过贸易创造增加了彼此的福利，另一方面通过将原本是与"局外人"的一部分贸易额转移到了签订自由贸易协定的"局内人"，通过贸易转移增加了福利。因此本国福利的净增加是自由贸易协定产生的原因。①

　　区域经济一体化的一个重要过程就是自由贸易区的建设，罗布森（Robson）② 自由贸易区理论进行了大量研究工作，这些工作认为，统一的关税和贸易政策是消除贸易区内的各种壁垒的最基本环节。斯巴克、西托夫斯基（T. Scitovsky）和德纽（J F. Deniau）分别提出的静态与动态大市场学说发展了自由贸易区理论。经济学家弗里茨·马克鲁普（Fritz Machlup）认为，经济一体化存在多种形式，不局限于各国之间，也可以是一国内部不同区域之间的贸易壁垒消除。然而，彼德·罗波逊（Peter Robson）等并不赞成贸易自由化与经济一体化的这种解释，他认为"国际经济一体化是手段不是目的"。保罗·斯特里坦（Paul Streeten）认为"贸易一体化不应该按手段来定义，而应该定义为目的、平等、自由繁荣。"平德（Pinder）认为，经济一体化最重要环节是消除各国际贸易歧视，达到政策协同的效果。

　　从发展阶段来看，区域经济一体化理论的演进经过了三个阶段，即20世纪五六十年代的传统理论阶段、七八十年代的发展阶段以及90年代以来的新阶段。从七八十年代产生的区域一体化理论一般称为新区域主义。③ 除去经济因素，世界银行还给出了参与区域经济一体化的政治驱动因素，即：增强安全性，涉及区内国家之间的经济、军事安全等；增强谈判能力；促进项目合作；锁定国内改革取向。

　　区域经济一体化，涉及国与国政治经济关系。国际政治经济学，又称相互依存政治经济学，是研究国家、各国公司和国际组织在国际关系中的地位、作用和相互影响的理论，是研究国际政治和国际经济相互联系、相互学习的学问。它提出的新范式，追求全球的角度、历史的眼光、跨学科的方法。其中最具影响的是相互依存理论、贸易和平与民主和平理论、国际机制理论等。

　　理查德·库帕是最早提出依存性或相互依存观点的学者之一。他指出："前所未有的国际依存性需要新的政策，国际政策的协调在相互依存的世界上实际上是取得国家经济目标的必由之路"在他看来，"依存性"有如下特征：首先，依存性是

---

① Viner J. The Customs Union Issue. New York：Carnegie Endowment for International Peace，1950.
② 罗布森．国际一体化经济学［M］．上海：上海译文出版社，2001．
③ 谭华．主权国家内部区域经济一体化水平测量综述［J］．嘉兴学院学报，2011（7）．

有成本的，依存性的背后是成本在起作用；其次，依存性将导致利益冲突。

罗伯特·基欧汉、约瑟夫·奈（2002）合著的《权力与相互依赖》中把依赖定义为"为外力所支配或受其巨大影响的一种状态"，而把相互依赖定义为"彼此相互依赖"，具体到国际政治领域指"以国家之间或不同国家的行为体之间相互影响为特征的情形"。而所谓相互依赖并非一定是互利的，这个概念只是用以客观的陈述一种相互影响的事实，并非一定好或者一定坏。国家间财富和权力的分配具有不平衡性，相互依赖是非对称的、高度政治性的，这种非对称性造就了国家以及非国家行为体的权力资源，于是他们将谁更容易受到国际体系制度规则变化的影响这个具有现实主义性质的问题纳入研究视野。这里就引出了敏感性与脆弱性的概念。①

国际机制，是指在某一特定领域组织和协调国际关系的原则、准则、规则和决策程序。国际机制论反对国家利益观念，强调国家行为所遵循的原则必须符合总体上的国际利益，主张以合作互利的长远利益代替争夺权力的眼前利益。但国际机制并不意味主权的转移或放弃，而只强调各国的共同责任和采取一致行动。除了重视政府间国际组织和国际非政府组织的作用外，国际机制还十分重视国际惯例的制约力量，认为国际惯例是对"原则、准则、规则和决策程序"的重要补充。以基欧汉和斯坦恩为代表的西方学者认为，在各个主权国家都在最大限度地追求权力和利益的世界里，国际机制的作用是有限的，只能在某些利益可妥协的领域产生。但随着相互依存的加深，国际机制会逐步建立和完善，现存国际社会的无政府状态和国家主权的内涵将会随着国际机制的有效运转而改变，为世界从无序到有序的过渡创造条件。从国际机制的角度来看，区域经济合作要达成的制度性协议便是国际经济规则。在国际经济规则制定过程中，经济单边主义是一种经常性的行为，其表现为一个国家单独制定的规则能够对其他国家产生重大影响，并最终为多数国家所接受。这便容易导致"机制困境"，各行为体所考虑的并不是集体利益，而是遏制他国目标的实现，转而追求自己的"绝对收益"（absolutegains），就会使得"国际机制"处于一种严重失衡状态。参与区域经济合作的各行为体均猜不透对方意欲何为，从而处于一种"囚徒"困境之中。

中国提出的"一带一路"构想是基于国际政治、经济和发展经济学理论形成的区域合作发展的理念和倡议，借用了丝绸之路的历史符号，旨在通过中国与有关国家之间积极推进双边和多边经贸合作机制，共同打造政治互信、经济融合、文化包容的利益共同体、命运共同体和责任共同体，达到区域和平共同发展之目的。从"一带一路"的欧亚区域来看，加强区域间贸易投资合作，推进一体化还

---

① 罗伯特·基欧汉，约瑟夫·奈. 权力与相互依赖 [M]. 北京：北京大学出版社，2002.

须克服诸多难题。一方面表现在高水平经济一体化建设明显滞后，缺乏以本地区成员为主、具有广泛代表性的多边自贸安排和有效合作机制，制约了区域内合作的深度和广度。另一方面，具有基础层次的各种基础设施、如铁路、公路和航空通道的互联互通、相互贸易投资的合作水平更加滞后，歧视性的贸易和投资壁垒不仅广泛存在于各国之间，而且还存在于一国内部不同区域之间。因此对于欧亚经济一体化不能仅仅追求协议形式的一体化，更多地应是在不同功能一体化基础上实现经济一体化。

丝路经济带和欧亚经济联盟的对接合作，在此可以简单地理解为越来越紧密相互依存的经济融合过程。为了消除一些国家的疑虑，中国庄严宣布决不干涉中亚国家内政，不谋求地区事务主导权，不经营势力范围，而是要相互坚定支持，做真诚互信的好朋友；要将政治关系优势、地缘毗邻优势、经济互补优势转化为务实合作优势、持续增长优势。

既然中国和俄罗斯在丝绸之路经济带上处于相互依存的状态，丝路经济带和欧亚经济联盟的对接合作，也就成为一个国际机制和规则的应用融合和深化过程。"一带"与"一盟"的对接不仅提出最终目标，也提出实现目标的过程和手段，即经济一体化进程，包括减少和消除贸易壁垒。而且这种对接合作是将所谓积极的一体化和消极的一体化结合，是将功能的一体化与协议形式的一体化的结合，是新形势下区域经济一体化的一种创新和发展。

三、丝路经济带与欧亚经济联盟合作对接的动因和方式

（一）丝路经济带与欧亚经济联盟合作对接的动因和影响因素

无论是发达国家的经济一体化，还是发展中国家的经济一体化，其根本原因都在于维护自身的经济、贸易等利益，为本国经济的发展和综合国力的提高创造更加良好的外部环境。从丝路经济带和欧亚经济联盟合作对接的现实特点来看，具有以下重要特征：

第一，加强合作、联合一致，抗衡外部强大势力，是"一带"和"一盟"对接的直接动因。"一带一路"构想是区域合作发展的理念和倡议，这一构想借用了丝绸之路的历史符号，旨在通过中国与有关国家之间积极推进双边和多边经贸合作机制，共同打造政治互信、经济融合、文化包容的利益共同体、责任共同体和命运共同体，达到区域和平共同发展之目的。中国同欧亚经济联盟成员国都

保持着良好政治关系，且这些国家都处于"丝路"建设的关键节点，在中国对外合作总体布局中的重要性日益上升。"一带"和"一盟"对接不仅以上述高水平双边关系为前提，也是进一步深化这种关系的助推剂。

第二，维护民族经济利益与发展及其政治利益是"一带"和"一盟"对接形成与发展的内在动因。欧亚经济联盟是在苏联解体后独联体基础上形成的，俄罗斯独立后一直在推动独联体地区一体化进程，俄罗斯通过建立欧亚经济联盟积极推进独联体地区一体化。其主要意图是：在经济上，主要通过建立统一的经济空间加强经贸合作，以利于克服经济困难；在地缘政治上，俄罗斯力图强化与扩大在独联体地区特别是在中亚地区的影响；在对外政策上，这些国家联合在一起，可更有力地应对西方国家政治方面的博弈，避免独联体国家在国际社会被边缘化。

第三，贸易与投资自由化是"一带"和"一盟"对接并持续发展的经济源泉。贸易和投资作为国家之间经济联系最直接也是主要的形式之一，发挥着至关重要的作用。反映了一国资源禀赋、产业结构、生产要素流动、资源配置的能力等，关乎未来区域合作方向与发展潜力。无论是"一带一路"倡议的提出，还是欧亚经济联盟的产生，都有着贸易与投资自由化和便利化的巨大推手的深厚背景和源泉动力作用。

第四，贸易创造等各种积极的经济效应，是"一带"和"一盟"对接并持续发展的重要影响因素。丝路经济带和欧亚经济联盟都遇到来自新自贸区协定的挑战，如 TPP 和 TTIP，中国和俄罗斯分别作为丝路经济带和欧亚经济联盟的引领者，必须考虑由此产生的贸易转移等消极的效应，从而能够更积极地推动双边合作对接，以期产生更大的贸易创造效应和规模经济效应等。

（二）丝路经济带与欧亚经济联盟合作发展的对接方式

1. 国家层面的发展战略对接

中国期望并努力将"一带一路"的倡议与沿线地区国家及区域组织发展战略对接，打造规划衔接、生产融合、协同跟进的地区发展新格局。

第一层次是签订国家级谅解备忘录。目前，中国已与塔吉克斯坦、匈牙利、韩国等34个国家签订共同推进"一带一路"建设的谅解备忘录或相关协议。这些协议表达了双方的合作意愿，特别是关于基础建设、贸易投资、文化交流等领域的对接，并涉及许多重大项目，旨在提高互联互通水平，推动共同发展。

第二层次是签订国家间联合声明。自 2013 年 9 月至今，国家主席习近平、国务院总理李克强在出访及接见外国元首时，与超过 24 个国家在联合声明或宣言中提及"一带一路"建设的合作，并与约 20 个国家结成战略伙伴关系、建立战略对话机制。2015 年，中国已同几乎所有中亚和外高加索国家签署了相关协议，并与比利时、匈牙利及许多东欧国家共同发布联合声明。

2. 产业对接

中国与对接国家签订部委级相关协议，推动产业产能对接。在"一带一路"和欧亚经济联盟产能对接、基础设施建设合作中，中国通常由各负责部委直接与对接国家完成协议的签订。欧亚经济联盟成员的天然气总和和石油储量总和在世界占比分别达到 20% 和 15%，但产业技术、人力支持、市场保障等方面却有明显不足。丝绸之路经济带建设产业更为多元，空间更加广阔，"一带"和"一盟"对接合作必然伴随着产业、分工调整和资源等要素的优化配置，促使中国等国的资金、优势产能和装备制造技术同欧亚经济联盟国家的能源资源等优势有机结合，通过加强互联互通、经贸联系和人员往来促进各自发展。

目前，国家发改委、商务部、国家开发银行等部委和机构已同印度尼西亚、巴西、智利、古巴、肯尼亚等国签订多领域谅解备忘录，为日后全面合作打下了良好的基础。截至 2015 年 12 月，商务部与欧亚 8 国签署共建丝绸之路经济带部门间合作协议。

3. 价值链对接

以中亚、俄罗斯为代表的能源资源型国家，分别向生产—消费型国家如中国、印度、新兴经济体等国以及向资本—消费型国家输出能源资源，而生产—消费型国家通过加工，将对方需要的部分制成品输出到能源—资源国，形成原料输出和制成品输出的区域贸易格局；生产—消费型国家还向资本—消费型国家重点输出中间产品，相对低端的消费品，以及中低端设备、技术和服务；资本—消费型国家向生产—消费型国家重点输出高端产品以及关键设备、技术和服务；与此同时，资本—消费型国家向能源—资源型国家重点输出少量高端消费品以及高端设备、技术和服务。

4. 项目对接

在丝绸之路经济带和欧亚经济联盟合作对接中，一批有影响的互联互通和产能合作项目相继竣工，促进了当地民生改善，成为丝绸之路经济带开局之年的重要早期收获。

道路建设方面，目前，欧亚经济联盟正与中国磋商约 40 个涉及铁路、公路和其他运输方式的具体合作项目，欧亚经济联盟所覆盖的地域幅员辽阔，经济规模巨大，有利于中国发展对外经贸合作。双方对在欧亚地区兴建基础设施、构筑物流通道、设置货物装卸枢纽抱有强烈意愿。① 具体的如吉尔吉斯斯坦伊塞克湖环湖公路连接线修复、塔吉克斯坦艾尼—彭基肯特高速公路项目竣工，两国总统出席通车仪式并对项目高度评价；乌兹别克斯坦安格连—帕普隧道、塔吉克斯坦瓦赫达特—亚湾隧道工程进展顺利，质量和进度多次受到领导人肯定。

跨境物流运输合作方面，连云港已成为中亚国家对日韩及东南亚转口的重要货物中转基地，预计到 2015 年年底转运货物总量 25 万标准集装箱；中哈霍尔果斯国际边境合作中心改善了跨境基础设施条件；中俄同江铁路桥中方一侧已完成工程总进度的 65%，计划 2016 年年中开工建设黑河—布拉戈维申斯克公路桥及跨黑龙江索道。截至 10 月底，中欧班列共开行 1070 列，其中回程 207 列，比上年增长 15 倍。

能源基础设施建设方面，中俄东线天然气管道已经开工，双方正就西线天然气管道等项目进行商谈；中国—中亚天然气管道 C 线已全线竣工并验收，D 线塔吉克斯坦境内段开工建设；中哈天然气管道第二阶段按期投产，吉尔吉斯斯坦南北电力大动脉（达特卡—克明 500 千伏高压输变电工程）竣工；塔吉克斯坦杜尚别 2 号热电厂一期工程第一台机组并网发电。

境外经贸合作园区建设方面，在欧亚地区建设境外经贸合作园区 23 个，其中 5 个已通过商务部、财政部的确认考核。涉及木材加工、石油装备制造、建材深加工、通信等多个产业。中白工业园在 2015 年 5 月习近平主席与卢卡申科总统共同视察之后加速发展，到 2015 年底，起步区基础设施建设、招商入园、融资支持、政策配套等各项工作进展顺利。

产能合作方面，据悉，目前中国和哈萨克斯坦已达成了 51 个产能合作项目的意向，总投资达到 265 亿美元，即将和已经启动的项目有 12 个，涉及金额 40 亿美元，其中包括轻轨项目、地铁扩建、巴甫洛达尔电解铝厂、中石油大口径钢管厂等项目。与乌兹别克斯坦等中亚国家进行了深入探讨；中国在吉尔吉斯斯坦建设的三个炼油厂填补了吉尔吉斯斯坦产业空白，"塔尔德布拉克左岸金矿"顺利投产。12 月，上合组织总理会议期间，中方倡议，将中哈产能合作模式推广到上合成员国，得到各方积极响应。

民生工程方面，中国政府对欧亚国家援建的社会保障房、医院、学校等一批合作项目在当地产生良好社会效益。

---

① 欧亚经济联盟对与中国开展建设对接合作充满期待［J］. 光明日报，http：//news. gmw. cn/2018 –06/13/content_29255373. htm.

就合作的收获来看，2015 年中国对欧亚经济联盟五国的贸易总额约为 5500 亿元人民币。其中，中国向联盟国家出口 437.7 亿美元，同比下降 29.5%；进口 350.7 亿美元，同比下降 27.1%。中国在联盟与第三国进出口贸易额中的占比为 13.6%，是联盟最大贸易伙伴国。2016 年随着该地区经济趋稳，1~5 月我国与该地区贸易额约为 2170 亿元人民币，较 2015 年同期增长了约 4%。来自欧亚经济联盟的评估显示，2017 年该组织成员国与中国间的整体贸易额同比增长 30%，超过 1000 亿美元。由于欧亚经济联盟各成员国对于同中国加深扩大经贸合作态度积极，因此上述贸易发展的良好势头将得以保持。中国政府倡议的"一带一路"建设和其他重大经贸合作规划也会推动该组织与中国间的经贸发展。

四、丝路经济带与欧亚经济联盟合作对接的机制和风险管控

"一带一路"是一次前所未有的创新，但也面临着前所未有的风险与挑战。加强"一带一路"与沿线区域贸易投资合作还须克服诸多难题。目前高水平经济一体化建设明显滞后，缺乏以本地区成员为主、具有广泛代表性的多边自贸安排和有效合作机制，制约了区域内合作的深度和广度。

"一带一路"愿景与行动文件提出积极利用现有双多边合作机制，推动"一带一路"建设，促进区域合作蓬勃发展。而丝路经济带与欧亚经济联盟的经济一体化合作是其中非常重要的一环和关键的行动。欧亚区域不仅是中国共建丝路经济带的重点，而且决定了中国共建丝绸之路经济带倡议能否顺利推进及推进的程度大小与质量高低。因此，"一带一路"倡议要真正落地，必须立足于创新理念和创新规则，构建跨区域协调机制，做实做细政府间合作，制定研究双边或多边可接纳、互动互补、操作性强的"一带一路"方案，加快完善"一带一路"的制度保障。

（一）丝路经济带与欧亚经济联盟的合作对接机制

1. 双边机制方式

哈萨克斯坦是中亚最大的国家，也是欧亚经济联盟中仅次于俄罗斯的重要成员。中哈两国在两国元首的积极推动下，共同推进中哈"光明之路"新经济政策与丝绸之路经济带战略对接。目前中哈合作在落实重大项目方面取得突破，并签署了《中哈关于"丝绸之路经济带"建设与"光明之路"新经济政策对接合作

规划》，这样一个详细行动纲要的出台，无疑对两国关系的巩固与深化具有重大意义，使两国关系未来的合作发展也更加具有指向性的意义。详细纲要将进一步挖掘哈萨克斯坦的交通物流潜力，并利用欧亚经济联盟及邻近巨大的中国市场的优势，成为活跃的经济走廊，驱动经济的快速发展。哈萨克斯坦是中国推进"一带一路"建设的支点国家。中哈加强合作，可以带动"一带一路"在中亚地区推进更大空间，进而推进与欧亚经济联盟成员国的合作，乃至欧亚地区全面合作的深化。

中国积极探讨丝绸之路经济带建设同俄罗斯跨欧亚大铁路改造、蒙古国"草原之路"倡议对接合作，打造中俄蒙经济走廊；与俄远东发展部牵头成立了中国东北地区和俄远东地区地方合作理事会。

2. 多边机制方式

在"一带"和"一盟"对接合作的过程中，中俄两个大国起着重要的关键性引领作用，用好上海合作组织这一对接合作平台，有利于加强中国与欧亚经济联盟成员国的沟通协作，扩大各方利益汇合，用"一带"和"一盟"的全面对接合作开创欧亚区域经济融合新格局。积极落实中俄两国元首就丝绸之路经济带与欧亚经济联盟建设对接达成的重要共识，中国商务部与欧亚经济委员会签署《关于启动中国与欧亚经济联盟经贸合作伙伴协定谈判的联合声明》。以上海合作组织为例，2015年上海合作组织贸易部长会议在西安召开，本次会议各方围绕落实7月上合组织乌法元首峰会取得的共建"一带一路"重要成果，达成9项具体举措，详见表2。

表2　　　　　　上合组织成员共建"一带一路"的9项经贸投资行动举措

行动	内容
启动制定上合组织区域经济合作五年发展规划	批准启动《2017～2021年推动项目合作措施清单》，涉及10多个领域百余个项目，总金额近千亿美元
深入推进贸易便利化	批准成立贸易便利化工作组，标志着这一进程进入了制度化安排的崭新阶段
为扩大贸易搭建平台	首届"上合组织国家商品展"在西安第六届欧亚经济论坛期间举行，有来自13个上合组织成员国、观察员国和对话伙伴国的约230家企业参展
开展跨境电子商务合作	各方商定将探讨建立"上合组织电子商务平台"
加强投资合作	中方将推动企业在轻纺等领域开展集群化投资，深化与各国的投资和产业合作

行动	内容
推进互联互通合作	"力争在几年内建成4000公里铁路、10000公里公路，推动区域内互联互通格局基本形成"的目标，各方同意将加快落实现有合作项目，开展区域物流枢纽和出海港口建设
加强资金融通	各方将充分利用中方提供的信贷资金，以及亚投行、丝路基金、欧亚经济合作基金开展投资项目合作。此外，各国还同意开展货币互换和本币结算，抵御金融风险
深化海关合作	各方商定将切实开展商品估价、价格监管方面的信息交换，加强海关执法合作，营造贸易健康发展环境

资料来源：笔者整理。

中国同欧亚经济联盟进行经贸合作协定谈判，是对"一带一路"倡议的具体落实。中国、俄罗斯是丝绸之路经济带的主要经济体，联盟其他成员国也是重要节点。协定谈判一旦达成，将是对"一带一路"倡议的重要推进。为推进协定谈判和一体化的进程，双方需要通过加强双边合作，开展多层次、多渠道沟通磋商，推进各种功能一体化的进程，以保证协定制定、签约乃至执行的可操作性和可实施性，并有利于推动双边关系全面发展。通过推动签署合作备忘录或合作规划，可以建设一批双边合作示范项目。双方需要建立完善双边联合工作机制，研究推进"一带一路"建设和欧亚经济联盟合作对接的实施方案、行动路线图。双方也应强化多边合作机制作用，发挥上海合作组织（SCO）、中国—东盟"10＋1"、亚太经合组织（APEC）、亚欧会议（ASEM）、亚信会议（CICA）等现有多边合作机制作用，与相关国家加强沟通，让更多国家和地区参与"一带一路"建设。

（二）丝路经济带与欧亚经济联盟合作对接的风险管控

1. 丝路经济带与欧亚经济联盟合作对接的风险因素

标准普尔、穆迪、惠誉三大国际评级机构是全世界最具权威性的主权评级机构，虽然三者在对主权信用风险影响因素的选取方面不尽相同，但从总体来看，三者均重视政治与社会因素、国家经济实力和财政实力对主权信用风险的影响，其中权重最大的就是国家经济基本面的状况。国际著名评级公司穆迪对"一带一路"沿线约2/3的国家都授予了评级，其中一半以上低于投资级别。这些国家的共同点是经济不够发达，基础设施缺口大，人均收入水平往往不高。①

结合三大评级机构对主权信用风险影响因素的阐释，本文认为影响主权信用风险的因素可以分为内部因素和外部因素。其中，内部因素是指一国主权范围内可能影响主权信用不确定性的各种因素，包括一国政治与社会的稳定性、经济与金融系统的稳定性和财政健康程度，是来自国家内部对主权信用风险的挑战；外部因素则指我国主权范围外可能影响主权信用不确定性的各种因素，包括国外政治、经济形势的变化对本国主权信用风险的冲击，是不受本国国家意志影响或影响程度较小的风险冲击源。总之，影响一国主权信用风险的因素可以归纳为政治与社会因素、经济与金融因素、财政因素以及国际风险传导因素。

（1）政治与社会因素。

对特定的主权国家而言，政治与社会的安定是其发展的基本保障。影响一国主权信用风险的基本因素也是政治与社会因素。政治与社会因素关乎政府治理水平的高低与国家安全程度的大小。当一国政府的政治治理水平较高时，政策具有较高的科学性、连贯性和效率性，相应地，该国的主权信用风险就较小。当国家安全程度较高时，即不面临外部威胁时，该国发生战争等剧烈动荡的机会就较小，主权信用风险也较低。实际上，政府治理水平与国家安全程度具有一定的关联性，政治治理水平越高表示该国越有能力通过外交渠道以更低成本化解外在的国家安全威胁。

（2）经济与金融因素。

经济与金融因素是影响主权信用风险的核心因素。首先，经济与金融系统的发展水平能够直接影响政府的偿债能力。政府的偿债能力主要由较高的资产水平和较低的债务水平保障，经济与金融系统的发展可以有效实现这一目标。其次，经济与金融系统的可持续发展可以提高其抗风险能力，从而提升一国主权信用水平。以2008年金融危机为例，虽然美国是风险的主要来源，但其凭借强大的经济实力和完善的金融发展体系迅速摆脱危机，而欧洲数国则陷入了政府债务危机泥潭之中，久久不能脱身。所以，完善经济与金融体系，增强经济与金融实力，可有效吸收风险，减弱各种风险源对主权信用风险的传染。

（3）财政因素。

财政健康程度直接影响财政系统的稳定性，进而与一国主权信用风险息息相关。良好的资产负债结构有助于降低我国的主权信用风险。政府的财政资产包括外汇储备以及财政盈余累积。在债务水平一定的条件下，一国的财政体制越为健全和完善、财政实力越强，政府的偿债能力越高，主权信用风险越弱。此外，外

---

① 穆迪．"一带一路"对新兴市场国家及中国具有正面信用影响［J］．新华网，2015－7－29．

汇储备规模直接关乎外债偿还能力，并对汇率的稳定性产生一定影响，从而影响一国经济、金融系统的稳定性，随之对一国主权信用风险产生影响。

（4）国际风险传导因素。

在高度全球化的当前，一国政治、经济形势的变化将会对其他国家产生不可估量的影响。外部冲击对国家主权信用风险的影响日渐突出。随着我国经济的发展和改革开放的日益深化，在丝绸之路经济带上，本国与他国之间的主权信用风险双向影响加深，这会加大主权信用风险管控的难度。由此可见，主权信用风险在国别之间具有传染性，因此国际风险传导因素不容忽视。

2. 丝路经济带沿线国家主权信用风险和综合风险

"丝绸之路经济带"和欧亚经济联盟部分重叠，地域辽阔，横贯欧亚，涉及区域较广，连接了全球范围内多个重要经济体，沿线国家较多，政治经济发展状况不一而论，情况复杂。就共性来讲，沿线国家主权信用风险和综合风险表现在下述几个方面，如图1所示。

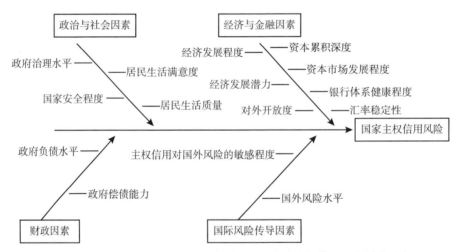

图1　丝绸之路经济带与欧亚经济联盟对接中的主权信用风险影响因素

（1）政治风险。

"一带一路"沿线部分国家内部政治斗争激烈，政权更迭频繁，外部地缘政治冲突不断。中亚国家中，一些领导人年迈，可能出现政权交接危机。

（2）经济风险。

"一带一路"沿线部分国家经济基础较为薄弱，承受风险的能力较弱；经济结构单一，转型升级难度大，易发生不利变化；对外依存度高，易受外部冲击影响，且自身经济抵御风险能力较弱，易发生主权信用危机。在"一带一路"国家进行投资，主要经济风险包括市场风险、税务风险、汇率风险。市场风险是直接影响项目经济可行性的风险，比如项目的收入水平是市场化决定还是受政府监管；项目的需求是否在未来有较大波动的可能；对于政府购买服务的项目，政府的财政能力如何；当地是否存在恶性通胀等。而应对市场风险的最好方式应当是在投资前做好商业可行性和尽职调查。税务风险是会影响企业投资收益的税收成本，对当地税法不了解，税务架构设计不合理都会增加企业的税收成本，甚至导致合规性风险。应对税务风险的方法应是对目标国的税务体系做充分的研究，并对投资架构进行合理设计。应对汇率风险则可以使用金融产品对外币收入进行套期保值，避免汇率波动带来的风险。

（3）财政风险。

部分国家财政实力偏弱，赤字率较高，再加上对外依存度高，经常账户情况堪忧，易发财政风险；因此在丝路经济带和欧亚经济联盟国家对接中，投资是不可或缺的，但是对沿线国家的资金缺口风险必须有所准备，否则易陷入债务违约的陷阱之中。

（4）金融风险。

丝路经济带沿线部分国家金融市场发展不成熟，有的甚至才刚刚起步，面临货币贬值、汇率波动、信贷紧缩等金融因素而引发风险。

（5）法律风险。

因丝路经济带沿线国家的法律环境而带来的法律风险是中国企业投身"带、路"所必须高度警惕的陷阱。由于"一带一路"上的一些国家在法律上与国际接轨的程度较低，因此，中国企业经常面临较为陌生的制度环境，并可能引起严重的风险。从目前来看，中国企业在所在国的税收缴纳、劳资关系、安全环保、招标程序、并购法律、国家安全审查、投资流程等多方面都面临诸多风险。比如，哈萨克斯坦近年来对企业的环境保护日益严格；由于发展策略的变化，蒙古对其吸引海外资本的法律曾经进行过较大变化。除此之外，一些国家司法机关不独立、腐败严重，政策不透明，属于高危国家。还有一些国家政府公信力较差，经常有对国外企业的额外征收行为。一些国家还存在当地强权集团利用司法程序掠夺国外企业的现象。

（6）社会风险。

由于宗教、文化的差异带来的社会风险是在丝路经济带和欧亚经济联盟国家对接中，企业所必须考虑的风险。特别是丝路经济带许多的国家都是伊斯兰国家。其中的一些国家有着相当多的，不为中国企业所熟悉的文化禁忌。由于伊斯兰教存在教派林立、教派冲突的问题，不同伊斯兰国家往往存在较大差异，中国企业在一些国家的经验往往并不适应于其所在国家。比如，中亚地区大部分国家虽然与沙特阿拉伯等海湾国家同属于逊尼派，但是在社会生活上却较为世俗化；马来西亚、印度尼西亚、土耳其等国家则体现出民主伊斯兰的特征，其社会生活的现代化程度较高；而阿富汗以及巴基斯坦的部分地区，则极为保守，甚至还处于政教合一的传统状态。除了伊斯兰教之外，丝路经济带上还存在大量的佛教国家与天主教国家，其社会对于企业亦有相应的期待与禁忌。中国的企业，往往对当地宗教、文化缺乏敏感度，极易与当地社会产生误解与冲突。

3. 加强对接中的政治风险管理和控制的政策建议

政治风险管理是指企业或投资者在进行对外投资决策或对外经济贸易活动时，为了避免由于东道国或投资所在国政治环境方面发生意料之外的变化而给自己造成不必要的损失，因而针对东道国政治环境方面发生变化的可能性以及这种变化对自己的投资和经营活动可能产生的影响，提前采取相应的对策，以减少或避免由于这种政治方面的变化而给企业或投资者自己带来的损失。

在丝路经济带和欧亚经济联盟合作对接中，中国有关部门和企业对国别政治风险的管理和控制，应该着重注意以下三个方面：

其一，在进入欧亚经济联盟东道国市场前，中国企业或投资者必须对这个国家的政治风险作出评估，要认真评估东道国或投资所在国发生预料之外的政治环境变化的可能性。在进行对外投资之前，中国有关部门和企业或投资者必须与东道国的有关部门就投资环境问题进行专门谈判，以取得对方的某种承诺。

其二，在对欧亚经济联盟国家项目投资决策前，中国企业或投资者要科学估算上述政治环境的变化对企业或投资者的利益可能造成的影响。一旦作出投资决策，开始进行实际投资之后，企业或投资者必须做好调整自己经营策略的准备，以不断强化自己适应东道国投资环境变化的能力。

其三，在进入欧亚经济联盟东道国市场前，中国企业必须对该联盟及其成员国的技术贸易和投资风险做出评估，并做出适当预警和安排。在中国和欧亚经济联盟合作过程中，欧亚经济联盟在反倾销调查、认证认可、关税保护等方面设置障碍，用技术贸易措施阻挡中国产品进入欧亚联盟市场，也造成不少企业遭受损失。

其四，中国企业或投资者需要根据法律保护自己的利益，避免受到上述政治环境变化的不利影响，或者从某些政治环境的变化中获利。企业在制订日常经营计划的同时，还必须制订一个反危机的计划，以时刻应付可能发生的政治事件及由此导致的一系列危险。

建议中国有关部门、企业和投资者：一是要正确评估东道国的政治环境，在风险发生前进行周密安排，如与东道国政府签订协议等。二是要采取风险分散化的方法，寻找国际合作伙伴共同投资，如其他大跨国公司、金融机构等，并与东道国的不同利益集团建立联系，如向当地企业出售股票、债券等。三是要寻找避险手段，积极研究德国、日本、美国的海外投资保险制度，例如购买保险，如美国海外私人投资公司（OPIC）提供的保险，其中包括货币不能兑换风险，没收风险，战争、暴乱风险，政治性暴力事件对企业的损失等。中国保险机构也应尽力开发新的险种，以利于减少企业和项目对接"走出去"的风险损失。

参考文献

［1］По силам ли Китаю переустроить Центральную Азию. http：//www. notum. info/news/politika/po-silam-li-kitayu-pereustroit-czentralnuyu-aziyu.

［2］［俄］А. Г. 拉林，В. А. 马特维耶夫高. 俄罗斯如何看待欧亚经济联盟与"丝绸之路经济带"对接［J］. 欧亚经济，2016（2）.

［3］А. Г. 拉林，В. А. 马特维耶夫高. 俄罗斯如何看待欧亚经济联盟与"丝绸之路经济带"对接［J］. 欧亚经济，2016（2）.

［4］亚历山大·加布耶夫. 俄不应再将欧亚经济联盟成员视为"小伙伴"［J］. 环球时报，2016 – 06 – 24.

［5］李兴. 丝绸之路经济带与欧亚经济联盟比较分析［J］. 中国高校社会科学，2015（6）.

［6］中国驻俄罗斯联邦经商参处，《欧亚经济联盟条约》概况，http：//www. fdi. gov. cn/1800000121 – 21 – 62572 – 0 – 7. html.

［7］俄批准欧亚经济联盟与越南自由贸易协议，新浪财经，http：//finance. sina. com. cn/stock/usstock/c/2016 – 05 – 02/doc-ifxrtzte9876849. shtml，2016 – 5 – 2.

［8］李新. "一带一路"助中国开辟欧亚共同经济空间［J］. 中国社会科学网—中国社会科学报，2017 年 12 月 14 日.

［9］中国与欧亚经济联盟正式签署经贸合作协定，人民网，http：//finance. people. com. cn/n1/2018/0517/cl004 – 29997316. html，2018 – 5 – 18.

［10］Tinbergen J. International Economic Integration Amster dam；Elsevier，1954.

［11］Balassa B. The Theory of Economic Integrati on Home Wood Irwin. 1961.

［12］Viner J. The Customs Union Issue. New York；Carnegie Endowment for International Peace，1950.

［13］罗布森. 国际一体化经济学［M］. 上海：上海译文出版社，2001.

［14］谭华，主权国家内部区域经济一体化水平测量综述［J］. 嘉兴学院学报，2011（7）.

［15］罗伯特·基欧汉，约瑟夫·奈. 权力与相互依赖［M］. 北京：北京大学出版社，2002.

［16］穆迪. "一带一路"对新兴市场国家及中国具有正面信用影响，新华网，2015 – 7 – 29.

丝绸之路经济带与欧亚经济联盟对接的贸易互补路径研究*

秦放鸣

（新疆大学经济与管理学院）

摘　要： 本文利用 STIC 分类 1996～2015 年的贸易数据，分别计算了中国与欧亚经济联盟（EEU）成员国进口与出口的显性比较优势，并以此为基础构建贸易互补指数，进一步剖析其产业间及产业内贸易互补情况。结果显示，中国与 EEU 成员国仍以产业间贸易为主，并已形成相对稳定的产业间贸易互补状态。而中国仅与俄、哈两国在部分商品上存在稳定的产业内贸易互补现象，而在其他成员国商品上并未体现。因此，需探求贸易互补路径，强化经贸联系，最终将贸易互补优势转化为"一带一盟"的对接优势。

关键词： 丝绸之路经济带；EEU；贸易互补；路径

一、引言及文献综述

当今世界复杂多变的形势正促使各国寻求区域资源整合，提升竞争力和影响力，以区域经济增长促进共荣共利。2015 年 5 月 8 日，中俄共同发表《中华人民共和国与俄罗斯联邦关于丝绸之路经济带建设和欧亚经济联盟（EEU）建设对接合作的联合声明》。这为中国的"一带"构想与俄罗斯主导的区域一体化进程创造了对接合作的政治基础和条件，同时也为双方贸易、投资、产能、金融、互联互通等方面共存的利益融合点提供了巨大发展机遇与空间。

---

* 基金项目：本文由新疆大学经济与管理学院"丝路科研奖学金"项目资助，系新疆大学博士生科技创新项目"新常态下中国（新疆）与哈萨克斯坦产融结合的路径选择"（项目编号：XJUBSCX－2014002）阶段性研究成果。

2015 年中国是 EEU（欧亚经济联盟）最大的贸易伙伴，是其成员国俄罗斯的第一大贸易伙伴，哈萨克斯坦、亚美尼亚、吉尔吉斯斯坦的第二大贸易伙伴，白俄罗斯的第三大贸易伙伴。[①] 虽然目前中国与 EEU 成员国仍以出口工业品，进口能源矿产资源的商品贸易模式为主，但该模式基于双方要素禀赋特点而形成，具有经济上的合理性，仍有一定的发展空间。后期如何深化贸易互补关系，优化贸易结构、促进贸易合作以实现互利共赢，这既是产业合作与产能合作路径优化，也是促进经济多元化发展，将贸易互补优势转化为"一带一盟"对接优势的关键所在。

关于"一带一盟"对接，国内外学者已有广泛讨论。国外相关研究由初期的质疑与顾虑，发展至对"一带"与"一盟"的倡议达成共识。整体而言，表现为政府和国家领导层面对深化区域合作的大力倡导以及媒体和学界在广泛关注同时的积极肯定。而国内研究，一方面，对二者的异同进行了地缘政治、区域经济、文化、安全以及全球格局构建等多维度分析，在"一带一盟"对接方面均为互补关系，而非竞争和替代关系，应在并行不悖的关系上达成一致认知；另一方面，对二者对接的经济效应予以重视。虽然对二者在互联互通、贸易、投资、金融等领域均存在巨大的对接空间予以肯定，但如何对接，该如何切入，尤其对于能体现对接本质的贸易并未涉及。因此，本文将以贸易互补作为切入点，利用 1996 ~ 2015 年中国及 EEU 成员国历年 STIC（Rev. 3）1 分类商品[②]的进出口贸易数据，分别计算以出口、进口衡量的比较优势，并进一步分析中国与 EEU 成员国之间综合贸易互补以及产业间、产业内贸易互补的情况，以期探索"一带一盟"对接的贸易互补路径。

二、中国与 EEU 成员国的贸易显性比较优势分析

（一）贸易概况

从出口看，1996 ~ 2015 年，中国与 EEU 成员国贸易以俄罗斯、哈萨克斯坦、

---

① 中华人民共和国商务部官方网站，http：//www. mofcom. gov. cn/article/i/jyjl/e/201602/20160201261031. shtml_stat/tradestat/analytics/Pages/default. aspx（2016 – 02 – 23）.
② SITC0（食品及主要供食用的活动物），SITC1（饮料及烟类），SITC2（非食用原料，燃料除外），SITC3（矿物燃料、润滑油及相关原料），SITC4（动、植物油脂及蜡），SITC5（化学品及相关制品），SITC6（轻纺商品、橡胶制品矿冶商品及其制品），SITC7（机械及运输设备），SITC8（杂项制品），SITC9（未分类的其他商品）。

吉尔吉斯斯坦三国为主，对白俄罗斯、亚美尼亚两国出口量较低。出口商品集中在 SITC8（杂项制品）类商品，占比 43.34%[①]。中国对 EEU 成员国工业制品的商品出口年均增速超过 2%。对白俄罗斯和亚美尼亚的出口增势更为显著。

从进口看，1996~2015 年，中国与俄罗斯、哈萨克斯坦两国的贸易占比超过 97%，进口商品集中在 SITC3（矿物燃料、润滑油及相关原料），占比 50.59%。中俄贸易联系相较其他 EEU 成员国来说更为紧密，但对其进口增速较为缓慢。对哈萨克斯坦、吉尔吉斯斯坦、白俄罗斯三国保持稳定增长，并对亚美尼亚部分商品的进口增速远超于其他 EEU 成员国。

（二）进出口比较优势分析

中国与 EEU 国家的贸易往来日益密切，这源于国家间资源及技术的差异所形成的比较优势。目前衡量比较优势最多使用的是 RCA 显性比较优势指数[②]，剔除了国家总量波动和世界总量波动的影响，能够较好地反映一国某商品出口与世界平均出口比较之后的相对优势（于津平，2003；E. Leromain & G. Orefice，2014）。利用 RCA 指数，并以此为基础构建贸易综合比较优势（RTA）、贸易竞争优势指数（TCI）和显性比较竞争力指数（RC），通过不同方法衡量中国、EEU 成员国的各类商品比较优势，为下文进一步分析二者之间的产业间和产业内贸易互补提供支撑。

计算结果显示，中国与 EEU 成员国进出口的商品类别重合较低，尤其中国在轻纺商品、橡胶制品矿冶商品及其制品、机械及运输设备、杂项制品，EEU 成员国在非食用原料（燃料除外）、矿物燃料、润滑油及相关原料商品上显示较强的出口竞争优势，贸易互补空间较大。这与中国与 EEU 成员国进出口贸易的商品结构特征相符。此外，中国与 EEU 成员国在动、植物油脂及蜡类商品上均不具有较强的出口竞争力。

三、中国与 EEU 成员国贸易互补性分析

中国与 EEU 成员国在各类商品上的比较优势是二者进行贸易互补的首要条件。经过上文分析，基本判定了中国与 EEU 成员国的出口与进口优势的商品特

---

① 来源于 1996~2015 年联合国贸易商品数据库 STIC（Rev. 3）分类相关数据整理计算得出。后文相关数据如无特殊说明均来于此。
② 由巴拉萨于 1965 年提出。

征。但仅表现了中国和 EEU 成员国进口或出口某类商品在世界此类商品中的国际竞争力。接下来将构建综合贸易互补指数，分析中国主要出口（进口）与 EEU 成员国主要进口（出口）的商品一致性较好时，两国贸易互补的程度。

（一）综合贸易互补性分析

综合贸易互补指数不同于在单一商品上一国出口优势与另一国进口优势的互补性，而是表现多类商品加权后的综合互补程度。以往研究贸易互补性，大多以出口衡量，本文在前文研究基础之上，进一步考量出口和进口双向，并加入时间因素以揭示历史演化的规律和特点（杨立卓等，2015）。分别计算了中国与 EEU 成员国以及 EEU 成员国之间的综合贸易互补指数。结果显示：

第一，中国出口商品与俄罗斯、哈萨克斯坦两国进口商品的一致性较好。

第二，2008～2013 年，中国与俄罗斯、白俄罗斯、哈萨克斯坦、吉尔吉斯斯坦四国的贸易互补程度逐年增强，但与亚美尼亚的贸易互补程度在逐年减弱。2015 年中国与 EEU 成员国的贸易互补指数存在不同程度的下降。

第三，中国进口商品与 EEU 成员国出口商品的互补程度明显要弱于中国出口商品与 EEU 成员国进口商品的互补程度。

第四，中国进口商品的竞争优势与哈萨克斯坦、亚美尼亚两国出口商品的竞争优势有很强的贸易互补性。

第五，在 EEU 内部，白俄罗斯、亚美尼亚、吉尔吉斯斯坦三国是主要的进口国，与其他国家的出口优势产品形成显著互补。尤其俄白、俄哈之间的贸易互补性表现得最为显著。

（二）产业贸易互补性分析

在分析中国与 EEU 成员国贸易互补、EEU 成员国之间贸易互补的程度及历史演变规律后，本文需进一步揭示中国与 EEU 成员国是属于产业间互补还是产业内互补。产业间贸易一般指同一产业部门产品只出口或只进口的现象，基本上呈单向流动。而产业内贸易一般指同一产业既出口同时又进口某种同类型制成品，呈双向流动。因此，产业内贸易互补比产业间贸易互补更能深化贸易及经济联系。利用贸易特化系数（Trade Specialization Coefficient，TSC），[①] 同时考虑时间因素，计算出中国与 EEU 成员国 j 在 K 类商品 t 期的贸易特化系数（周茂荣

---

① 反映的是一国某商品净出口额与该商品进出口总额之比。

等，2006）。可以得出：

第一，对于产业间互补，1996～2015年，中国与EEU成员国已在化学品及相关制品、轻纺商品、橡胶制品矿冶商品及其制品、机械及运输设备以及杂项制品上形成了相对稳定的产业间贸易互补状态。而EEU成员国与中国已在非食用原料（燃料除外）和矿物燃料、润滑油及相关原料商品上形成了相对稳定的贸易互补状态。

第二，对于产业内互补，1996～2015年，中国与俄罗斯主要在食品及主要供食用的活动物、饮料及烟类以及化学品及相关制品，与哈萨克斯坦的化学品及相关制品和轻纺商品、橡胶制品矿冶商品及其制品上均已形成了较为稳定的贸易互补状态，而与其他EEU成员国并未体现。

四、贸易互补路径研究

"一带一盟"对接下，中国不仅要拓展中国与EEU成员国的产业间贸易互补，更要加强产业内贸易互补，最终提升双方出口供给与进口需求之间的商品吻合程度，形成稳定的贸易增长机制。

首先，应以上合组织为平台，构建稳定的贸易互补机制。推动EEU顺利进行及机制的不断完善，推动与EEU构建自由贸易区的进程，发展非资源型产品之间的贸易，进而发展为非资源产业之间的经贸关系，使得双边贸易量与质呈双向增长。

其次，依托国际产能合作，拓宽并深化产业间贸易互补。输出涉及炼铁、炼钢、焦炭、铁合金等的产能、技术及投资，同时依托基础设施互联互通，深化机械及运输设备的贸易联系，帮助EEU成员国提升本国工业制品的竞争力，进一步将低附加值产品贸易提升至高附加值产品贸易，拓展产业价值链。

最后，巩固产业内贸易互补状态，强化与EEU成员国之间的经贸联系。巩固目前在部分商品上的产业内贸易互补状态，深化传统能源商品上的贸易互补性，创新各EEU成员国优势商品的贸易互补。通过创新贸易投资模式，在转移和输出成熟技术和标准的基础上，培育其经济自生能力，深化区域分工，将贸易互补优势转化为"一带一盟"的对接优势。

参考文献

[1] 于津平. 中国与东亚主要国家和地区间的比较优势与贸易互补性 [J]. 世界经济，2003（5）：33－40.

［2］E. Leromain，G. Orefice. New revealed comparative advantage index：Dataset and empirical distribution［J］. International Economics，2014（139）：48 – 70.

［3］杨立卓，刘雪娇，余稳策．"一带一路"背景下我国与中亚国家贸易互补性研究［J］. 上海经济研究，2015（11）：94 – 103.

［4］周茂荣，杜莉．中国与美国货物贸易互补性的实证研究［J］. 世界经济研究，2006（9）：45 – 52.

丝绸之路经济带发展新方向

叶·斯·巴热诺娃

（俄罗斯国家科学院远东研究所）

摘　要： 丝绸之路这条留存已久、横贯整个大陆板块的古老商道在中国国家领导人"一带一路"发展理念的倡导下重新焕发生机。"一带一路"发展战略是欧亚地区合作的一种全新形式，蕴藏无限机遇，发展前景十分广阔。

关键词： 丝绸之路经济带；发展；新方向

2000多年前，亚欧人民就开辟了贯穿亚、欧、非三地文明的古老商道，这就是后来的丝绸之路。几个世纪以来，丝绸之路的核心价值一直为世代传承，即和平、合作、开放、宽容、经验互通、互惠互利。这条道路已成为东西交汇的象征，是世界多个国家的历史和文化遗迹，它曾促进了沿线国家的发展繁荣并推动了整个人类文明的进步。21世纪，世界和地区局势仍然纷繁复杂，在这一形势下延续、发扬丝绸之路的核心价值将极为重要和迫切。

基于这条留存已久、横贯整个大陆板块的古老商道，中国国家主席习近平于2013年提出"一带一路"新构想，其正是反映了当代该地区各国国民经济体系全球化和地区化的共同趋势。这一构想旨在积极寻找新的国际合作模式，全力探索解决世界政治和经济问题的新方法、新出路。这一构想将是全球和平发展的积极推动因素。

2015年10月在马德里论坛上，中国国务院发展研究中心（中国政府智库）主任李伟指出，中国提出的丝绸之路经济带发展倡议，通过连接世界市场，形成世界经济发展新秩序，将在优化全球经济形势中发挥关键性作用（引自China Daily，2015年10月30日第12版）。他认为，通过合作和扩大市场竞争，各国将能更加有效发掘各自潜力，更好利用自身比较优势，优化自我经济结构。

根据2016年3月中国全国人民代表大会第四次会议决议，建设丝绸之路经济带已成为中国国民经济和社会发展第十三个五年规划（2016～2020年）中的一部分，建设计划为期30年，整个实施过程旨在打造"7个专业带"，具体为交通运输带、能源供应带、商品贸易带、信息交换带、科技合作带、农业开发带和旅游发展带。

预计，《中亚俄罗斯油气合作战略计划》也将纳入建设丝绸之路经济带战略规划中。该计划由中国油气资源战略研究中心制定，旨在建成地区"能源俱乐部"，以加强中国国家能源安全，进一步促进俄罗斯、中亚国家对华能源供应的多元化（引自《中国风》2015年第二期31页）。将这些计划纳入建设丝绸之路经济带战略规划中，使俄罗斯在中国复兴古丝绸之路的道路上也不再置身事外，而将为推动一体化进程及欧亚发展发挥关键作用。

中国国家领导人倡议的"一带一路"发展理念已获得丝绸之路经济带沿线所有国家的支持。而这些国家的发展条件和实力参差不齐，差别巨大，这就意味着投资存在一定风险。然而，"一带一路"建设推广迅速，使经济带沿线国家间，包括同俄罗斯的经济合作关系更加密切。基础设施建设的巨大需求将带动大量投资需求。

但同时，不应忘记，"一带一路"建设是欧亚地区合作的一种全新形式，其涉及地区广，触及各种不同投资形式，包罗大量复杂项目，参与人员众多。该战略框架内，个别中低收入国家基础设施建设落后，同时经费困难，缺少资金。所有这些都表明在建设丝绸之路经济带框架下有必要建设多层次、多主体的融资和基金储备体系，其中，"国家—私人伙伴"结合模式就将有利于破解资金不足难题、提升国际资本利用率。

目前，亚洲地区资金缺口巨大。据亚洲发展银行预计，今后10年为扩大亚洲基础设施规模必须融资8.32万亿美元，即需每年投入8200亿美元。而2013年，亚洲基础设施建设的主要资金来源——亚洲发展银行仅提供贷款共计210亿美元。

鉴于上述情况，中国积极推动和打造新的融资模式和平台，力求解决资本储备问题，实施推动"一带一路"建设。紧扣这一思路，主要融资来源拓宽至：亚洲基础设施投资银行（法定资本1000亿美元，其中中国认缴400亿美元）；丝路基金（注册资本400亿美元，其主要出资方为中国外汇储备和金融机构）；金砖国家开发银行（法定资本1000亿美元）；上合组织开发银行。同时，中国还将向南亚、上合组织和非洲各国分别提供200亿美元、50亿美元和300亿美元的信贷配套支持。此外，部分资金还将提供给一些地区和国际组织。上述所有融资来源能为"一带一路"发展战略框架下的基础设施建设提供3500亿美元的资金支持，但要完成所有制定任务，这还远远不够。

　　要解决所需资金的增长问题，不仅可以依靠国家和社会资本，还可以调动私人资本的积极性。中国政府计划以贷款和资金形式向"走出去"的中国企业提供外汇资金支持。还可通过发行国债、债券等金融工具启动"国家—私人伙伴"结合模式，盘活全民资本，以使财政资金满足大型基础设施项目的建设需求。这样，以上所述均可解释为"国家—私人伙伴"结合模式。该合作模式下，在实施大型项目时，国家部门及个人机构将共担责任，分担投资风险。这一模式的积极效应在于，其不仅能补足资金，还能提高项目和资本分配监管的效率，这一模式首先运用于基础设施建设领域，现已顺利推广至运输、能源、电力、水处理等其他领域。

　　运用创新模式，同时确保投入资金的安全性是吸引私人投资者的重要条件。可委托亚洲基础设施投资银行通过发行有价证券，开发一些盈利项目以吸引、积累部分私人资本。丝绸之路经济带沿线所有国家参与的项目证券交易所将成为一个重要平台。同时，最终，投资项目和投资计划银行的建立将为"国家—私人伙伴"结合模式的顺利推广创造有利条件。

　　如果说古丝绸之路是一条绵延东亚和欧洲的长线，那么丝绸之路经济带就是一片经济发展区。这片区域所涉及的地域范围和人口数量都前所未有。丝绸之路经济带建设将始终以互利共赢为原则。

　　俄罗斯驻华大使安德烈·丹尼索夫表示："我们将中国的这一构想视作推动广泛合作，对接兼容不同经济发展规划，促进贸易发展并形成崭新交通运输通道的一大建议。因此，我们畅想，在广阔的欧亚空间将建成一条富足、繁荣和稳定的地带。我们认为这一构想将逐步成形并不断充实。与此同时，兼顾地区已形成的一体化和多方对话机制也很重要。我们明白，这一任务十分艰巨，因为涉及太多国家和地区，且这些国家和地区间的政治局势、社会问题、经济发展水平和需求都千差万别（引自《中国》，2014年3月，101期，第34页）。"

　　目前，包括新疆在内的中国西部所有省份，作为中国西部丝绸之路经济带上的重要部分，会同所有相关国家和地区一起运筹帷幄，力求扩大地区合作。丝绸之路经济带战略构想的提出恰逢其时，其中蕴藏无限机遇，发展前景十分广阔。

参考文献

张茉楠. 融资创新模式［J］. 中国，2016（8）：38 – 40.

全球价值链、制度质量与丝绸之路经济带

孙　慧[1]　李建军[2]

（1. 新疆大学经济与管理学院、创新管理研究中心；
2. 湖南涉外经济学院商学院）

摘　要：中国如何充分利用建设丝绸之路经济带战略机遇，与丝绸之路经济带沿线主要国家开展产业分工与合作，并构建由中国主导的制造业全球价值链，是一个亟待研究的课题。借鉴耶茨（Yeats，2001）的方法，根据联合国COMTRADE数据库BEC分类法下的中间产品贸易数据，计算得到了"丝绸之路经济带"沿线38个主要国家的全球价值链嵌入度，并运用面板数据模型实证研究了全球价值链分工下制度质量对"丝绸之路经济带"主要国家经济增长的影响。研究发现：制度质量和嵌入全球价值链对"丝绸之路经济带"沿线主要国家的经济增长有着显著促进作用，其中关键影响因素是经济制度质量。因此，"丝绸之路经济带"沿线国家应在积极融入全球价值链国际分工体系的同时，着力完善制度质量。

关键词：丝绸之路经济带；全球价值链；制度质量

一、引言和文献综述

据联合国贸发会议统计，近年来，基于全球价值链的增加值贸易对发展中国家和发达国家GDP的平均贡献率分别达到28%和18%（UNCTAD，2013）。世界经济进入全球价值链时代，全球价值链主导地位日益突出。"亚洲四小龙"的成功经验表明：参与全球价值链分工是发展中国家构建生产能力、实现产业升级的重要途径。

中国政府提出共建"丝绸之路经济带"倡议，是中国制造业走出国门，拓展

国际市场的战略机遇期。"丝绸之路经济带"沿线大多数国家是新兴经济体和发展中国家，拥有巨大市场空间和发展潜力。因此，中国要利用"丝绸之路经济带"建设战略机遇期，为中国制造业开拓国际市场。本文收集了"丝绸之路经济带"沿线 38 个国家的制度质量和中间产品贸易数据，测度了其总体制度质量指数和全球价值链嵌入度，运用面板数据模型，就全球价值链嵌入和制度质量对"丝绸之路经济带"主要国家经济增长的影响分别进行了实证检验，以期为促进丝绸之路经济带建设、推动以中国为主导的丝绸之路经济带全球价值链形成提供对策建议。

对制度的研究，可以追溯到 20 世纪 70 年代诺思和托马斯（North and Thomas，1973）的开创性研究。根据诺思（North，1990）的界定，制度是一系列的博弈规则，是决定人类相互关系的一系列制约措施。和所有有形物品一样，制度同样具有质量高低、优劣等问题。良好的制度质量也是一国（地区）的一种比较优势，能有效促进对外贸易和经济增长。近年来，有关制度质量对一国（地区）对外贸易和经济增长影响的文献开始增多。大致可将其分为两类：第一类研究秉承了古典国际贸易理论研究范式，将制度因素作为一种比较优势，研究制度因素如何影响一国（地区）的贸易和经济增长；第二类研究则重点从微观企业层面剖析制度与企业内贸易的关系。

现有研究多属于第一类，即从比较优势角度论证制度因素对国际贸易的影响。安德森和马库勒（Anderson and Marcouiller，2002）的研究最早分析了制度质量对一国（地区）对外贸易的重要性。伯科维茨等（Berkowitz et al.，2006）则在此基础上，进一步研究了制度质量对复杂产品贸易量的影响。列夫琴科（Levchenko，2007）通过将制度差异性引入不完全合约理论分析框架，扩展了大卫·李嘉图的比较优势模型，其研究结果表明，包括知识产权保护、契约执行情况等在内的制度质量是一国（地区）比较优势的重要源泉，一国（地区）的制度质量越低，其履约情况越差，资产专用性造成的扭曲程度也越高。纳恩（Nunn，2007）在研究制度因素对国际贸易的作用时，构建了引入中间产品的生产函数，并在理论上假设中间产品生产需要使用专用性投资，其生产效率与契约执行情况密切相关，研究结论认为：制度质量越低，契约执行情况越差，导致生产效率降低，成本增加，进而引起外资和贸易量减少。罗尔夫斯马和张（Roelfsema and Zhang，2011）通过对 76 个发展中国家进行实证研究，得出了很有意思的结论：制度质量对不同类型收入水平国家的外包影响截然不同，良好的制度质量能促进中低收入水平国家承接外包，其承接外包数量与知识产权保护力度和契约执行情况等制度因素呈显著正相关关系；相反，制度质量却并不是决定高收入和低收入水平国家承接外包的主要因素。

梅利茨（Melitz，2003）关于企业生产率异质性的开拓性研究，则为第二类文献研究奠定了基础。科尔科斯等（Corcos et al.，2009）运用法国制造业企业内贸易数据实证考察了制度质量对企业内贸易的影响，结果显示，制度质量的改善会引起资本密集型和技术密集型企业的公司内贸易规模扩大。伯纳德等（Bernard et al.，2010）从理论和实证角度研究了制度质量与企业内贸易关系。结果表明，企业在进行对外投资时倾向于选择有较好政府管制的国家，而一旦海外分支机构设立，其企业内贸易则与政府管制质量成反向相关。埃伯哈特等（Aeberhardt et al.，2012）通过构建理论模型，用以推导制度质量与企业出口规模之间的动态关系，研究结果表明，良好的制度质量能够减少履约中的摩擦，促进契约的有效执行，降低企业的成本和经营风险。而阿拉（Ara，2013）的研究则结合了第一类和第二类文献的研究思路，将制度质量与企业异质性纳入同一个分析框架，构建了一个分析南北贸易的比较优势理论模型，研究显示，具有制度质量比较优势的北方国家，其倾向于出口更多制度质量密集型产品。

既然制度质量可以成为一国（地区）的比较优势，对其国际贸易和经济增长可能产生重要影响，那么，在全球价值链国际分工背景下，基于一国（地区）的比较优势更多地体现在全球价值链上某一特定价值环节上的优势，制度质量还能否成为影响产品价值链环节配置的重要因素进而影响一国（地区）的对外贸易和经济增长？已有文献为我们的研究提供了深刻的洞见，具有重要的借鉴意义。但是，从上述文献看，虽然有个别研究涉及制度因素对中间产品生产的影响，不过鲜有文献直接从全球价值链国际分工角度对制度质量和经济增长之间的关系进行研究。与已有研究相比，本文在以下几个方面有所贡献：第一，已有文献基本上是基于最终产品国际分工为基础考察制度质量与最终产品贸易之间关系不同，本文将研究视角定位在以中间产品为主导的全球价值链国际分工上，专门探讨全球价值链分工下制度质量和中间产品贸易对一国（地区）经济增长的影响；第二，将研究的空间范围界定在丝绸之路经济带，虽然对于制度质量与一国（地区）经济增长关系的研究成果较多，但是鲜见有关丝绸经济带制度质量与经济增长关系的研究；第三，借鉴耶茨（Yeats，2001）的方法，根据联合国 COMTRADE 数据库 BEC 分类法下的中间产品贸易数据，计算得到了丝绸之路经济带沿线 38 个主要国家的全球价值链嵌入度，并运用面板数据模型实证研究了制度质量对丝绸之路经济带主要国家经济增长的影响，丰富了相关领域的经验研究，且对丝绸之路经济带建设具有一定的实际价值。

二、丝绸之路经济带制度质量和全球价值链嵌入度

（一）丝绸之路经济带制度质量情况

由于制度因素指标难以量化，大部分文献都把制度设定为虚拟变量进行定性分析。20 世纪 90 年代开始，一些学者尝试对制度质量进行量化处理，如卡芙曼等（Kaufmann et al.）开发的卡芙曼指标、透明国际的全球腐败指数、阿塞蒙格鲁等（Acemoglu et al.，2001）提出的产权保护指标等。显然，以上学者对制度质量的量化仅限于单一维度，具有一定的片面性。正如诺思（1989）的研究所指出，制度包括正式制度和非正式制度，其具体内涵涉及维护市场机制有效运行所需要的一整套规则、规制和程序。非正式制度根植于文化传统，难以改变，而正式制度取决于选择，并可以通过强制性和诱变性的变革加以改变。

根据研究需要，本文主要探讨全球价值链国际分工背景下正式制度对丝绸之路经济带建设的影响，并借鉴鲁明泓及其他学者的方法，将制度质量分为三类：政治制度（记为 PI）、经济制度（记为 EI）和法律制度（记为 LI），具体含义说明如表 1 所示。

表1　　　　　　　　　　　　制度变量指标说明

变量名	包含子指标	数据来源
政治制度（PI）	包括政治民主、政治稳定性、政治效能、政府规模、监管质量、腐败控制和政府清廉度等 7 个子指标	The Worldwide Governance Indicators
经济制度（EI）	包括商业自由度、贸易自由度、财政自由度、货币自由度、投资自由度和金融自由度等 6 个子指标	The Heritage Foundation
法律制度（LI）	包括法制完善度和产权保护度等 2 个子指标	The Worldwide Governance Indicators（法制完善度）、The Heritage Foundation（产权保护度）

参考胡鞍钢等（2014）的研究，将丝绸之路经济带划分为：核心区（中国、中亚经济带的中亚 5 国）、重要区（环中亚经济带，包括俄罗斯、蒙古国、南亚 7 国、西亚和北非 21 国）、拓展区（亚欧经济带的德国、法国、英国、意大利等

7 国），由于数据的缺失，剔除了吉尔吉斯斯坦、乌兹别克斯坦、塔吉克斯坦、土库曼斯坦和阿富汗等 5 个国家，共选取 38 个国家作为研究对象。将政治制度、经济制度和法律制度三者的得分（分值在 0～100 分，得分越高，表明制度质量越高）进行简单平均，得到三者的合成指标，计算出丝绸之路经济带制度质量的综合指数，即总体制度质量指数（记为 INST），具体结果如表 2 所示。

表 2   丝绸之路经济带沿线代表性国家的总体制度质量指出

层次	国家	1996	2007	2010	2014
核心区	中国	43.226	41.668	41.678	41.453
	哈萨克斯坦	25.162	40.551	44.530	43.495
重要区	俄罗斯	65.650	36.724	36.018	36.144
	印度	48.599	49.633	49.596	49.518
	土耳其	52.064	53.159	57.405	56.071
	埃及	30.999	29.895	31.150	28.143
拓展区	德国	81.504	81.584	80.830	81.809
	法国	72.943	71.739	74.086	72.450

资料来源：根据表 1 数据库中数据整理、计算得到。

根据表 2 的测算结果，丝绸之路经济带沿线代表性国家之间的总体制度质量存在较大差距。以 2014 年为例，德国的总体制度质量得分最高，达到 81.809，法国次之，得分 72.450，中国得分 41.453，略高于丝绸之路经济带的平均水平，而埃及和俄罗斯的得分才 28.143 和 36.144，低于世界平均水平，可见，当前丝绸之路经济带总体制度质量水平参差不齐。从发展态势看，1996～2010 年，以哈萨克斯坦为代表的核心区总体制度质量提高幅度均高于德国和法国等拓展区的发达国家，使得丝绸之路经济带总体制度质量发展差距呈现缩小趋势。但从 2010～2014 年，各国的总体制度质量改善速度有所放缓，部分国家如埃及、土耳其等甚至不升反降。图 1 从制度质量各分项指标角度清晰反映了丝绸之路经济带沿线代表性国家之间总体制度质量存在较大差距的具体原因。

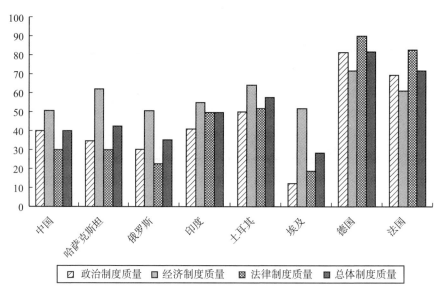

图1　2014年丝绸之路经济带沿线代表性国家制度质量分项指标对比

资料来源：根据表1数据库中数据整理、计算得到。

（二）丝绸之路经济带全球价值链嵌入度情况

丝绸之路经济带建设，需要充分利用自身资源优势积极参与全球价值链分工，最终打造由中国主导的制造业全球价值链。而全球价值链分工的最主要特征是中间产品取代最终产品成为对外贸易的主要对象。为此，需要研判丝绸之路经济带主要国家中间产品贸易和全球价值链嵌入度状况。

借鉴迪安等（Dean et al.，2011）的方法，按照联合国的BEC分类区分为中间产品、资本品和消费品三类，并将资本品按照10%的固定资产折旧率计入进口中间产品，由此计算出丝绸之路经济带沿线主要国家的中间产品贸易额（见表3）。

表3　　丝绸之路经济带主要国家的中间产品贸易额和全球价值链嵌入度

层次	国家	1996		2007		2010		2014	
		①	②	①	②	①	②	①	②
核心区	中国	133100.48	0.227	109807.92	0.246	142598.67	0.234	200508.49	0.228
	哈萨克斯坦	551.50	0.243	2830.89	0.168	2556.08	0.151	24968.93	0.137

续表

层次	国家	1996		2007		2010		2014	
		①	②	①	②	①	②	①	②
重要区	俄罗斯	5151.30	0.178	20069.84	0.176	22854.71	0.184	34213.44	0.196
	印度	3625.86	0.250	18919.80	0.251	30549.20	0.262	38739.97	0.239
	土耳其	2657.78	0.214	13942.64	0.245	14931.05	0.242	20048.66	0.249
	埃及	1054.04	0.281	5550.94	0.319	5266.51	0.298	5964.66	0.278
拓展区	德国	87519.47	0.242	114025.31	0.238	127188.07	0.236	129348.32	0.231
	法国	27206.10	0.225	55509.55	0.226	52205.47	0.218	57138.23	0.215

注：①表示中间产品贸易额（单位：千万美元）；②全球价值链嵌入度。
资料来源：作者根据联合国 COMTRADE 数据库 BEC 分类法下的中间产品贸易数据计算得到。

全球价值链嵌入度的测度，目前使用较多的有胡梅尔斯等（2001）提出的测算垂直专业化水平的 HIY 方法；多丹等（2011）提出的测度国内增加值份额的 DRS 方法；库普曼等（2014）利用国际投入产出表测算贸易增加值的 KWW 方法等。但以上方法均需用到国家（世界）投入产出表，不适用于丝绸之路经济带全球价值链嵌入度的测算。事实上，全球价值链分工是垂直分工与水平分工交错发展的结果，其主要特征是中间产品取代最终产品成为贸易的主要对象。因此，用中间产品贸易统计数据可更直接反映一国的全球价值链嵌入度（Yeats，2001），该方法目前也被学术界广泛接受和使用。据此，本文对耶茨（2001）方法予以适当改进，采用丝绸之路经济带沿线国家中间产品贸易额占该国贸易总额比重，作为衡量全球价值链嵌入度的替代变量（具体测度结果如表 3 所示）。

三、计量模型、指标选取和数据处理

（一）计量模型构建

本文旨在剖析"全球价值链国际分工背景下，制度质量是否对丝绸之路经济带沿线国家经济增长具有显著影响"，我们运用面板数据进行分析，研究的时空范围为 1996~2014 年丝绸之路经济带沿线 38 个主要国家。面板数据拥有横截面与时间序列两个维度，可以扩大样本容量，减少多重共线性，同时，能够增加数据变异与自由度，获得更为有效的估计结论。借鉴金京和戴翔（2013）、李建军和孙慧（2016）的研究，本文构建以下四个面板数据模型。

$$\ln PGDP_{i,t} = \alpha_0 + \alpha_1 \ln INST_{i,t} + \alpha_2 \ln GVC_{i,t} + \gamma \ln Z_{i,t} + \mu_i + \lambda_t + \varepsilon_{i,t} \tag{1}$$

$$\ln PGDP_{i,t} = \alpha_0 + \alpha_1 \ln EI_{i,t} + \alpha_2 \ln GVC_{i,t} + \gamma \ln Z_{i,t} + \mu_i + \lambda_t + \varepsilon_{i,t} \tag{2}$$

$$\ln PGDP_{i,t} = \alpha_0 + \alpha_1 \ln PI_{i,t} + \alpha_2 \ln GVC_{i,t} + \gamma \ln Z_{i,t} + \mu_i + \lambda_t + \varepsilon_{i,t} \tag{3}$$

$$\ln PGDP_{i,t} = \alpha_0 + \alpha_1 \ln LI_{i,t} + \alpha_2 \ln GVC_{i,t} + \gamma \ln Z_{i,t} + \mu_i + \lambda_t + \varepsilon_{i,t} \tag{4}$$

式中，i 表示地区，t 表示年份，μ_i 为国家（地区）的固定效应，λ_t 是年份的固定效应，$\varepsilon_{i,t}$ 为误差项。$PGDP$ 为人均 GDP；$INST$ 表示制度质量的替代变量；GVC 表示全球价值链嵌入度；EI、PI、LI 分别表示经济制度质量、政治制度质量和法律制度质量；Z 表示文中所用到的控制变量。

（二）指标选取及数据处理

本文的研究主题是"制度质量是否对丝绸之路经济带沿线国家经济增长具有显著影响"，因此，选取人均 GDP（$PGDP$）作为被解释变量。为了剔除物价因素的影响，以 1995 年为基期，用 GDP 平减指数对各年度数据进行平减，并取自然对数。

本文的解释变量重点关注全球价值链嵌入度（GVC）和制度质量（$INST$）。在其他控制变量的选择上，本文选取了外商直接投资 FDI 来反映一国（地区）在融入全球价值链过程中，对外资的吸引力，用外商直接投资存量表示；经济开放度 $OPEN$ 表征一国（地区）的对外开放水平；基础设施水平 INF 反映一国（地区）的基础设施情况；人口规模 POP 用以反映一国的市场空间和潜力。为消除各变量之间的数值差异，对制度质量的三个相关变量（EI、PI 和 LI）、基础设施水平 INF 除外的控制变量（利用外资存量 FDI、经济开放度 $OPEN$、人口规模 POP）分别取自然对数。部分国家基础设施水平 INF 由于数值较小，为避免出现负值，采取非自然对数方法进行处理。表 4 汇报了主要变量的统计特征。

表4　　　　　　　　　　　　　主要变量的统计特征描述

变量	观测值数	均值	标准差	最大值	最小值
$\ln PGDP$	684	8.36	1.02	10.51	5.48
$\ln INST$	684	3.81	1.05	3.84	1.74
$\ln EI$	684	3.86	0.45	4.39	2.66
$\ln PI$	684	3.80	0.81	4.49	0.80
$\ln LI$	684	3.76	0.27	4.53	0.74

变量	观测值数	均值	标准差	最大值	最小值
lnGVC	684	−1.56	0.06	−1.08	−5.12
lnFDI	684	11.42	2.32	14.29	1.21
ln$OPEN$	684	3.70	0.95	4.77	2.19
lnINF	684	2.93	1.12	4.50	0
lnPOP	684	11.46	1.19	14.12	5.52

(三) 数据来源及说明

本文使用的主要变量数据名称、含义及数据来源如表 5 所示。

表5   变量说明

变量名称	变量描述	数据来源
人均 GDP（$PGDP$）	丝绸之路经济带沿线主要国家的经济增长情况	世界银行 WDI 数据库，以 1995 年为基期，用 GDP 平减指数对各年度数据进行平减
制度质量（$INST$）	丝绸之路经济带沿线主要国家的政治制度（PI）	The Worldwide Governance Indicators
	丝绸之路经济带沿线主要国家的经济制度（EI）	The Heritage Foundation
	丝绸之路经济带沿线主要国家的法律制度（LI）	The Worldwide Governance Indicators（法制完善度）、The Heritage Foundation（产权保护度）
	丝绸之路经济带沿线主要国家的总体制度质量（$INST$）	政治制度、经济制度和法律制度三者的合成指标
全球价值链嵌入度（GVC）	丝绸之路经济带沿线主要国家融入全球价值链国际分工的情况	根据联合国 COMTRADE 数据库 BEC 分类法下的中间产品贸易数据计算得到
外商直接投资额（FDI）	丝绸之路经济带沿线主要国家引进的外商直接投资存量	IMF 数据库
经济开放度（$OPEN$）	丝绸之路经济带沿线主要国家的经济开放程度	根据联合国 COMTRADE 数据和世界银行的 WDI 数据计算得到

变量名称	变量描述	数据来源
基础设施水平（*INF*）	丝绸之路经济带沿线主要国家的基础设施情况	世界银行 WDI 数据库提供的每百人互联网使用人数表示
人口规模（*POP*）	丝绸之路经济带沿线主要国家的市场空间和潜力	世界银行 WDI 数据库

考虑到丝绸之路经济带沿线国家相关变量的数据缺失较多，为力求数据的完整性，本文采用了插值法或阈值法对部分缺失数据进行了补齐。

四、计量结果与分析

（一）总体制度质量回归分析

利用 1996～2014 年丝绸之路经济带沿线 38 个主要国家的统计数据，采用 Eviews 7.0 软件对式（1）的计量模型进行回归分析。基于本文采用的是面板数据，所以分别采用固定效应、随机效应进行估计，并通过观察 Hausman 检验结果发现固定效应优于随机效应，因此选择固定效应进行估计；另外，考虑到经济增长和制度质量可能存在互为因果关系的内生性，本文采用面板数据的两步最小二乘法（2SLS）进行回归，并选择各变量的一阶滞后项作为工具变量作为一种稳定性检验，以降低内生性给估计结果带来的不良影响。具体估计结果见表6。

表 6 的（3）～（4）列报告了固定效应的估计结果。该估计结果反映了以下几个问题：

第一，制度质量对丝绸之路经济带沿线国家的经济增长有正的显著影响，意味着完善制度质量对丝绸之路经济带建设具有积极的促进作用。不管是否加入控制变量，总体制度质量变量符号均为正，且通过 1% 的显著性检验，从表6第（4）列的结果看，总体制度质量变量系数为 0.105，其含义为：假设其他条件不变，丝绸之路经济带的制度质量总体水平每上升 1%，将拉动其人均 GDP 增长 0.105%，因此，丝绸之路经济带主要国家制度质量的完善能显著促进其经济增长。

表6 总体制度质量回归估计结果

估计方法	OLS		FE		2SLS	
	(1)	(2)	(3)	(4)	(5)	(6)
ln*INST*	0.092 *	0.039 *	0.107 ***	0.105 ***	0.094 ***	0.149 ***
	(1.89)	(1.94)	(7.83)	(14.621)	(16.74)	(11.34)
ln*GVC*	3.688 ***	0.764 **	2.201 ***	1.498 ***	1.675 ***	1.118 *
	(12.35)	(2.53)	(14.32)	(13.65)	(14.92)	(1.66)
ln*OPEN*		2.469 *		2.005		1.295 **
		(2.09)		(1.01)		(2.16)
ln*INF*		− 0.022		− 0.028		− 0.046
		(− 1.61)		(− 0.61)		(− 1.01)
ln*POP*		0.031 *		0.257 *		0.397 ***
		(1.83)		(1.67)		(4.17)
ln*FDI*		− 0.310 **		− 0.699 ***		− 0.255 *
		(− 2.52)		(− 13.52)		(− 1.92)
常数项	1.302 **	− 3.169 *	8.298 **	8.44 **	3.583 ***	3.492 ***
	(2.48)	(− 1.91)	(2.50)	(2.23)	(− 10.71)	(− 12.22)
R^2	0.72	0.71	0.67	0.76	0.59	0.67
Hausman test			99.64	102.51	110.44	98.38
是否存在内生性			是	是		
CR^2					0.625	0.631
F 检验					0.000	0.000
KP − LM					0.000	0.000

注：估计系数下方括号内数字为系数估计值的 t 统计量，其中 * 、** 、*** 分别表示在10% 、5% 和 1% 的水平上显著，下表同；*KP − LM* 报告的是 *Kleibergen − Paap − LM* 检验的概率，F 检验报告的也是概率，CR^2 报告的是 *Centered R^2*，下同。

第二，全球价值链嵌入度指数 *GVC* 的估计值大于0，且至少通过10% 的显著性检验。因此，这一回归结果意味着全球价值链嵌入度对丝绸之路经济带主要国家的经济增长有正的显著影响。即在不考虑其他因素作用的前提下，丝绸之路经济带主要国家中全球价值链嵌入度越高的国家，其人均 GDP 也就越高。事实上，在全球经济一体化的浪潮下，积极参与全球价值链国际分工和贸易，通过"干中学"可以获得积极的学习效应，获取国际先进的技术水平和管理经验等等，进而实现自身技术水平甚至是创新能力的提升，以实现经济增长的目标。这与兰茨和米鲁多（Lanz & Miroudot，2011）、鲍德温和洛佩斯·冈萨雷斯（Baldwin & Lopez Gonzalez，2013）的研究结果是相符合的。

从控制变量估计值看，人口规模（POP）显著为正，经济开放度（OPEN）虽然没有全部通过显著性检验，但其系数均为正，引进外资存量（FDI）则显著为负，而基础设施水平（INF）不仅为负，且没有通过显著性检验。因此，在丝绸之路经济建设过程中：要以大国为突破口，通过大国的发展，辐射引领小国发展；要提高经济的开放度和自由度，避免沦为经济全球化的边缘地带。同时，在引进外资的过程中，一定要注意提高外资的根植性，通过引进外资促进本国技术进步和人力资本积累，避免成为外资掠夺资源和财富的对象。此外，该地区落后的基础设施条件对经济增长所造成的阻碍作用应该引起充分重视。

德格鲁特（De Groot，2004）、舍恩等（Shon F.，et al.，2013）的研究表明：制度质量与一国的对外贸易和经济增长呈正相关关系。制度质量越高的国家，其对外贸易规模越大，对外资的吸引力越强，也就越有利于积极地融入全球价值链分工。即：提升制度质量有助于一国（地区）更好地融入全球价值链分工和贸易。由此可知，我们的研究结果与已有文献结论相吻合，研究结论对丝绸之路经济带建设具有一定的实际价值。

（二）制度质量各分项指标回归分析

按照上文的思路对式（2）~（4）进行逐步回归，以进一步明晰经济制度质量、政治制度质量和法律制度质量对丝绸之路经济带主要国家经济增长的具体影响。表7报告了制度质量三个分项指标的回归估计结果。

表7　　　　　　　　　　制度质量各分项指标的回归估计结果

估计方法	OLS			FE			2SLS		
	（1）	（2）	（3）	（4）	（5）	（6）	（7）	（8）	（9）
lnEI	0.175 *** (12.61)			0.146 *** (11.25)			0.219 ** (2.52)		
lnPI		0.038 *** (14.35)			0.103 * (1.79)			0.135 *** (17.65)	
lnLI			0.275 (1.20)			0.117 *** (12.36)			0.133 *** (3.46)
lnGVC	2.087 *** (12.35)	1.598 *** (11.90)	0.686 * (1.72)	0.883 *** (5.67)	1.016 ** (2.32)	1.083 ** (1.97)	1.367 *** (11.39)	1.513 ** (2.02)	1.028 ** (2.10)

续表

估计方法	OLS			FE			2SLS		
	（1）	（2）	（3）	（4）	（5）	（6）	（7）	（8）	（9）
ln$OPEN$	1.617 **	2.366	1.140 ***	1.330	1.613 **	1.188 **	1.203 ***	1.600 **	1.352 **
	（1.98）	（0.53）	（14.97）	（0.93）	（1.98）	（2.03）	（3.32）	（2.31）	（1.99）
lnINF	−0.113	−0.180	−0.117	−0.017	−0.055	−0.034	−0.018	−0.042	−0.062
	（−1.25）	（−1.60）	（−1.02）	（−1.02）	（−1.62）	（−1.62）	（−1.28）	（−0.89）	（−1.63）
lnPOP	1.215 **	0.852 *	0.319 **	0.605 **	0.319 **	0.426 **	0.487 **	0.391 ***	0.315 **
	（2.30）	（1.83）	（2.52）	（1.99）	（2.51）	（2.55）	（1.98）	（19.08）	（2.41）
lnFDI	−0.499 **	−0.507 **	−0.681 *	−0.326 **	−0.280 **	−0.216 *	−0.209 *	−0.327 *	−0.546 **
	（−2.46）	（−2.51）	（−1.91）	（−2.32）	（−2.58）	（−1.73）	（−1.80）	（−1.88）	（−2.52）
常数项	−2.601 ***	−1.324 **	−6.667 *	1.133 **	3.653 **	2.823 **	2.934 ***	−0.247 **	−7.276 **
	（13.21）	（−1.98）	（−1.87）	（2.08）	（2.03）	（2.31）	（11.97）	（−2.24）	（−2.26）
R^2	0.62	0.58	0.71	0.64	0.59	0.66	0.79	0.60	0.73
$Hausman test$				151.33	135.28	100.19	93.25	116.37	92.07
是否存在内生性				是	是	是			
CR^2							0.689	0.664	0.726
F 检验							0.000	0.000	0.000
$KP-LM$							0.000	0.000	0.000

表 7 的实证结果显示式（2）~（4）这 3 个回归方程均通过实证检验。比较制度质量三个分项指标的估计值大小，经济制度质量、政治制度质量和法律制度质量每提高 1%，其人均 GDP 将分别提升 0.146%、0.103% 和 0.117%；经济制度质量的估计值最大，其次是法律制度质量和政治制度质量，这说明经济制度质量改善对丝绸之路经济建设显得更为迫切和重要。从某种意义上说，这一结论与纳恩（2007）、列夫琴科（2007）等的结论相吻合，即：制度质量可以成为一国（地区）的比较优势源泉，并对一国经济增长具有显著影响。

五、简要结论与启示

借鉴耶茨（2001）的方法，根据联合国 COMTRADE 数据库 BEC 分类法下的中间产品贸易数据，本文计算得到了丝绸之路经济带沿线 38 个主要国家的中间产品贸易额和全球价值链嵌入度，并运用面板数据模型实证研究了全球价值链分工视角下制度质量对丝绸之路经济带主要国家经济增长的影响，结果表明：制度质量（尤其是经济制度质量）和嵌入全球价值链对丝绸之路经济带沿线国家经济增长有着显著促进作用。研究结论不仅有助于理解"丝绸之路经济带"沿线国家在全球价值链国际分工体系中的地位，而且也对如何加快"丝绸之路经济带"沿线国家融入全球价值链嵌入度，加快经济增长，有着重要的政策含义。

（一）发挥中国的"领头雁"作用，构建丝绸之路经济带全球价值链

全球价值链嵌入丝绸之路经济带主要国家经济增长有正向的显著影响，但是，丝绸之路经济带沿线数国家参与全球价值链国际分工程度不深，尚属于经济全球化的边缘地带。中国拥有制造业第一大国地位和全球价值链"在位优势"，在丝绸之路经济建设过程中，要充分发挥中国的"领头雁"作用，通过"雁阵式产业转移"，与丝绸之路经济带沿线人口规模较大、经济开放度较高的节点城市开展产业分工与合作，促进其积极融入制造业全球价值链分工，逐步形成制造业区域分工网络，带动其他区域和产业的发展，最终构建由中国主导的丝绸之路经济带全球价值链，以此推进产业联动发展并缩小各国之间参差不齐的经济发展水平。

（二）利用上合组织的作用，提升丝绸经济带的整体制度质量

制度质量对丝绸之路经济带沿线主要国家的经济增长有着显著促进作用，而经济制度质量的作用更为显著，但丝绸之路经济带沿线国家存在整体制度质量不高以及不同区域之间制度质量差异较大等问题，提升制度质量刻不容缓。作为一种新型的区域合作机制，上合组织可以为丝绸之路经济带的建设提供机制方面的支撑和保障，帮助丝绸之路经济带建设与其他国家和地区发展规划实现相互对接。在"丝绸之路经济带"建设过程中，应进一步加强上合组织的行动和保障机制建设，在上合组织框架内重点强化六大合作平台，即筑牢安全合作平台、搭建产能合作平台、加快建设互联互通平台、创新金融合作平台、构建区域贸易合作平台、打造社会民生合作平台，六大合作平台的连接，不仅将深化中国与丝绸之路经济带沿线国家之间在六大领域的全面合作，同时，也将逐步推进中国与丝绸之路沿线国家构建新的双边、多边区域合作机制，这无疑将促进丝绸经济带整体制度质量的提升。

（三）扩大区域合作空间和领域，构建以中国为主导的"南南"合作机制

目前，除东盟外，世界主要的经济组织、区域经济合作组织都是由发达国家所主导和控制的，发展中国家只能被动接受发达国家所制定的国际标准和规则。中国与丝绸之路经济带沿线国家同属新兴经济体和发展中国家，面临稳定本国经济、优化产业布局、挖掘资源潜力、强化竞争优势等紧迫任务，而基础设施的互联互通和地区内部价值链、贸易链的形成，将会使每个国家都能充分受益，共享合作"红利"。中国应以丝绸之路经济带建设为契机，进一步扩大与丝绸之路经济带沿线国家的合作空间和领域，充实合作的具体内容，为多边合作找到更多的"增长点"，并逐步构建"南南"经济合作组织，积极推进"南南"合作机制的形成和发展。

此外，要充分利用亚投行和丝路基金的资金支持，扩大对丝绸之路经济带沿线国家的基础设施投资，加强互联互通，为深化双边、多边的贸易和投资合作提供重要支撑。

参考文献

［1］胡鞍钢等."丝绸之路经济带"：战略内涵、定位和实现路径［J］.新疆师范大学学报（哲学社会科学版），2014（2）：7 – 16.

［2］金京，戴翔.国际分工演进与我国开放型经济战略选择［J］.经济管理，2013（2）：1 – 11.

［3］李建军，孙慧.融入全球价值链提升"中国制造"的国际分工地位了吗？［J］.内蒙古社会科学，2016（2）：112 – 118.

［4］Acemoglu D. , Johnson S. and J. Robinson. The Colonial Origins of Comparative Development：An Empirical Investigation, American Economic Review, 2001（91）：1369 – 1401.

［5］R. Aeberhardt, I. Buono & H. Fadinger. Learning, incomplete contracts and export dynamics：Theory and evidence, from French firms, Bank of Italy Economic Research and International Relations Area［R］. Economic Working Papers, No. 883. 2012.

［6］Anderson, J. E. D. Marcouiller. Insecurity and the Pattern of trade. An empirical investigation［J］. Review of Economics and Statistics, 2002, 84（2）：342 – 352.

［7］Ara, T. Institutions as a Source of Comparative advantage［R］. Fukushima University Working Paper, No. 1306. 2013.

［8］Baldwin, R. and J. Lopez-Gonzalez. "Supply-chain Trade：A Portrait of Global Patterns and Several Testable Hypotheses"［R］. HEI Manuscript. 2013.

［9］Berkowitz D. , J. Moenius & K. Pistor. Trade, law, and product complexity［J］. Review of

Economics and Statistics, 2006, 88 (2): 363 – 373.

[10] Bernard A. R., Jensen J. B., Redding S. J. and Schott P. K. Intra-Firm Trade and Product Contractibility (Long Version) [R]. National Bureau of Economic Research, 2010.

[11] Corcos G. et al. The determinants of intra-firm trade [R]. CEPR Discussion Paper, No. 7530. 2009.

[12] Daudin G. Christine Rifflart, and Danielle Schweisguth. Who Produces for Whom in the World Economy? [J]. Canadian Journal of Economics, 2011, 44 (4): 1409 – 1538.

[13] Dean J., Economies Fang K. C. and Wang Z. How Vertically Specialized Is Chinese Trade [J]. Review of International Economics, 2011, 19 (6): 88 – 102.

[14] De Groot H., G. M. Linders, P. Rietveld and U. Subramanian. The Institutional Determinants of Bilateral Trade Patterns [J]. Kyklos, 2004, 57 (1): 143 – 157.

[15] Hummels D., Ishii J., Yi K M. The nature and growth of vertical specialization in world trade [J]. Journal of International Economics, 2001, 54 (1): 75 – 96.

[16] Koopman R., Wang Z. & Wei S. J. Tracing Value-Added and Double Counting in Gross Exports [J]. American Economic Review, 2014, 104 (2): 1 – 37.

[17] Lanz R. and S. Miroudot. Intra-firm Trade: Patterns, Determinants and Policy Implications [R]. OECD Trade Policy Working Paper, No. 114. 2011.

[18] Levchenko A. Institutional quality and international trade [J]. Review of Economic Studies, 2007, 74 (3): 791 – 819.

[19] Melitz M. J. The impact of trade on intra-industry reallocations and aggregate industry productivity [J]. Econometrica, 2003, 71 (6): 1695 – 1725.

[20] North D. and Robert P. Thomas. The Rise of the Western World: A New Economic History [M]. Cambridge University Press, 1973.

[21] North D. Institutions, Institutional Change, and Economic Performance [M]. Cambridge University Press, 1990.

[22] Nunn N. Relationship-specificity, incomplete contracts, and the pattern of trade [J]. Quarterly Journal of Economics, 2007, 122 (2): 569 – 600.

[23] Roelfsema H. & Y. Zhang. The causal effect of institutional quality on outsourcing [J]. Journal of International Trade and Economic Development, 2011, 21 (6): 895 – 920.

[24] Shon F. and F. Sara. Institution-driven Comparative Advantage and Organizational Choice [J]. Journal of International Economics, 2013, 90 (1): 193 – 200.

[25] Yeats A. J. Just How Big Is Global Production Sharing? [R]. World Bank Policy Research Working, 2001.

[26] Unctad. Handbook of Statistics 2013 [M]. United Nations New York and Genevz, 2013.

中国与"一带一路"沿线国家农产品贸易效应及潜力研究

李金叶　　谷明娜

（新疆大学经济与管理学院）

摘　要： 农业合作是中国与"一带一路"沿线国家重点合作之一。本文通过对中国与沿线国家农产品贸易效应及潜力研究，研究发现中国与"一带一路"沿线国家农产品贸易效应及潜力存在区域间和区域内（国家间）双重差异性和阶梯性特征，东盟地区是"一带一路"沿线中国农产品贸易的重点区域，中亚地区是沿线农产品贸易增长最快的区域，提升贸易结构、优化贸易环境是实现沿线国家互动共赢共享发展的合理选择。

关键词： "一带一路"；农产品贸易；贸易效应；贸易潜力

一、引言

（一）问题的提出

"一带一路"建设合作面广、涉及国家多、合作形式多样，2005年以来中国与该区域国家农产品贸易持续增长，中国与该区域国家农产品贸易占中国农产品贸易总量比例从2005年的23.82%增长到2014年的25.00%，表明该区域与中国的农产品贸易联系相对紧密，农业合作是中国与沿线国家绿色经贸合作的重点之一，而"一带一路"的建设必将给中国与沿线国家开展农业合作提供新契机。本文将对中国与"一带一路"沿线国家（以下简称"沿线国家"）的农产品贸易效应及潜力进行实证分析，并提出优化合作建议。

（二）研究空间界定

"一带一路"作为国际开放型的发展倡议，在《愿景与行动》① 中并没有给出具体范围和国家清单，仅指出"一带一路"贯穿欧亚非大陆，提出"丝绸之路经济带"重点是中国经中亚、俄罗斯至欧洲等区域；"21世纪海上丝绸之路"的重点是从中国沿海港口经过南海到印度洋并延伸至欧洲等地区。本文借鉴上述空间范围界定，并根据世界银行网站对国家区域的分类指标，将本文研究范围设定：中亚5国、中东欧15国、俄蒙，东盟9国、西亚中东17国、南亚8国，共56个国家（见表1）。

表1　　　　　　　　　　　"一带一路"沿线国家范围界定

地区	主要国家
中亚5国	哈萨克斯坦、乌兹别克斯坦、土库曼斯坦、塔吉克斯坦、吉尔吉斯斯坦
俄蒙2国	俄罗斯、蒙古
中东欧15国	波兰、立陶宛、爱沙尼亚、捷克、斯洛伐克、匈牙利、斯洛文尼亚、克罗地亚、波黑、罗马尼亚、保加利亚、马其顿、乌克兰、白俄罗斯、摩尔多瓦
东盟9国	新加坡、马来西亚、印度尼西亚、泰国、老挝、柬埔寨、越南、文莱、菲律宾
西亚中东17国	伊朗、伊拉克、土耳其、叙利亚、约旦、黎巴嫩、以色列、沙特、也门、阿曼、科威特、巴林、希腊、塞浦路斯、格鲁吉亚、阿塞拜疆、亚美尼亚
南亚8国	印度、巴基斯坦、孟加拉国、阿富汗、斯里兰卡、马尔代夫、尼泊尔、不丹

二、中国与"一带一路"沿线国家农产品贸易效应分析

（一）农产品贸易规模

中国与"一带一路"沿线国家农产品贸易规模总量持续增长，贸易总额从2005年的97.52亿美元增长到2014年的410.55亿美元，年均增速17.14%；中国与该区域国家农产品贸易占中国农产品贸易总量比例从2005年的23.82%增长

---

① 指2015年3月28日国家发展改革委、外交部、商务部联合发布的《推动共建丝绸之路经济带和21世纪海上丝绸之路的愿景与行动》。

到2014年的25%；6大区域农产品贸易规模在保持增长的同时，伴随着区域间差异性的扩大。

1. 中国与"一带一路"沿线区域农产品贸易规模比较

中国与"一带一路"沿线国家农产品贸易呈现出区域间及区域内国家间双重差异性和阶梯性特征。

就贸易紧密性分析，在6大区域层面比较，东盟与中国的农产品贸易联系最为紧密、俄蒙次之，2014年东盟与中国农产品贸易额占"一带一路"沿线区域与中国农产品贸易总量的73.50%，俄蒙与中国农产品贸易总额占"一带一路"国家与中国农产品贸易总额比重为9.39%，位居次席，然后依次是南亚（占5.72%）、西亚中东（4.97%）、中东欧（占4.65%）、中亚（占1.79%）（见图1）。

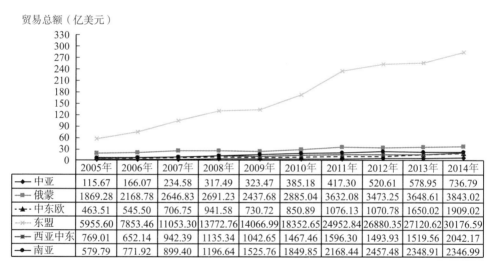

贸易总额（亿美元）

	2005年	2006年	2007年	2008年	2009年	2010年	2011年	2012年	2013年	2014年
中亚	115.67	166.07	234.58	317.49	323.47	385.18	417.30	520.61	578.95	736.79
俄蒙	1869.28	2168.78	2646.83	2691.23	2437.68	2885.04	3632.08	3473.25	3648.61	3843.02
中东欧	463.51	545.50	706.75	941.58	730.72	850.89	1076.13	1070.78	1650.02	1909.02
东盟	5955.60	7853.46	11053.30	13772.76	14066.99	18352.65	24952.84	26880.35	27120.62	30176.59
西亚中东	769.01	652.14	942.39	1135.34	1042.65	1467.46	1596.30	1493.93	1519.56	2042.17
南亚	579.79	771.92	899.40	1196.64	1525.76	1849.85	2168.44	2457.48	2348.91	2346.99

图1 2005~2014年中国与"一带一路"沿线区域农产品贸易额

在国家层面比较，位居前十的国家中，东盟占5个，即泰国、印度尼西亚、马来西亚、越南、菲律宾；位居后十的国家中，中东欧国家占4个，即波黑、马其顿、摩尔多瓦、斯洛伐克。

进一步分析，区域内体现为阶梯状层次状分布。东盟地区中，泰国与中国农产品贸易量居首位，占沿线国家与中国农产品贸易量的18.68%，然后依次是印度尼西亚（15.75%）、马来西亚（15.75%）、越南（12.54%）、菲律宾（5.38%）、新加坡（3.70%）、老挝（0.23%）、文莱（0.03%）。南亚地区中国农产品贸易量最大的是印度，占沿线国家与中国农产品贸易额的2.59%，之后依次是巴基斯坦

（1.52%）、孟加拉（0.89%）、斯里兰卡（0.49%）、尼泊尔（0.16%）、阿富汗（0.09%）、马尔代夫（0.01%）、不丹①。西亚中东地区沙特阿拉伯占比为1.65%，位列第一，然后依次为土耳其（0.62%）、以色列（0.61%）、伊朗（0.56%）、也门（0.29%）、希腊（0.27%）、黎巴嫩（0.17%）、伊拉克（0.17%）、约旦（0.16%）、科威特（0.15%）、格鲁吉亚（0.11%）、巴林（0.11%）、叙利亚（0.09%）、阿曼（0.07%）、阿塞拜疆（0.06%）、塞浦路斯（0.04%）、亚美尼亚（0.02%）。中东欧地区，乌克兰、波兰与中国农产品贸易占沿线国家与中国农产品贸易的比重分别为2.22%、1.37%，之后依次为保加利亚（0.20%）、捷克（0.19）、罗马尼亚（0.17%）、立陶宛（0.12%）、白俄罗斯（0.09%）、匈牙利（0.08%）、斯洛文尼亚（0.07%）、爱沙尼亚（0.06%）、克罗地亚（0.06%）、斯洛伐克（0.03%）、摩尔多瓦（0.02%）、马其顿（0.02%）、波黑（0.01%）。哈萨克斯坦以1.05%位列中亚首位，之后依次是吉尔吉斯斯坦（0.49%）、乌兹比克斯坦（0.25%）、土库曼斯坦（0.09%）、塔吉克斯坦（0.08%）。俄蒙地区，俄罗斯与中国农产品贸易量占沿线国家与俄罗斯农产品贸易量的9.10%，蒙古占比0.28%（见表2、图2）。

表2　　　　　　　　　　部分沿线国家与中国农产品贸易占比

排序	国家	与中国农产品贸易额（百万美元）	占比（%）
排名前五位	泰国	7668.25	18.68
	印度尼西亚	6464.44	15.75
	马来西亚	6346.06	15.46
	越南	5147.76	12.54
	俄罗斯	3737.41	9.10
排名后五位	不丹	0.14	—
	波黑	3.33	0.01
	马尔代夫	3.49	0.01
	亚美尼亚	6.26	0.02
	摩尔多瓦	10.10	0.02

　　资料来源：世界银行数据，其中不丹与中国农产品贸易量较少，在沿线国家与中国贸易总额中的占比几乎为0。

---

①　不丹与中国农产品贸易量较少，在沿线国家与中国贸易总额中的占比几乎为0。

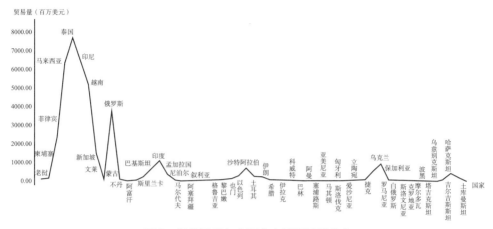

图2 沿线国家与中国农产品贸易额分布

2. 中国与"一带一路"沿线国家农产品贸易增速比较

从区域层面分析，中国与"一带一路"沿线国家农产品贸易额增速存在差异性，中亚、东盟增速较快，高于平均增速；南亚、中东欧、西亚中东、俄蒙与中国农产品贸易年增速小于沿线国家与中国农产品贸易额平均年增速。其中：2005～2014 年，与中国农产品贸易额增速最快的是中亚，年均增速高达 22.84%，高出同期中国与"一带一路"沿线国家农产品贸易额 17.14%，年均增速 5.7 个百分点，中亚作为"一带一路"的主要战略区域，其与中国农产品贸易的快速增长成为亮点。其次是东盟地区，为 19.76%，超出平均增速 2.62 个百分点，东盟地区作为"一带一路"沿线上中国的农产品贸易主体区地位越趋明显。年均增速相对较慢的为俄蒙地区，年均增速为 8.34%（见图3）。

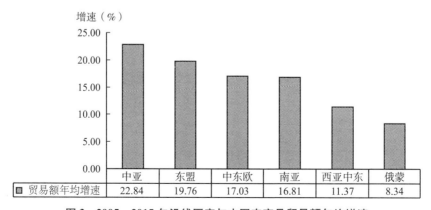

图3 2005～2015 年沿线国家与中国农产品贸易额年均增速

从国家层面分析，中亚国家与中国农产品贸易增速排序依次为：吉尔吉斯斯坦 27.17%、塔吉克斯坦 27.11%、哈萨克斯坦 23.96%、土库曼斯坦 16.91%、乌兹别克斯坦 14.64%，前三个国家增速高于平均增速。东盟作为沿线与中国农产品贸易的最大区域，东盟 9 国中有老挝 45.19%、越南 30.04%、泰国 22.69%、印度尼西亚 19.40%、菲律宾 19.97%、柬埔寨 19.56% 等 6 个国家与中国的农产品贸易超过平均速度，[①] 占该地区国家总数的大多数。南亚 8 国与中国农产品贸易增速依次为不丹 34.37%、孟加拉国 25.91%、斯里兰卡 23.61%、阿富汗 19.10%、尼泊尔 16.86%、印度 15.27%、巴基斯坦 14.42%、马尔代夫 8.67%，前 4 个国家增速超过平均增速（见表 3、图 4）。

该结果也验证了中国农产品贸易的区域差异性分布特点，即东盟、南亚是沿线与中国农产品贸易的主要地区（国家），中亚是与中国农产品贸易增速最快的地区。

表3　　　　　　　2005～2014 年中国与沿线国家农产品贸易额增速（%）

年均增速	主要国家
<0	伊朗（-3.79）
0~10	叙利亚（6.71）、约旦（3.24）、阿曼（2.92）、科威特（8.41）、马尔代夫（8.67）、俄罗斯（8.20）、亚美尼亚（0.55）、爱沙尼亚（3.11）、斯洛伐克（1.57）、克罗地亚（9.13）、罗马尼亚（3.77）、马其顿（5.84）
10~17	马来西亚（13.54）、文莱（12.79）、黎巴嫩（11.39）、也门（13.25）、印度（15.27）、巴基斯坦（14.42）、乌兹别克斯坦（14.64）、白俄罗斯（13.24）、摩尔多瓦（13.22）、波兰（13.37）、立陶宛（10.88）、捷克（12.28）、匈牙利（10.82）、斯洛文尼亚（14.52）、新加坡（16.54）、尼泊尔（16.86）、土库曼斯坦（16.91）、保加利亚（16.99）、土耳其（15.68）、蒙古（14.92）、波黑（11.94）、巴林（13.11）、希腊（13.16）
17~22	印度尼西亚（19.40）、柬埔寨（19.56）、菲律宾（19.97）、以色列（18.89）、阿富汗（19.10）、塞浦路斯（18.25）、格鲁吉亚（20.47）、阿塞拜疆（17.61）
22~30	泰国（22.69）、伊拉克（27.76）、孟加拉国（25.91）、斯里兰卡（23.61）、哈萨克斯坦（23.96）、塔吉克斯坦（27.11）、吉尔吉斯斯坦（27.17）、乌克兰（29.26）、老挝（45.19）、越南（30.04）、不丹（34.37）、沙特（25.32）

资料来源：根据世界银行数据整理得。

（二）中国与"一带一路"沿线国家农产品贸易结构分析

中国与沿线国家贸易结构存在明显的互补性，以产业间贸易为主，产业内贸

---

①　东盟中新加坡（16.54%）、马来西亚（13.54%）、文莱（12.79%）低于平均增速。

易尚未形成规模,说明中国与沿线国家贸易结构依赖于资源禀赋差异,尚处于较低层面;并且,中国与沿线国家的农产品贸易多停留在劳动密集型及土地密集型产品上,农产品贸易结构有待进一步提高。

中国从东盟进口的农产品主要集中在果蔬类和油脂、蜡类,① 中国主要从东盟国家进口果蔬、油脂、蜡类商品,向东盟国家出口加工食品。中国从南亚进口产品以棉花及纤维类为主,向南亚出口以果蔬类为主。中国从西亚中东主要进口植物类产品,向其出口加工食品类产品。中国与中东欧国家进出口主要都是集中在畜产品、水产品及果蔬类产品,产品类型集中。中国对蒙俄地区出口农产品主要是果蔬及水产品,蒙俄对中国出口商品则主要集中在油籽仁及果实、工业用植物类产品。中国对中亚国家出口主要为果蔬类及水产品,进口主要为棉麻丝类(中国与沿线国家农产品贸易结构见表4)。

表4 2014 年中国与沿线国家农产品贸易的主要品种 单位:%

地区		主要贸易品种	占比
东盟	向中国出口	果蔬类	36
		油脂、蜡类	15.4
	从中国进口	加工食品类	45
南亚	向中国出口	棉花及纤维	40.7
	从中国进口	果蔬	43
中东欧	向中国出口	畜产品	52
		水果	11
	从中国进口	畜产品	24
		蔬菜类	16
蒙俄	向中国出口	植物产品	80
	从中国进口	水产品、果蔬	47
西亚中东	向中国出口	植物产品	40
	从中国进口	果蔬类	37
		加工食品	20
中亚	向中国出口	棉麻丝	80
	从中国进口	果蔬类、活动物	70

资料来源:2014 年世界银行数据,部分数据来自 2014 年中国海关总署月度数据。

---

① 根据 HS 分类法:第一大类:活动物、动物产品;第二大类:植物产品;第三大类:动、植物油、脂及其分解产品,精制的食用油脂、动、植物蜡;第四大类:食品、饮料、酒及醋、烟草替代品的制品;及其他(50 章:蚕丝;51 章羊毛及动物毛;52 章棉花;53 章其他植物纤维)。

三、中国与"一带一路"沿线国家贸易潜力测算

（一）模型构建的及数据说明

1. 建模的基本思想

自丁伯根（Tinbergen，1962）和波伊曼（Poyhomen，1963）将引力模型运用于国际贸易分析以来，得到了广泛应用，国际贸易理论中生产要素禀赋理论和区域经济一体化理论都表明，自然地理因素和社会因素对国际贸易都有显著的影响。引力模型在形式上，多采用万有引力模型的对数形式，主要是因为在研究经济相互关系中一般采用几何形式而非算数形式，对数形式既可以使万有引力公式线性化，也可以减少数据中的异常点，又可避免数据残差的非正态分布和异方差现象。本文基于引力模型，对中国与"一带一路"沿线国家贸易潜力进行实证分析。

贸易引力采用以下形式：

$$\ln F_{ij} = \alpha \ln M_i + \beta \ln M_j + \theta \ln D_{ij} + \gamma \ln X_{ij} + \varepsilon_{ij} \tag{1}$$

式（1）中，F_{ij}表示从出口国 i 国流进进口国 j 国的贸易流量，M_i、M_j 代表两个国家的经济总量，D_{ij} 表示两个国家首都或主要港口之间的地理距离，是解释双边贸易其他变量的集合，包括人口、地区经济组织和国家政策等，α、β、θ、γ 是待估计参数，ε_{ij} 是随机扰动项。

2. 模型的构建

中国与沿线国家双边农产品贸易引力模型。为了考察经济规模、人口规模、空间距离等对中国与沿线国家农产品贸易的总体影响，采用如下的引力模型[1]：

$$\ln F_{ijt} = \alpha \ln(GDP_{it} \times GDP_{jt}) + \beta \ln(N_{it} \times N_{jt}) + \gamma \ln D_{ijt} + \varepsilon_{ijt} \tag{2}$$

式（2）中，$i = 1$ 代表中国；$j = 1, 2, \cdots, 56$[2]，代表"一带一路"56个沿线国家。F_{ij} 表示中国与"一带一路"沿线国家的双边农产品贸易量；GDP_i、

---

① 张海森，谢杰. 中国与东欧农产品贸易：基于引力模型的实证研究［J］. 中国农村经济，2008（10）：45－52.

② 俄白哈关税同盟是欧亚经济联盟的前身，由于本文数据范围是2005～2014年，而欧亚经济联盟成立时间为2015年，因此，本文引入俄白哈关税同盟。

GDP_j 分别表示中国与沿线 65 个国家以万美元表示国内生产总值；N_i、N_j 分别表示中国与沿线国家和地区的人口规模；D_{ij} 表示中国与沿线国家和地区首都之间的距离。

引入政策和制度对双边农产品贸易的影响。"一带一路"沿线区域中有俄白哈关税同盟（UC）、上合组织（SOC）、中国—东盟自贸区（CAFAT）、欧盟（EU）等经济组织，为了考虑这些经济组织对双边农产品贸易的影响，将是否为俄白哈关税同盟、上合组织、中国—东盟自贸区、欧盟成员国作为虚拟变量依次引入模型中，得到式（3）~式（6）：

$$\ln F_{ijt} = \alpha \ln(GDP_{it} \times GDP_{jt}) + \beta \ln(N_{it} \times N_{jt}) + \gamma \ln D_{ij} + \eta_1 UC + \varepsilon_{ijt} \qquad (3)$$

$$\ln F_{ijt} = \alpha \ln(GDP_{it} \times GDP_{jt}) + \beta \ln(N_{it} \times N_{jt}) + \gamma \ln D_{ij} + \eta_1 UC + \eta_2 SOC + \varepsilon_{ijt} \qquad (4)$$

$$\ln F_{ijt} = \alpha \ln(GDP_{it} \times GDP_{jt}) + \beta \ln(N_{it} \times N_{jt}) + \gamma \ln D_{ij} + \eta_1 UC + \\ \eta_2 SOC + \eta_3 CAFA + \varepsilon_{ijt} \qquad (5)$$

$$\ln F_{ijt} = \alpha \ln(GDP_{it} \times GDP_{jt}) + \beta \ln(N_{it} \times N_{jt}) + \gamma \ln D_{ij} + \eta_1 UC + \\ \eta_2 SOC + \eta_3 CAFAT + \eta_4 EU + \varepsilon_{ijt} \qquad (6)$$

式（3）~式（6）中，UC 表示是否为俄白哈关税同盟国成员，如果是取 1，否则赋值为 0；SOC 表示是否为上合组织成员，如果是取 1，否则赋值为 0；$CAFAT$ 表示是否为中国—东盟自贸区成员，因 $CAFAT$ 在 2010 年成立，因此将在 2010 年及之后东盟国家取 1，否则赋值为 0；EU 表示是否是欧盟成员国，模型主要是考虑欧盟东扩的影响，将在 2007 年成为欧盟国家，取值 1，否则赋值为 0[①]。

3. 数据说明

模型基于面板数据进行分析，本文选取"一带一路"沿线 56 个国家 2005 ~ 2014 年的数据进行分析。国家经济规模数据 GDP、人口规模数据 N、中国与沿线国家农产品贸易量 F 均来自世界银行数据库，中国与各国家首都的距离来自国际预测研究中心[②]。

（二）实证结果及分析

1. 模型结果及分析

对面板数据的混合模型、个体效应固定模型、个体随机效应模型的回归结果

---

① 克罗地亚在 2013 年成为欧盟成员国，由于仅有 2014 年数据，所以保加利亚和罗马尼亚在 2007 年加入欧盟成员国，故以 2007 年为界限，在方程 6 中，对 2007 ~ 2013 年的数据进行模拟回归。

② 网址：http．//www.cepii.fr。

进行比较，Hausman 检验通过原假设，且混合模型的拟合值不如个体随机模型，因此本文选取个体随机模型进行估计。回归方程（3），是否为俄白哈欧盟国，回归不显著，继续引入虚拟变量是否为上合组成成员时，是否为俄白哈同盟和是否为上合组织，都不能通过检验，因此在回归方程（4）~（5）将是否为俄白哈关税同盟剔除。中国与"一带一路"沿线国家农产品贸易引力模型的回归结果如表 5 所示。

表 5　　　　　　　　　中国与沿线国家农产品贸易引力模型回归结果

解释变量	被解释变量 lnF				
	方程 2	方程 3	方程 4 ***	方程 5	方程 6
常数 C	− 19. 747 *** (− 10. 06)	− 6. 9795 (− 1. 421)	− 7. 823 ** (− 1. 580)	− 22. 679 *** (− 11. 612)	− 0. 6006 *** (− 2. 9175)
$\ln(GDP_i \times GDP_j)$ 国家经济规模	0. 3344 *** (17. 477)	0. 5158 *** (26. 104)	0. 5156 *** (26. 632)	0. 3044 *** (15. 696)	0. 3777 *** (15. 2270)
$\ln(N_i \times N_j)$ 国家人口规模	0. 603 *** (15. 208)	0. 1793 *** (2. 529)	0. 1771 *** (2. 503)	0. 614 *** (15. 818)	0. 3913 *** (10. 7549)
$\ln D_{ij}$ 国家间首都距离	− 0. 722 *** (− 5. 158)	− 1. 122 *** (− 2. 391)	− 1. 021 *** (− 2. 145)	− 0. 317 *** (− 2. 1365)	− 12. 66 *** − 6. 8468
SOC 上合组织	—	—	0. 7288 * (1. 531)	0. 7033 *** (3. 8551)	0. 8967 *** 3. 62559
CAFAT 是否中国—东盟自贸区成员国	—	—	—	1. 2407 *** (5. 9833)	1. 2273 *** (4. 6704)
EU 是否为欧盟组织	—	—	—	—	0. 1482 (− 0. 7467)
UC 俄白哈关税同盟	—	− 0. 0187 (− 0. 1356)	—	—	—
调整后 R^2	0. 636	0. 588	0. 586	0. 661	0. 624

注：***、**、*分别表示在1%、5%、10%上的显著性水平。

经济规模、人口规模和距离对中国与沿线国家农产品贸易产生重要影响。方程（2）的回归结果显示，各个变量的符号符合经济原理，而且均在1%的水平上成立，调整后的 R^2 达到0.636，模型拟合度较好（见表5）。中国与沿线国家的经济规模和人口规模对双边农产品贸易具有促进作用，中国与沿线国家 GDP 规模每提高1%，将带动双边农产品贸易额增长0.33%，中国与沿线国家人口规模每增大 1%，将促进双边农产品贸易增长 0.60% 。可见人口规模的弹性高于经济总量的弹性。相反，距离中国距离越远将阻碍同中国的农产品贸易的发展。

不同经济组织对中国与沿线国家农产品贸易具有不同作用。

上海经济合作组织建立有利于促进双边农产品贸易的增长。SOC 变量回归系数为正值 0.70，上合组织成员为中国、中亚国家（除土库曼斯坦以外）及俄罗斯，在"一带一路"的倡议下，中亚国家作为中国重点合作对象，两地区间，针对农业展开了多项合作，如 2013 年底，建立了我国首个口岸农产品"绿色通道"中哈巴克图—巴克特农产品快速通道，使双边农产品贸易获较快的发展；借助丝绸之路经济带构建契机，中国与中亚就农业技术、农业机械、农产品加工广泛交流与合作，使得中亚地区同中国的贸易总额年增长率居于前列。

中国—东盟自贸区建立对双边贸易有正效应。CAFAT 回归系数为 1.24，东盟地区作为中国最主要的农产品贸易伙伴，中国—东盟自贸区的建立，很大程度上促进两个地区区域性发展，同为发展中国家且资源禀赋各具优势，产业结构各有特点，互补性强，合作潜力大。上合组织对双边贸易促进作用低于中国—东盟自贸区对其的影响力，可能是由于中亚国家同中国的农产品贸易量要远小于东盟国家同中国的农产品贸易总量。此外东盟地区人口近 6 亿，而中亚地区人口规模则仅为 6000 多万，这可能造成中国—东盟自贸区对地区农产品贸易正效应更为显著的原因。

欧盟东扩对中国与"一带一路"沿线国家贸易亦有促进作用，但尚不显著。EU 回归系数为正值，表明波兰、捷克等非典型欧洲国家加入欧盟后，这种趋于多样化、多元化的组织结构必然会产生外溢，对中国与其他国家的发展提供了平台，而且欧盟东扩，是以打通欧亚大陆心脏地带到出海口通道为目标，这对中国有益处。但是，回归结果显示，EU 变量在统计上不显著，主要原因在于这些国家都是非典型欧盟国家；中东欧国家与中国的农产品贸易量在中国与沿线国家贸易总量的比重较少。因此欧盟东扩与中国贸易的逆相关性得不到证明，正相关性不明显，我国与欧盟国家农产品竞争不明显。同时，我们认为欧洲作为"一带一路"倡议的最后闭合区域，随着通道的逐步完善，其贸易显示度会逐步增强。

俄白哈关税同盟组织建立阻碍双边农产品贸易的增长。UC 变量回归系数为负值 −0.19，但结果并不显著，关税同盟具有排他性，在关税同盟成员间取消关税，实行统一的对外税税率和统一的对外贸易政策，以及实行统一的保护性措施。这势必会对与中国之间农产品贸易产生负效应。但俄白哈关税同盟的影响力相对比较小且非中国农产品贸易主力地区。

2. 中国与沿线国家贸易潜力及趋势分析

本文运用引力模型进行贸易潜力的估算，用引力模型模拟"理论"或"自然"状态下的潜在贸易量，然后将实际值与模拟值进行比较。将实际值与模拟值的比值称为潜力指数 P，并地区间农产品贸易潜力分为：潜力巨大型（$P \leqslant 0.8$）、潜力开拓型（$0.8 < P < 1.2$）、潜力再造型（$P \geqslant 1.2$）。

采用方程（5），估算中国与沿线国家农产品贸易潜力。

3. 中国与沿线地区农产品贸易潜力及趋势对比分析

沿线地区与中国农产品贸易潜力系数都在增长，说明农产品贸易潜力已被较好挖掘。其中，东盟、中亚地区农产品贸易潜力系数变化最大，中亚由 2005 年的潜力巨大型（0.61）过渡到 2014 年潜力再造型（1.61）；东盟由 2005 年的潜力开拓性（1.2）过渡到 2014 年潜力再造型（2.2）。比较而言，南亚与中国农产品贸易潜力最大（沿线各地区贸易潜力及其变动如图 4 所示）。

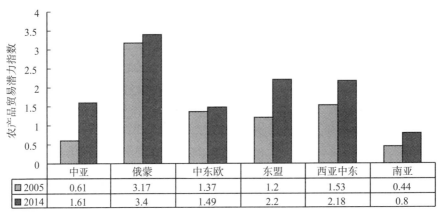

	中亚	俄蒙	中东欧	东盟	西亚中东	南亚
2005	0.61	3.17	1.37	1.2	1.53	0.44
2014	1.61	3.4	1.49	2.2	2.18	0.8

图 4　"一带一路"沿线区域农产品贸易潜力系数

4. 中国与沿线国家农产品贸易潜力分析

除少数几个国家与中国农产品贸易潜力类型处于潜力开拓型之外，中国与沿线大部分国家的农产品贸易处于潜力巨大型或潜力再造型。潜力巨大型多分布在中东欧、西亚中东地区，潜力巨大型 22 个国家中，中东欧、西亚中东地区分别占 7 个、6 个，且这些国家与中国农产品贸易规模小，增速多小于均速。潜力开拓型国家较少，与中国农产品贸易来往较少。潜力再造型国家在各个区域各有分布，其中处于各区域梯级顶部的国家均为潜力再造型，其与中国农产品贸易规模较大，几乎占到沿线国家与中国农产品贸易额的 70% 以上。

表6   中国与沿线各国农产品贸易潜力估算结果及分类

潜力指数范围	潜力类型	国家
$P \leqslant 0.8$	潜力巨大型	马来西亚、柬埔寨、文莱、伊朗、伊拉克、土耳其、叙利亚、阿曼、阿富汗、马尔代夫、尼泊尔、不丹、乌兹别克斯坦、塔吉克斯坦、白俄罗斯、阿塞拜疆、亚美尼亚、摩尔多瓦、斯洛伐克、匈牙利、波黑、罗马尼亚
$0.8 < P < 1.2$	潜力开拓型	老挝、孟加拉国、土库曼斯坦、马其顿、克罗地亚
$P \geqslant 1.2$	潜力再造型	沙特、以色列、黎巴嫩、约旦、也门、科威特、巴林、希腊、塞浦路斯、新加坡、泰国、印度尼西亚、越南、菲律宾、印度、巴基斯坦、斯里兰卡、哈萨克斯坦、吉尔吉斯斯坦、俄罗斯、蒙古、乌克兰、格鲁吉亚、波兰、立陶宛、爱沙尼亚、捷克、斯洛文尼亚、保加利亚

四、结论及思考

(一) 研究结论

第一，中国与沿线国家农产品贸易主要为产业间贸易。区域资源禀赋的差异性和互补性是贸易的基础，其间的农产品贸易多停留在劳动密集型及土地密集型产品上，农产品贸易结构有待进一步提高。

第二，贸易伙伴国之间的距离、人口规模、经济规模、政策等是影响中国同沿线国家农产品贸易的重要因素。地理距离对双边双方有显著负效应；人口规模、经济规模、中国—东盟自贸区建立、上合组织建立对双边农产品贸易量呈显著正向关系，此外，中国—东盟自贸区对双边农产品贸易正效应要大于上合组织。

第三，中国与沿线各地区和国家贸易效应存在差异性。东盟与中国农产品贸易联系最为紧密，在贸易规模优于"一带一路"沿线其他区域。尽管中亚区域与中国农产品贸易额相对较小，但中亚与中国农产品贸易额的增速最快。中国与沿线农产品贸易存在区域间及区域内国家间双重梯级差异。每个区域的领头国家均为中国农产品贸易传统优势市场。

第四，中国与沿线各国农产品贸易潜力呈现分化趋势。沿线与中国贸易规模较大、增速较快以及与我国具有传统农产品贸易优势的国家基本属于潜力再造型，各区域梯级顶端的国家均存于潜力再造型；迫切需要农产品贸易结构升级，创造新的农产品潜力。潜力开拓地区与中国尚存潜力空间，但与中国贸易额较小，增速不快，影响也较小。潜力巨大国家尚有较多发展空间，这些地区需要中国重点发展。

（二）基于研究的思考

针对以上研究结果，提出如下思考：

第一，提升贸易结构层次和水平。中国与沿线国家以产业内贸易和劳动、土地密集型产品为主的贸易模式，处于基于资源禀赋比较优势为基础的低层次贸易阶段，贸易附加值低，贸易的自然和市场风险高。而且与我国贸易规模大、增速快的国家大部分已成为贸易潜力再造型，继续寻找新的促进贸易提升的增长点，增强农产品贸易的技术含量、提升合作层次成为我国扩大与沿线国家农业合作、提高合作效益的重心。

第二，优化合作的物质基础。地理距离、合作条件是国家间贸易不可逾越的影响因素，如何通过基础条件改善，"缩短"贸易距离，减少物流损失是关键。而我国物流设施相对不完善，必然制约农产品贸易的发展。沿线国家经济相对欠发达，基础设施建设滞后，如多数中亚国家没有高速公路，甚至一般的公路路况也相对较差，这严重阻碍农产品及时运销与农业设备运行，妨碍双方农产品贸易发展。

第三，优化中国与"一带一路"沿线国家农产品贸易制度环境。中国与东盟、与中亚农产品贸易的快速发展，得益于东盟自贸区、上合组织及丝绸之路经济带建设。显然，我国参与国际经济合作机制的程度越高，越有利于我国与合作方的共赢发展，因此利用"一带一路"建设契机，实现我国的开放发展是"一带一路"发展的落脚点和目标。

参考文献

［1］刘卫东."一带一路"战略的科学内涵与科学问题［J］.地理科学进展，2015（5）：538－544.

［2］储殷，高远.中国"一带一路"战略定位的三个问题［J］.国际经济评论，2015（2）：90－99.

［3］邹嘉龄，刘春腊等.中国与"一带一路"沿线国家贸易格局及经济贡献［J］.地理科学进展，2015（5）：598－605.

［4］公丕萍，宋周颖，刘卫东.中国与"一带一路"沿线国家的商品贸易格局［J］.地理科学进展，2015（5）：571－580.

［5］孔庆峰，董虹蔚."一带一路"国家的贸易便利化水平测算与贸易潜力研究［J］.国

际贸易问题，2015（12）：158－168.

[6] 倪沙，王永兴，景维民. 中国对"一带一路"沿线国家直接投资的引力分析 [J].天津财经大学学报，2015（5）：3－14.

[7] 郑蕾，刘志高. 中国对"一带一路"沿线直接投资空间格局 [J].地理科学进展，2015（5）：563－570.

[8] 张海森，谢杰. 中国—东欧农产品贸易：基于引力模型实证研究 [J].中国农村经济，2008（10）：45－53.

[9] 汤碧. 中国与金砖国家农产品贸易：比较优势与合作潜力 [J].农业经济问题，2012（10）：67－75.

[10] 孙大岩，孔繁利. 中国—东盟农产品贸易新趋势与对策 [J].改革与战略，2015（10）：186－190.

[11] 李富佳，董锁成，原琳娜等."一带一路"农业战略格局及对策 [J].中国科学院院刊，2016（31，6）：678－688.

[12] 张芸，杨光，杨阳."一带一路"战略：加强中国与中亚农业合作的契机 [J].国际经济合作，2015（1）：31－34.

[13] 李豫新，朱新鑫. 农业"走出去"背景下中国与中亚五国农业合作前景分析 [J].农业经济问题，2010（9）：42－48.

[14] 范彬彬，罗格平，胡增运等. 中亚土地资源开发与利用分析 [J].干旱区地理，2012（35，6）929－937.

[15] 钟钰，赵长和，王立鹤. 新时期促进我国农业对外投资的对策研究 [J].经济纵横，2016（5）：94－98.

[16] 王瑞，王丽萍. 我国农产品贸易流量现状与影响因素：基于引力模型的实证研究 [J].国际贸易问题，2012（4）：39－48.

加快"一带一路"信息大通道建设
促进沿线地区同周边国家交流与合作

宋建华

（新疆社会科学院经济研究所）

摘 要："一带一路"沿线地区同周边国家的互联互通是区域合作交流的重点内容，在信息技术高速发展的现代社会，政策沟通、道路联通、贸易畅通、货币流通、民心相通的实现离不开信息互通这一基础条件。建设"丝绸之路经济带"信息大通道，加快通信基础设施的互联互通，对推动经济带沿途各国经济贸易、文化、科技、交通、能源等方面合作与交流，实现"一带一路"这一伟大构想具有重要的促进和支撑作用。

关键词：信息大通道；"一带一路"；合作交流

加强我国沿边地区同周边国家的区域互联互通是区域合作的重点内容，有利于为我国同周边国家开展全方位交流与合作创造基础条件。我国与海上和陆上邻国的互联互通将贯通中亚、南亚、西亚、东北亚、东南亚等区域，沿线多是新兴经济体和发展中国家，总人口约44亿，经济总量约21万亿美元，分别约占全球的63%和29%。这些国家普遍处于经济发展上升期，是世界经济发展新的增长点，是中国对外开放和交流合作的重要领域，对外交流与合作潜力巨大。而信息大通道是实施"一带一路"构想的重要载体，是促进沿线地区与周边国家交流与合作的重要平台，是实现中国信息现代化的重要内容，是推动"一带一路"建设的重要保障。

中共十八届三中全会明确提出："加快同周边国家和区域基础设施互联互通建设，推进丝绸之路经济带、海上丝绸之路建设，形成全方位开放新格局。"[1]在信息技术高速发展的现代社会，政策沟通、道路联通、贸易畅通、货币流通、民心相通的实现离不开信息互通这一基础条件。建设"丝绸之路经济带"信息大通道，加快通信基础设施的互联互通，将极大提升沿线区域商品、服务、资本、人员等生产要素高效快捷流动，对推动经济带沿途各国经济贸易、文化、科技、交通、能源等方面合作与交流，实现"丝绸之路经济带"这一伟大构想具有重要的促进和支撑作用。

一、建设丝绸之路经济带信息大通道的必要性

新疆作为我国向西开放的桥头堡和亚欧大陆的地理中心以及丝绸之路经济带核心区，早在新疆维吾尔自治区第八次党代会上就提出了"加快国际通信建设，提高社会信息化水平，努力构筑向西开放的国际通信和信息传输大通道"的战略部署。新疆建设丝绸之路经济带信息大通道和信息枢纽具有得天独厚的条件和优势，对推动"一带一路"沿线区域国家与地区的合作交流具有重要影响，对促进新疆社会的全面发展具有重要作用，对保障全国的信息安全具有重要意义。

（一）科学布局通信网络，保障国家网络与信息安全的根本需求

建设以新疆为枢纽的西向信息高速，覆盖周边 11 个国家，并进而建立我国通过欧亚大陆连接西亚和欧洲的信息网络通道，大大优化我国信息网络空间布局，不仅可以降低通信成本、提高通信质量，而且将改变我国国际电信网络的布局，减少对美国、日本的依赖，提高我国信息网络安全性，降低中国网络空间国际活动的脆弱性，具有十分重要的战略意义。

（二）推进亚欧地区通信网络一体化，促进区域合作和经济发展的必然要求

构建丝绸之路经济带信息高速，是打造数字丝绸之路，加强我国与亚欧国家在通信领域、互联网领域的合作与交流，保障信息资源安全、高效、及时、准确地传输和交换的基础。信息大通道的建设将加速亚欧区域经济的一体化，加快促进亚欧地区的产业结构调整和转型升级，加快各国 ICT 产业的发展，促进信息技术的深度应用，提升信息服务的质量与水平，扩大信息消费，更好地应对全球竞争。

（三）构建国家能源、交通、物流西部大通道的迫切需求

当前国家正在加快建设以输气、输油管道为基础的西部能源大通道，以航空、铁路、公路为主体的西部交通大通道和物流西部大通道。在当今的信息时代，能源、交通、物流每个通道的建设都离不开安全、通畅的信息网络通道支撑。尤其是现代物流业更是以宽带网络为基础，信息技术为支撑。物流和信息流相互作用、相互影响，西部物流大通道必将构建在西部信息高速大通道之上。

（四）我国通信和信息服务业向西开放发展的必然选择

通过建设西向信息大通道，可大大降低我国与亚欧国家之间的通信成本，提高通信质量，扩大通信业务量，提高通信服务业和电信运营商的经济利益。建设国家网络西向大通道及其枢纽，也将加快推动我国信息服务业向西开放，给我国信息技术服务产业带来巨大商机。

（五）进一步发挥中国在上海合作组织中的主导作用，提高合作水平的战略选择

建设丝绸之路经济带信息大通道，推动地区通信网络一体化，可加强上海合作组织成员国在通信和信息产业领域的交流与合作，既符合上海合作组织发展要求，也体现了我国政府对上海合作组织承担的义务。进一步加强我国在上海合作组织中的主导地位。

二、建设丝绸之路经济带信息大通道的可行性

（一）亚欧国家对建设信息大通道达成共识，建立了推进中国—亚欧通信网络一体化工作机制

上海合作组织高度重视通信和信息服务领域的合作，在2012年《上海合作组织成员国政府首脑（总理）理事会会议联合公报》中提出，必须推动"上合组织信息高速公路"和"利用电子签名进行跨境电子合作"示范性项目的工作。

在第三届中国—亚欧博览会上成功举办"第一届中国—亚欧区域通信交流与合作论坛"。论坛围绕"加强区域基础设施合作，推动亚欧通信网络一体化""加强信息通信合作、服务亚欧区域经济发展"等议题进行了广泛交流和深入探讨，启动了亚欧地区通信网络一体化进程，签署了一批共同建设跨境国际光缆，推进信息高速大通道建设的协议。

（二）建设"一路一带"信息大通道已经具备一定的通信网络基础设施

我国已与哈萨克斯坦、吉尔吉斯斯坦、塔吉克斯坦3个国家实现了光缆系统对接，与中亚地区共6个运营商实现了互联互通。乌鲁木齐区域性国际业务出入口局正式挂牌运行，乌鲁木齐正在成为欧亚信息大通道的重要中继点。新疆与内地网络之间已经形成一出疆和二出疆的网络架构，新疆网络可通过两个光缆方向实现与内网网络互联，能够基本满足我国与亚欧国家之间的国际通信和信息传输需要。

（三）地理位置的独一无二决定了必须以新疆为通道和枢纽

亚洲大陆和亚欧大陆的地理中心均在新疆境内，我国至中亚、南亚、西亚和欧洲各国，均以新疆为最近，而且乌鲁木齐是通向这些国家中心城市距离最短的大城市，通信距离近、延时少、质量高，优势明显，因此将丝绸之路经济带信息大通道及其枢纽建在新疆是最合适的。新疆是我国西部的战略屏障，建设国家网络西向大通道及其枢纽绕不开新疆，也是唯一的战略选择。

（四）自然条件好，信息大通道建设成本低

新疆是典型的绿洲经济，戈壁沙漠多，良田草原少，绿洲占全区面积仅为4%。新疆"三山夹两盆"的特殊地形、地貌，使得道路和管道主要沿着山前、盆地边缘建设，地势平坦，桥梁和山洞很少，施工非常方便，成本较低。除个别地方外，新疆总体来说洪水、泥石流等自然灾害较少，建设丝绸之路经济带信息高速公路及其枢纽少有大的自然障碍。

（五）自治区党委和政府高度重视、全力推进

新疆维吾尔自治区党委、人民政府高度重视向西开放的国际通信和信息传输

大通道建设。自治区第八次党代表大会的报告提出：加快国际通信建设，提高社会信息化水平，努力构筑向西开放的国际通信和信息传输大通道。自治区党委、政府的高度重视和大力支持，必将加快丝绸之路经济带信息大通道及其枢纽的建设步伐。

三、加快"一带一路"信息大通道建设的对策建议

重点建设中国经由新疆通达中西、南亚地区至欧洲的信息传输网络，优化、改造、提升相应网络基础设施，建成中国经由新疆直接连接所有中亚国家和大部分上海合作组织国家，以及经过俄罗斯、巴基斯坦连接南亚、西亚、北非、欧洲的国际通信大通道。依托信息大通道的建设，在乌鲁木齐实现我国与中西南亚乃至欧洲地区信息传输的安全、可靠、稳定的路由与交换，并依此发展数据中心及云数据计算产业。

（一）加强顶层设计和战略规划

加强顶层设计和相关问题的前瞻性研究，重点研究在新疆建设丝绸之路经济带信息大通道的战略定位、战略重点、优先顺序和主攻方向等，编制信息大通道发展战略规划。同时，设立国家层面的专门机构，成立由国家各相关部门及新疆主要党政领导参加的丝绸之路经济带信息大通道建设工作领导小组，协调新疆与内地省份的联动发展，以及与周边国家的信息通道互联合作。

（二）提升乌鲁木齐区域国际出入口局的地位以及乌鲁木齐节点在我国通信网络中的地位

赋予乌鲁木齐区域国际出入口局 VPN、互联网业务转接、互联网出入口等业务经营许可权，根据新疆跨境光缆增加扩大乌鲁木齐国际局的业务覆盖范围。建议逐步将乌鲁木齐互联网节点提升到与北京、上海、广州相同的超级核心节点。

（三）采取适当倾斜的发展政策，支持新疆电信体制改革

将新疆列为提升沿边开放的试点省区，实施特殊的对外开放政策。国家除了在政策、投资、项目方面给予支持外，还需要机制体制创新赋予其"先行先试"

的特权。进一步深化新疆电信运营企业的体制改革,允许其在新疆成立独资子公司或与新疆成立合资子公司,来独立运营国际通信和国家灾备专网业务。

(四) 简化审批流程、加快审批进程

加快新疆方向跨境光缆审批流程,特别是加快在现有光缆基础上与第二家及其他对端企业对接的审批进程。

(五) 批准设立亚欧国际数据保税区

批准建设亚欧国际数据保税区,对保税区施行特殊的通信管制办法,允许跨境国际光缆接入保税区。

(六) 建立亚欧国家之间通信和信息部门定期磋商机制

充分利用上合组织、CAREC 这两个中亚区域经济合作组织,作为推动中国(新疆)参与中亚区域经济合作的驱动轮,组织、协调我国与亚欧国家(上海合作组织国家)在通信和信息技术领域的交流与合作,建立常态化的互访与会晤机制,在中国—亚欧博览会上举办上海合作组织云计算发展论坛,推动我国信息产业向西开放。

参考文献

[1] 国家发展改革委、外交部、商务部联合发布的《推动共建丝绸之路经济带和21世纪海上丝绸之路的愿景与行动》,新华社,2015年3月28日。

[2] 向洪,李向前. 新丝路 新梦想 [M]. 北京:红旗出版社,2015.

[3] 高志刚等. 丝绸之路经济带背景下中国(新疆)与中亚区域经济合作方略 [M]. 北京:经济科学出版社,2016.

[4] 高建龙,石岚. 新疆周边国家形势研究报告 [M]. 乌鲁木齐:新疆人民出版社,2014.

[5] 何伦志,孙慧,李金叶,赵军. 2014新疆经济社会发展研究报告 [M]. 乌鲁木齐:新疆大学出版社,2015.

中国与西北周边主要国家经济安全评价研究[*]

高志刚

（新疆财经大学经济学院）

摘　要： 西北周边国家的经济安全环境对未来我国的发展尤其是对丝绸之路经济带建设会产生重要的影响。影响国家经济安全的因素是多方面的，难以用单一指标进行衡量。本文从总体经济安全、产业安全、金融安全、能源安全、社会安全五个方面选取了 28 个重点指标对中国与西北周边主要国家，即俄罗斯、哈萨克斯坦、吉尔吉斯斯坦、巴基斯坦 2006～2014 年的经济安全进行综合评价。结果表明，在选取的五个国家中，中国的经济安全程度最高，其次是哈萨克斯坦、俄罗斯、巴基斯坦，吉尔吉斯斯坦最低。根据评价结果，从中国自身角度以及中国与西北周边主要国家合作的角度提出对策建议。

关键词： 中国；西北周边主要国家；经济安全；综合评价

一、国家经济安全概念的界定

随着国际环境的不断变化，经济安全形势日益复杂，我国学者对经济安全做了多方面的研究，但由于时代变化而导致经济安全因素的变化，从而对经济安全有不同的理解。从文献梳理可以看出，影响一国经济安全的因素随着世界发展形势的变化而变化。本文认为国家经济安全，是指一个国家在经济发展过程中能够有效消除和化解潜在风险，抗拒外来冲击，确保国家经济发展、经济主权不受外

---

　*　资金资助：国家社科基金重大项目"中国新疆周边国家经济安全机制比较和整合研究"（项目编号：14ZDA088）、国家社科基金重点项目"中国新疆与中亚国家的能源与贸易互联互通建设战略研究"（项目编号：13AZD083）。

国和国际威胁的一种状态，并拥有能够抵御风险和威胁的能力，主要包括国家总体经济安全、产业安全、能源安全、金融安全和能源安全等。

二、经济安全指标评价体系的构建

（一）国内学者对经济安全指标的研究

国内学者通过构建经济安全指标体系研究我国经济安全水平的不在少数，许多学者都从自己的研究角度建立了各种指标体系，有经济综合层面的，有产业层面的，也有具体到某一产业某一省域的。关于上述指标体系可以查阅相关文献，此处不再赘述。

以上关于国家经济安全指标体系的研究为本文提供了宝贵参考，但存在以下局限性：一是中国国内经济安全评估体系较多，对周边国家经济安全评估得较少。中国的安全与发展外部环境是一个建立在地缘政治基础上的国际系统。然而，现有指标体系多聚焦于我国内部经济安全因素，涉及地缘安全的非常少，将指标体系应用于周边国家安全评价的研究更少。二是学术界对地区安全的评估多半是以欧洲为榜样，以比较的方式切入其他国家的安全评价，缺乏对于地缘环境的具体分析。

考虑到中国西北周边国家政治、经济、社会的特殊性，加之统计数据的支持程度有差别，上述指标体系都不适宜直接用于评价中国西北周边国家的经济安全，但可为中国及西北周边国家经济安全评价指标体系提供很好的借鉴。

（二）本研究对经济安全指标体系构建的思路

首先，根据国内及周边国家经济安全领域研究文献确定初选指标：查阅合理时间段内（2000年西部大开发战略实施以来）经济安全领域的专著和论文的指标体系，统计各指标涉及的专家数；结合专著指标体系的稳定性和论文指标体系的时效性，并根据本课题研究目的加以调整，将以上两种方法各指标统计的专家数加总，并根据其排名打分。通过以上方法不仅能够确保指标的稳定性和时效性，同时也对初选指标的相对重要性有了一个大体的认识。

其次，依据完备性、主要性、可测性、独立性等原则，结合自身的学术观点和研究对筛选后的指标做出进一步优化，形成最后确定的指标体系（见表1）。

这一过程体现了研究者自身对经济安全的认识。本文在确定上下限临界值时，主要参考国际通用标准、国内外历史数据和一些学者的研究成果。

表1　　　　　　　　中国与西北周边主要国家经济安全评价指标体系

目标层（A）	一级指标（B）	二级指标（C）	指标性质	下警限	上警限
国家经济安全 A	B_1：总体经济安全（0.290）	C_1 GDP 增长率（0.197）	正	7%	10%
		C_2 通胀率（0.230）	逆	2%	5%
		C_3 失业率（0.200）	逆	2%	12%
		C_4 财政赤字率（0.161）	逆	2%	5%
		C_5 研发投入占比（0.092）	正	2%	
		C_6 产业劳动力素质（平均受教育年限）（0.121）	正	6 年	
	B_2：产业安全（0.143）	C_7 制造业产值占 GDP 比重（0.227）	正	30%	60%
		C_8 国际竞争力指数（0.245）	正	0	10
		C_9 对外贸易集中度（0.171）	逆		40%
		C_{10} 外资对我国技术的控制（0.208）	逆	50%	80%
		C_{11} 外国商品国内市场占有率（0.149）	逆	20%	50%
	B_3：金融安全（0.208）	C_{12} 经常项目余额占 GDP 比重（0.135）	阈值	2%	7%
		C_{13} 国债余额占 GDP 比重（0.131）	逆	20%	60%
		C_{14} 不良贷款率（0.144）	逆		4%
		C_{15} 资本充足率（0.134）	正	4%	8%
		C_{16} M2 与 GDP 之比（0.117）	正	85%	250%
		C_{17} 外汇储备余额（支持几个月的进口能力）（0.152）	正	3 个月	
		C_{18} 汇率变动率（0.187）	逆	0%	50%
	B_4：能源安全（0.161）	C_{19} 综合能源对外依存度（0.351）	逆	3%	15%
		C_{20} 石油、天然气进口集中度（0.195）	逆		40%
		C_{21} 国家石油战略储备满足消费的天数（0.293）	正	7 天	90 天
		C_{22} 能源消耗系数（0.162）	逆	1.5	0.6

目标层（A）	一级指标（B）	二级指标（C）	指标性质	下警限	上警限
国家经济安全 A	B_5：社会安全（0.198）	C_{23} 基尼系数（0.152）	逆	0.3	0.5
		C_{24} 清廉指数（0.118）	正	50	100
		C_{25} 社会保障覆盖率（0.149）	正	20%	100%
		C_{26} 国家政局稳定程度（0.253）	正	50	100
		C_{27} 国民对政府的满意度（0.179）	正	50	100
		C_{28} 各民族的和谐程度（0.150）	正	50	100

注：（1）国家政局稳定程度、国民对政府的满意度、各民族的和谐程度这三项指标数据通过专家打分获得。（2）每个指标的括号内数值是基于层次分析法计算所得的平均权重。

（三）指标权重的计算

将该指标体系发给国内 17 位俄罗斯、中亚、南亚研究专家、经济安全研究专家，请专家对指标的相对重要性进行排序。分别计算每位专家的打分权重，并且进行一致性检验，最后将通过一致性检验的 17 位专家的打分权重，求取平均值，最终得到每层指标的权重，由于篇幅所限，赋权过程略。最终确定的经济安全指标体系及各指标权重见表 1。

三、经济安全评价模型的建立

（一）指标安全得分的计算和安全类型判断

本文的经济安全指标分为定量指标和定性指标两种类型，分别运用"插值法"和"定性分析法"得到各个指标的百分制安全得分，再根据权重进行加权，得到指标综合得分，从而判断出安全等级。

"插值法"的计算步骤：首先，基于中外文献的综合统计，查取每个指标的警限值，根据上、下警限值来确定每个指标的安全区间（具体限值如表 1 所示）；其次，根据所查指标的实际数值，确定指标的所属区间；最后，将指标的实际数值代入比例公式得到百分制的安全得分。考虑到中国以及西北周边国家的实际国情，近年来社会安全问题较为突出，这将直接影响国家的整体经济安全，因此客观地评价经济安全必须考虑国家政局稳定程度、国民对政府满意度以及各民族和谐程度。但是这些指标属于定性指标，并不能直接查询文献资料获得数据，因此需要通过专家打分来获得。"定性分析法"步骤：首先，将各项指标的评价结果分为五个等级，即很好、较好、一般、较差、很差；其次，专家需要根据各国的实际情况，对每项指标采用评价等级的方法进行评估；再次，对各项指标的每个等级进行赋值，"很好"的赋值为90分，"较好"的赋值为70分，"一般"的赋值50分，以此类推，"很差"赋值为10分；最后，将每个专家的评价结果进行百分制赋值，求取17位专家的平均得分，得到最后的指标得分。

运用以上方法，计算指标的安全得分，并判断安全类型，将各指标的上、下警限所对应的分数各自设定为60分，划分区间如表2所示。

表2　　　　　　　　　　　　各项指标安全区间的划分

定量指标数值	指标安全得分
$X_{\min} < \alpha <$ 下警限值	$0 < f < 60$ 分
下警限值 $< \alpha < 1/2$（下警限值 + 上警限值）	$60 < f < 100$ 分
$1/2$（下警限值 + 上警限值）$< \alpha <$ 上警限值	$100 > f > 60$ 分
上警限值 $< \alpha < X_{\max}$	$60 > f > 0$ 分

表2中，$X_{\min}$、$X_{\max}$ 分别代表指标的最小值与最大值，α 代表指标的实际数值，f 代表该指标的安全得分。近似认为各项指标与经济安全状况之间是线性关系，并且该指标是正指标（若为逆指标，指标数值越大，安全得分越低，与此情况得分相反），则安全分值计算公式为：

$$
\begin{cases}
\text{当 } X_{\min} < \alpha < \text{下警限值时，} \dfrac{\alpha - X_{\min}}{\text{下警限值} - \alpha} = \dfrac{f}{60 - f} \\[2mm]
\text{当下警限值} < \alpha < 1/2\text{（下警限值 + 上警限值）时，} \\[2mm]
\dfrac{\alpha - \text{下警限值}}{1/2\text{（下警限值 + 上警限值）} - \alpha} = \dfrac{f - 60}{100 - f} \\[2mm]
\text{当 } 1/2\text{（下警限值 + 上警限值）} < \alpha < \text{上警限值时，} \\[2mm]
\dfrac{\alpha - 1/2\text{（下警限值 + 上警限值）}}{\text{上警限值} - \alpha} = \dfrac{100 - f}{f - 60} \\[2mm]
\text{当上警限值} < \alpha < X_{\max}\text{时，} \dfrac{\alpha - \text{上警限值}}{X_{\max} - \alpha} = \dfrac{60 - f}{f}
\end{cases}
$$

（二）经济安全评价模型

1. 国家经济安全子系统的综合评价模型

笔者采用线性加权的综合评价方法（即二级指标的安全得分与其相应的权数相乘并求和）对所需评价的经济安全子系统算出评价值，具体公式略。

2. 国家经济安全综合评价模型

在得到国家经济安全子系统的安全评价值之后，可以将各子系统指标的综合评价值与其相应的权数相乘，并求和得到国家经济安全的综合评价，具体公式略。

3. 经济安全状态的界定

根据表3，将经济安全评价状态的结果进行等级划分，共分为五种类型，即安全、基本安全、轻度不安全、不安全、极度不安全，安全等级设为 A、B、C、D、E，所对应的得分范围为：[80，100]、[60，80)、[40，60)、[20，40)、[0，20)，得分越低，国家经济越不安全。

表3　　　　　　　　　　　　　安全类型的判断标准

安全得分	安全类型
80～100	A. 安全
60～80	B. 基本安全
40～60	C. 轻度不安全
20～40	D. 不安全
0～20	E. 极不安全

四、经济安全评价的实证分析

笔者通过《统计年鉴》《世界能源统计年鉴》、独联体数据库、世界银行等数据库以及相关期刊、网站上查询28个二级指标的实际数据，但是由于数据的可获得性，笔者选取2006～2014年的数据，分别对中国、俄罗斯、哈萨克斯坦、吉尔吉斯斯坦以及巴基斯坦的经济安全进行分析评价。

运用表1中的各指标权重以及经济安全评价模型,对2006~2014年的五个国家的经济安全进行实证分析,结果如表4~表8所示(由于篇幅所限,中间过程省略,仅呈现最后结果)。

(一)中国经济安全状况分析

从表4中可以得出:2006年以来我国总体经济安全(B_{11})没有太大变动,处于基本安全状态,综合得分在2010年后呈上升趋势,主要是因为近年来我国经济发展较快,通胀率逐步降低,失业率虽然有轻度上升趋势,但仍然处于安全范围,产业劳动力素质不断提高,并且在"丝绸之路经济带"背景下,中国与中亚国家贸易发展较快,在很大程度上能够带动整体经济的发展。

表4 中国经济安全指标综合评价结果

年份	B_{11} 总体经济安全		B_{12} 产业安全		B_{13} 金融安全		B_{14} 能源安全		B_{15} 社会安全		A_1 综合评价	
	得分	等级	得分	等级	得分	等级	得分	等级	得分	等级	得分	等级
2006	70.4	B	63.6	B	70.1	B	76.1	B	66.4	B	69.5	B
2008	69.4	B	67.0	B	67.4	B	75.3	B	66.7	B	69.0	B
2010	67.0	B	68.9	B	84.1	B	60.0	B	67.0	B	69.7	B
2012	78.3	B	69.3	B	81.7	A	51.7	C	71.1	B	72.0	B
2014	77.7	B	69.0	B	81.2	A	35.1	D	71.7	B	69.1	B

中国产业安全(B_{12})处于基本安全状态,并且安全得分基本呈上升趋势。这主要是因为近年来我国的科技创新不断推进,外资对我国的技术控制所占比例越来越低,由2006年的41.89%下降为2014年的16.28%。然而,我国粗放型的产业发展方式,导致我国的产业竞争力较弱。因此,我国产业安全的进一步提升,需要增强我国的国际竞争力以及综合实力,并且产业结构也需要进一步高级化。

中国金融安全(B_{13})由基本安全过渡到安全状态,这是因为我国的不良贷款率呈逐年降低趋势,资本充足率逐渐提高,并且外汇储备余额支持的进口能力不断加强。金融安全将在一定程度上带动我国总体安全的提高。

中国能源安全(B_{14})由基本安全到轻度不安全再到不安全状态,安全等级在逐步降低，因为我国能源需求较大，能源消耗量不断增加且利用效率不高，能源大部分依赖进口，能源对外依存度不断提高，进口主要依赖于中东地区，并且这些国家内部冲突不断，对我国能源外部供给造成一定威胁。

中国社会安全（B_{15}）处于基本安全状态，做出贡献较大的就是社会保障的不断提高，养老保险覆盖率大幅度提高，对政府的满意度以及各民族的和谐程度也在不断加强，国家政局稳定程度进一步提升。但是我国突出的问题是腐败现象较为严重，清廉指数处于较低水平。不过，最近两年大范围推广的反腐倡廉工作，效果较为明显。

2006~2014 年中国的总体经济安全（A_1）综合得分在 69~72 分之间波动，虽然处于基本安全状态，但是得分并不太高，处于该区间的下游阶段。主要是因为中国的能源安全度有所降低，能源是一个国家经济发展的命脉，我国应对能源安全问题予以高度重视。

（二）俄罗斯经济安全状况分析

俄罗斯总体经济安全、产业安全、金融安全、能源安全、社会安全及经济安全的综合评价值如表 5 所示。从表 5 中可以看出：2006 年以来，俄罗斯的总体经济安全（B_{21}）处于轻度安全状态，这主要是因为在经济转轨时期后，俄罗斯的经济长期处于缓慢增长状态并且 2008 年经济危机爆发，俄罗斯经济深受影响，GDP 增长率出现连续下滑，失业率上升。2014 年卢布暴跌再次引发国内经济危机，物价高涨、银行破产、外资抽逃现象十分严峻，对俄罗斯经济安全造成严重威胁。加之 2014 年底以来石油价格大幅度下滑，对石油主要出口国俄罗斯来说，经济发展更是雪上加霜。

表 5　　　　　　　　　　俄罗斯经济安全指标综合评价结果

年份	B_{21} 总体经济安全		B_{22} 产业安全		B_{23} 金融安全		B_{24} 能源安全		B_{25} 社会安全		A_2 综合评价	
	得分	等级	得分	等级	得分	等级	得分	等级	得分	等级	得分	等级
2006	53.1	C	59.1	C	59.2	C	19.5	E	65.7	B	52.3	C
2008	48.3	C	56.9	C	61.0	B	24.5	D	64.1	B	51.5	C
2010	52.8	C	55.0	C	59.3	C	21.0	D	65.1	B	51.8	C
2012	58.4	C	53.7	C	58.5	C	31.8	D	65.4	B	54.8	C
2014	56.0	C	54.2	C	50.8	C	28.0	D	61.7	B	51.3	C

俄罗斯产业安全（B_{22}）处于轻度不安全状态，并且综合得分呈下降趋势。这主要是因为俄罗斯产业结构不合理，重工业发达，轻工业发展缓慢，民用工业落后；而且第二产业增加值主要是油气开采与加工，其他工业发展相对滞后；外贸出口产品结构单一，产业国际竞争力不强。

俄罗斯金融安全（B_{23}）出现较大下滑，由基本安全转向轻度不安全。国债余额占 GDP 比重、外汇储备支持的进口能力均处于基本安全状态，但是俄罗斯作为石油等能源出口大国，出口外汇受国际油价牵制，汇率波动也几乎被出口获得的外汇美元"绑架"。金融危机爆发以来，汇率开始贬值，出现了流动性危机，居民对银行的安全产生恐慌心理，纷纷计提银行存款，导致银行的资本充足率较低，不良贷款率增加，俄政府推行反经济危机政策，对汇率进行不断调整，从而导致汇率波动较大，使得金融安全出现较大波动。

俄罗斯能源安全（B_{24}）状况不容乐观，处于不安全状态，这是由于 2014 年以来俄罗斯遭受了重大能源危机，石油价格暴跌，作为世界上最大的石油输出国，无疑会遭受重挫，加之饱受西方制裁，对俄罗斯更是雪上加霜。

俄罗斯社会安全（B_{25}）处于基本安全状态，但最近两年的综合得分出现下降趋势。主要是因为俄罗斯存在较为严重的社会腐败现象，据俄罗斯经济发展部统计，2010 年民众向政府官员行贿的平均金额达 5285 卢布，近 5 年的平均受贿金额增长了一倍；[①] 据俄罗斯舆论研究中心进行的民调则显示，80% 的受访者认为国内腐败程度非常严重。[②]

俄罗斯的整体经济安全（A_2）处于轻度不安全状态，综合得分变化幅度较小。主要是因为俄罗斯的经济增长方式较为粗放，效率低下，并且经济增长过度依赖于能源产业，作为主要能源输出国，最近的能源危机、油价的大幅度下降，严重阻碍了本国经济的发展，加之腐败现象严重制约着社会经济发展，威胁着国家整体安全的提高。

（三）哈萨克斯坦经济安全状况分析

哈萨克斯坦总体经济安全、产业安全、金融安全、能源安全、社会安全及经济安全的综合评价值如表 6 所示。从表 6 中可以得出：哈萨克斯坦总体经济安全（B_{31}）从不安全过渡到轻度不安全再转变为基本安全状态，综合得分呈上升趋势。这是因为近年来哈萨克斯坦经济发展较快，从而带动更多的就业，失业率呈

---

① 总统一语点破俄罗斯"公务员热"背后腐败动因 . 中国青年报，2011 – 07 – 18 – 04.
② 受卢布贬值影响，俄罗斯贿赂金增长一倍 . 参考消息网，2015 – 7 – 31.

下降趋势，并且通过政府采取措施，财政赤字率呈现出下降趋势，通货膨胀有所抑制，由 2006 年的 21.55% 降低到 2014 年的 3.37%。

表6　　　　　　　　　　哈萨克斯坦经济安全指标综合评价结果

年份	B_{31} 总体经济安全		B_{32} 产业安全		B_{33} 金融安全		B_{34} 能源安全		B_{35} 社会安全		A_3 综合评价	
	得分	等级	得分	等级	得分	等级	得分	等级	得分	等级	得分	等级
2006	32.8	D	48.8	C	61.3	B	42.6	C	69.1	B	49.8	C
2008	34.0	D	50.5	C	59.7	C	48.5	C	67.3	B	50.6	C
2010	43.1	C	54.2	C	60.9	B	37.1	D	68.0	B	52.4	C
2012	67.1	B	50.1	C	53.6	C	32.2	D	67.7	B	56.2	C
2014	70.9	B	51.8	C	42.9	C	35.6	D	66.1	B	55.7	C

哈萨克斯坦产业安全（B_{32}）处于轻度不安全状态，这是因为哈萨克斯坦的工业并不发达，制造业发展滞后，外国商品国内市场占有率较高，超过 30%，处于不安全状态。但是国内拥有较多的核心技术，外资对该国的技术控制平均值为 14.63%，处于安全水平。

哈萨克斯坦金融安全（B_{33}）基本上处于轻度不安全状态，且呈下降趋势。主要是因为不良贷款率高达 19.03%，远超过 4% 的安全界限，且银行资本充足率也在不安全范围内，广义货币流通量较少，占 GDP 比值的平均数为 36.73%，远低于 85% 的安全下限值，处于不安全状态。

哈萨克斯坦能源安全（B_{34}）基本处于不安全状态，这是因为哈萨克斯坦拥有较多的石油和天然气资源，近年来油气价格大幅度下跌，对石油天然气出口国带来巨大损失。此外，由于苏联传统势力范围导致哈萨克斯坦等中亚国家能源管道受俄罗斯控制，中亚国家基本上无法独立在能源领域进行决策，能源安全问题深受俄罗斯的影响。

哈萨克斯坦社会安全（B_{35}）处于基本安全状态，社会贫富差距日益缩小，社会保障覆盖范围逐步扩大，居民福利逐步提升，对政府的满意度有所提高，哈萨克斯坦独立后政府制定的一系列民族政策，取得了一定的成效，较好地维护了民族和谐与社会稳定，但是社会中的贪污腐败现象依旧存在，为社会安全带来一定的负面影响。

哈萨克斯坦的整体经济安全（A_3）程度处于轻度不安全状态，并且综合得分呈上升趋势。主要是因为哈萨克斯坦自独立以来经济实力较为薄弱，近年来哈萨克斯坦国经济体制改革，对外开放程度不断提高，外贸发展加速，并且2015年哈萨克斯坦正式加入WTO，这对本国的经贸发展起到很大的促进作用，所以国家整体经济安全有望进一步提高。

（四）吉尔吉斯斯坦经济安全状况分析

吉尔吉斯斯坦总体经济安全、产业安全、金融安全、能源安全、社会安全及经济安全的综合评价值如表7所示。从表7中可以得出：总体经济安全（B_{41}）处于轻度不安全状态，主要是因为吉尔吉斯斯坦经济发展较为落后，GDP增长缓慢，2010年、2012年出现了负增长，失业率较高；国内通货膨胀较为严重，通胀率的均值为11.42%，超出了（2%，5%）的安全范围，并且国内科技不发达，缺少对核心技术的控制，研发投入占GDP比例较少，平均比例仅为0.19%；劳动力素质普遍偏低，平均受教育年限较短，吉尔吉斯斯坦在私有化的过程中，涉及国家命脉的大型国有企业的股权转让，造成国家对经济控制力不断下降，不利于经济安全。

表7　　　　　　　　　吉尔吉斯斯坦经济安全指标综合评价结果

年份	B_{41} 总体经济安全		B_{42} 产业安全		B_{43} 金融安全		B_{44} 能源安全		B_{45} 社会安全		A_4 综合评价	
	得分	等级	得分	等级	得分	等级	得分	等级	得分	等级	得分	等级
2006	52.4	C	38.8	D	54.2	C	10.7	E	48.7	C	43.4	C
2008	49.1	C	39.3	D	43.0	C	8.3	E	46.3	C	39.3	D
2010	50.7	C	43.1	C	36.9	D	11.2	E	40.8	C	38.4	D
2012	59.8	C	41.3	C	41.9	C	11.0	E	46.4	C	42.9	C
2014	57.3	C	42.3	C	32.5	D	10.7	E	49.2	C	40.7	C

吉尔吉斯斯坦产业安全（B_{42}）由不安全状态过渡到轻度不安全状态，其制造业不发达，企业缺乏活力，农业相对发达，农业产值占GDP的比重高达50%以上，产业结构不合理且层次很低，国际竞争力低，并且国内大部分商品依赖进口，外国商品的国内市场占有率不断提高，均值达到61%以上，超出了安全限值。

吉尔吉斯斯坦金融安全（B_{43}）处于轻度不安全与不安全状态之间，主要是因为受金融危机的影响，导致国债余额所占比例较多，银行不良贷款增加，并且汇率波动较大，均超出了安全范围，导致金融处于不安全状态，随后随着政府的反危机政策，金融安全状态有所好转，但是近年来哈萨克斯坦对吉尔吉斯斯坦金融业的控制增加了吉尔吉斯斯坦金融发展的安全隐患。

吉尔吉斯斯坦能源安全（B_{44}）处于极不安全状态，因为吉尔吉斯斯坦油气资源短缺，每年约95%的全国原油、天然气和石化制品需要依靠进口来满足，进口集中度较高，为能源安全带来隐患。

吉尔吉斯斯坦社会安全（B_{45}）处于轻度不安全状态，主要是国家政局不稳定，社会动荡不安，并且在私有化的改革过程中，存在着大量的腐败、违法现象，一直以来这种局面并未扭转，导致居民对政府失去信心，各民族的矛盾冲突不断，严重扰乱了社会秩序，影响了社会和谐与稳定。

吉尔吉斯斯坦的整体经济安全（A_4）程度从不安全状态逐步向轻度不安全状态转变。主要是因为吉国经济实力较弱，经济发展水平较低，发展速度较慢，并且在私有化改革过程中，社会上存在大量的贪污腐败、违法等现象，民众对政府不满，民族矛盾激烈，社会动荡，对整个国家的整体安全造成威胁。

（五）巴基斯坦经济安全状况分析

巴基斯坦总体经济安全、产业安全、金融安全、能源安全、社会安全及经济安全的综合评价值如表8所示。从表8中可以得出：总体经济安全（B_{51}）由轻度不安全状态过渡到基本安全状态，近年来巴基斯坦经济发展较快，不仅是得益于全球经济复苏带来的稳定环境，还归功于与中国的密切合作。巴基斯坦国内改革决心坚定，借助中巴经济走廊建设的东风，积极完善国内基础设施和投融资环境，加强与中国多领域的合作，把这条由北到南贯通巴基斯坦全境的经济走廊视为新的经济增长引擎。

表8　　　　　　　　　巴基斯坦经济安全指标综合评价结果

年份	B_{51} 总体经济安全		B_{52} 产业安全		B_{53} 金融安全		B_{54} 能源安全		B_{55} 社会安全		A_5 综合评价	
	得分	等级	得分	等级	得分	等级	得分	等级	得分	等级	得分	等级
2006	52.0	C	35.2	D	59.4	C	27.2	D	41.1	C	45.0	C
2008	59.2	C	37.8	D	36.4	D	27.1	D	40.2	C	42.5	C
2010	62.0	B	36.6	D	54.9	C	26.3	D	44.7	C	47.7	C
2012	72.4	B	35.8	D	38.0	D	25.9	D	45.2	C	47.1	C
2014	64.7	B	35.9	D	37.8	D	25.4	D	43.1	C	44.3	C

巴基斯坦产业安全（B_{52}）处于不安全状态，巴基斯坦制造业并不发达且发展缓慢，第三产业所占比重较高超过 50%，三次产业结构不合理，国际竞争力较低，并且国内科技水平不高，掌握的核心技术较少，一些关键技术依赖于其他国家，外资对本国技术的控制高达 79.59%，处于不安全状态。

巴基斯坦金融安全（B_{53}）由轻度不安全状态转变为不安全状态，金融监管不力，存在较多不良贷款，平均不良贷款率为 11.86%，远超 4% 的安全界限，资本充足率较低，流通中的货币较少，M_2 与 GDP 的平均比值为 41.71%，没有达到 85% 的安全下限值，汇率波动幅度较大，造成金融不安全。

巴基斯坦能源安全（B_{54}）处于不安全状态，巴基斯坦能源短缺，频遭电力危机，主要原因是发电能源结构不合理，主要依靠石油、天然气来发电，而油气主要依赖进口，使用成本较高，导致发电成本上涨，造成国内电厂亏本及停产。

巴基斯坦社会安全（B_{55}）处于轻度不安全状态，主要是巴基斯坦经济实力薄弱、政治稳定性较差、社会保障制度不健全，社会保障覆盖率较低。巴基斯坦国内政坛局势紧张，政府、军方、司法之间长期处于角力状态，由于属于伊斯兰教国家范围，又深受邻国阿富汗迫害，以及与印度的历史争端，巴国内"宗教极端主义、分裂主义、恐怖主义"三股势力并存，社会动荡不安。

巴基斯坦的整体经济安全（A_5）程度处于轻度不安全状态，并且综合得分波动较小。主要是因为中巴经济走廊建设为巴国经济发展带来了契机，但是巴国能源短缺，加之国内暴乱频繁，严重影响了社会秩序以及经济发展，严重影响着巴国的整体安全。

（六）五国经济安全状况比较

从五个国家经济安全综合得分的对比可以发现：中国的经济安全程度最高，其次是哈萨克斯坦和俄罗斯，两国的经济安全大体相当，经济安全程度位于第四位的是巴基斯坦，经济安全程度最低的是吉尔吉斯斯坦。

五、主要结论与政策建议

（一）主要结论

第一，中国的总体经济安全、产业安全、社会安全处于基本安全状态，金融安全由基本安全转变为安全状态，能源安全由基本安全状态转变为不安全状态，国家整体经济安全处于基本安全状态。俄罗斯的总体经济安全、产业安全处于轻度不安全状态，金融安全在基本安全与轻度不安全之间变动，能源安全处于不安全状态，社会安全处于基本安全状态，国家整体经济安全处于轻度不安全状态。哈萨克斯坦的总体经济安全从不安全状态转为基本安全状态，产业安全、金融安全处于轻度不安全状态，能源基本处于不安全状态，社会安全处于基本安全状态，国家整体经济安全处于轻度不安全状态。吉尔吉斯斯坦的总体经济安全处于不安全状态，产业由不安全过渡到轻度不安全状态，金融安全处于轻度不安全状态与不安全状态之间，能源处于极不安全状态，社会安全处于轻度不安全状态，国家整体经济安全处于轻度不安全状态。巴基斯坦的总体经济安全由轻度不安全过渡到基本安全状态，金融由轻度不安全转变为不安全状态，产业安全、能源安全处于不安全状态，社会处于轻度不安全状态，国家整体经济安全处于轻度不安全状态。

第二，综合得分越高，代表国家总体安全程度越高，五个国家的整体经济安全由高到低为：中国、哈萨克斯坦、俄罗斯、巴基斯坦、吉尔吉斯斯坦。在国际环境日益复杂、经济全球化的情况下，我国的经济安全不仅受到国内因素的影响，还受到周边国家安全状况的影响。

（二）政策建议

中国正处于对未来发展重新定位的关键时期，中国以及西北周边国家的环境，对未来中国的发展产生着重要的影响，同时中国的发展也为西北周边国家的发展带来新的机遇。因此，根据以上结论，中国从自身以及西北周边国家安全现状出发，提出以下建议。

1. 从中国自身角度出发

在经济安全方面，应根据我国的基本国情以及不断变化的周边环境，完善国家安全战略，建立我国经济安全预警机制，及时掌握本国经济以及周边国家经济动态，寻找新的合作契机和合作路径，制定未来合作方略；加快推进区域一体化进程，加快与西北周边国家自贸区谈判，推动区域经济合作。在产业安全方面，我国继续优化产业结构，增强自主创新能力，实现核心技术从依赖国外到依靠自主创新转变，提高产业国际竞争力。在金融安全方面，应提高资产质量，谨慎处理银行不良资产，提高经营能力和管理水平，建立多元的融资体系，大力发展非银行金融机构；稳定币值和外债结构，缓解通胀压力，降低金融体系风险；加强资本流动监管，完善外汇管理制度，加强对非法资本流入的控制，改善资本流动方式；建立金融安全风险预警机制，维护国家金融安全。在能源安全方面，我国应大力发展水能、风能、太阳能、生物质能源等新能源，实现能源结构多元化；建立和完善能源战略储备，制定符合我国基本国情的战略储备方案，保障能源的及时供应；多样化地开展能源贸易，扭转我国能源进口严重依赖于中东地区的现状，有效分散风险；大力发展低碳经济与循环经济，提高能源使用效率，确保能源安全。在社会安全方面，应维护好各民族的团结，以人为本，以改善民生为出发点，缩小贫富差距、区域差距和城乡差距，扩大社会保障覆盖范围；通过上合组织平台，与西北周边国家在联合反恐方面展开广泛合作，通过举行军事演习等方式建立和增强反恐行动中的互信与合作，有效抑制恐怖主义在中国新疆地区蔓延，提高社会安全，维护社会稳定。

2. 从中国与西北周边主要国家合作的角度出发

在经济安全方面，中国与周边国家的合作要以共同利益为出发点，深入研究利益取向，着眼于综合利益最大化；加强中俄双方区域经济合作，加快丝绸之路经济带与欧亚经济联盟的对接，强化两国在经济领域的依赖程度，实现经济的共同发展；在"丝绸之路经济带"的背景下，加强我国与中亚国家的经贸合作机制，打击灰色贸易，营造良好的贸易环境，促进贸易与投资便利化；在中巴经济走廊建设过程中，完善交通设施建设，加快铁路、公路、油气管道、光缆"四位一体"的互联互通建设，建设高效、便利、安全的通关环境。

在产业安全方面，中俄的合作主要集中在能源领域，一旦俄罗斯出现能源危机，将直接影响到中国的产业安全，中国要抓住俄罗斯致力于地质勘查和开发新环境的机遇，积极开展与俄在矿业领域的合作，深化中国与俄罗斯、中亚国家在非资源领域的合作；以中巴经济走廊为引领，以瓜达尔港、能源、交通基础设施、产业园区合作为重点，打造"1+4"的合作布局。

在金融安全方面，俄罗斯在饱受西方经济制裁的背景下，中国香港的资本市场为俄罗斯提供必要的资金，不仅可以使俄罗斯避免西方国家的指责、为企业发展提供充足的资金，还可以巩固中国香港国际金融中心的地位，实现两国的共赢；加强中国与中亚的交流，不断扩大金融合作的广度与深度，可以尝试建立中国与中亚的紧急救援基金账户，加快人民币区域化；有效建立中巴两国与主要市场的资金实时清算通道，以金融手段支持中巴经贸发展。

在能源安全方面，中俄两国作为能源消费和能源生产大国，要努力重塑与两国地位相称的定价影响力，协调两国在能源市场定价的话语权，提高应对价格波动的风险管理能力；在上合组织以及 WTO 框架下，加强中国与中亚的能源合作，建立中国与中亚的能源俱乐部和能源战略联盟，通过定期召开能源会议和能源合作论坛等形式，加快能源合作，构建能源应急机制，以应对国际油气价格波动对双方造成的重大影响；巴基斯坦拥有优越的地理位置，与伊朗、沙特、土库曼斯坦等世界重要的原油输出国为邻，临近霍尔木兹海峡，因此要重点建设中巴"能源走廊"。

在社会安全方面，在周边国家举办中国文化艺术展，使其民众能全面、客观地了解、认识中国以及各项政策，消除对我国的疑虑；中国与俄罗斯、中亚国家联合起来严厉打击社会腐败现象，制定相关的法律法规，维护社会的和谐与公平正义；巴基斯坦的社会动荡不安，极端恐怖事件泛滥，一定程度上威胁着我国的安全，因此建议中国与巴基斯坦共同建立反恐军事力量。

参考文献

[1] 魏浩，马野青. 外商直接投资对我国经济安全的影响 [J]. 中央财经大学学报，2005 (3)：66 – 70.

[2] 曹云华，彭文平. 东盟的经济安全观 [J]. 东北亚论坛，2010 (2)：73 – 79.

[3] 高昊，张一弓. 国家经济安全和国家经济发展比较探析 [J]. 经济问题探索，2010 (2)：8 – 12.

[4] 尤传明. 全球化视域中的中国经济安全研究 [D]. 武汉大学博士论文，2013：14 – 15.

[5] 谢洪礼. 国民经济运行安全评价指标体系研究 [J]. 统计研究，2000 (7)：11 – 19.

[6] 年志远，李丹. 国家经济安全预警指标体系的构建 [J]. 东北亚论坛，2008 (6)：75 – 76.

[7] 叶卫平. 国家经济安全定义与评价指标体系再研究 [J]. 中国人民大学学报，2010 (4)：93 – 98.

[8] 张汉林，魏磊. 全球化背景下中国经济安全量度体系构建 [J]. 世界经济研究，2011 (1)：8 – 13，87.

[9] 顾海兵，孙挺. "十二五"时期国家经济安全水平预测分析 [J]. 国家行政学院学报，2012 (3)：16 – 21.

[10] 赵蓓文. 外资风险视角下的中国国家经济安全预警指标体系 [J]. 世界经济研究，2012 (1)：68 – 74.

[11] 雷家骕，陈亮辉. 基于国民利益的国家经济安全及其评价 [J]. 中国软科学，2012 (12)：17 – 32.

[12] 顾海兵，张帅. "十三五"时期我国经济安全水平预测分析 [J]. 中共中央党校学报，2016 (2)：40 – 45.

[13] 何维达，何昌. 当前中国三大产业安全的初步估算 [J]. 中国工业经济，2002 (2)：25 – 31.

［14］景玉琴．产业安全评价指标体系研究［J］．经济学家，2006（2）：70 - 76.

［15］朱建民，魏大鹏．我国产业安全评价指标体系的再构建与实证研究［J］．科研管理，2013（7）：146 - 153.

［16］王伯安，张德胜．中国石油经济安全评价指标体系设计［J］．企业管理，2010（1）：141 - 144.

［17］顾海兵，夏梦．基于国家经济安全的金融安全指标的选取研究［J］．国家行政学院学报，2011（5）：52 - 56.

［18］欧阳彪，王耀中．开放经济下中国服务业产业安全的测度与评价［J］．湖南社会科学，2015（2）：130 - 133.

［19］曾永泉．转型期中国社会风险预警指标体系研究［D］．华中师范大学，2011（11）：91 - 93.

［20］林珏．中国石油安全状况分析［J］．亚太经济，2010（2）：24 - 29.

丝绸之路经济带沿线国家外债风险和偿债能力分析

郭　辉[1]　徐晓莉[2]　郇志坚[3]

（1. 新疆师范大学商学院；2. 新疆大学经济与管理学院；
3. 中国人民银行乌鲁木齐中心支行）

摘　要： 丝绸之路经济带沿线各国经济发展规模与水平存在显著差异，各国发展经济都需要资金的支持。外债不仅成为弥补这些国家资金不足的手段，也是各国向外输出的贸易投资便利化工具。这构成了丝路带沿线国家进行各自外债管理和监管的基础。为了能够全面掌握丝路带沿线国家的外债管理实践，利用负债率指标分析沿线国家经济增长过程对外债的依赖程度；借用短期外债占比和多边外债占全部外债比重两个指标分析丝路带沿线国家外债期限结构和债权结构的主要特征；利用模糊综合评价法对丝路带沿线国家的外债风险程度和偿债能力进行综合评估，从整体把握外债风险和偿债能力的空间布局情况，同时剖析各国外债风险和偿债能力的变化趋势。结果表明：大部分国家高度依赖外债发展经济，外债偿还风险明显增加，短期债务风险凸显。但如果合理监管，出现债务危机的可能性较小，但是中亚区域外债综合风险值得持续关注。最后根据实证结论提出对策建议。

关键词： 丝绸之路经济带；沿线国家；外债；偿债能力；风险评估

在过去 200 多年时间，全球至少发生了 250 次主权债务违约、68 次国内债务违约，债务违约事件几乎每隔几年或十几年就会集中爆发一次（莱因哈特和罗格夫，2010）。在经历了 2003 ~ 2007 年短暂平静后，主权债务危机再度袭来，只不过主角换成了发达经济体——冰岛、希腊已身陷其中，西班牙、意大利等国也处在危机边缘。这些债务危机一方面表明各国主权债务潜在的风险依然存在，困扰着各国政府；另一方面也印证了无论是发达国家还是发展中国家的主权债务引发的风险，都会引起市场恐慌情绪的蔓延，成为制约各国经济复苏的"无形黑手"。

当前，丝绸之路经济带沿线国家中的诸如中国、印度等一些新兴经济体由于规模较大，其增长势头明显。从目前情况看，无论是绝对规模还是相对规模，这些国家外债在新兴经济体和发展中国家都位居前列，外债安全引人关注。而以典型的倚重能源、资源出口和依赖外资的中东石油输出国家和中亚地区的哈萨克斯坦、土库曼斯坦在全球流动性紧缩和能源价格暴跌的逆境下，债务融资难度增大，出口创汇能力下降，未来可能将面临较重的债务负担。而中亚地区其他国家由于处于工业化初期阶段，仍须大量依靠外债发展经济。西欧地区的发达国家经济增长缓慢，但也无法逃脱金融危机和债务危机的影响。纵观世界各国的发展经验可以看出各国在经济增长好时容易过度借债，导致其债务规模不可持续，可能存在主权债务危机的潜在风险。

因此，尝试从理论和实践两个维度入手，综合评估丝绸之路经济带沿线国家的外债风险，以全面、掌握丝路沿线国家的外债风险的空间分布特征和各国的偿债能力的变化趋势。

一、丝路带沿线国家外债规模及负债率分析

为了能够更清楚地掌握丝路带沿线国家的外债规模，对沿线国家进行区域划分，使用外债总额、负债率分区域了解丝路带沿线国家的外债规模。国际上通常认为负债率的安全线为 20%，该指标表明一国经济发展对外债的依赖程度，是反映外债风险的长期、总体指标。如果该指标数值过大，表明该国经济发展对外债过分依赖，容易受到外部冲击，发生偿债困难；如果该指标良好，处于警戒线以内，则金融运行相对安全，即使在全球金融市场一体化的情况下，由于外部因素触发金融危机，那么危机过后，其经济复苏会相对较快，因为该国经济发展对外债的依赖性较小，外债的本息支付不会对国内积累和消费产生太大影响。所有国家数据来源于世界银行外债数据库。

（一）沿线国家负债程度总体呈现高度依赖、中度依赖和低度依赖三个梯度

丝路带沿线国家负债率基本呈现高度依赖、中度依赖和低度依赖三个梯度。东部板块中国、印度等新兴经济体、南亚地区和西亚的叙利亚、也门的负债程度相对最低，对外债依赖较低；中亚地区负债率居中，但呈现两种发展举债类型，

一类为资源型国家，如哈萨克斯坦、塔吉克斯坦。这些国家经济转轨的现实需求导致其巨额外债的形成。在其经济转轨过程中，面临储蓄不足、投资乏力、预算赤字、通胀膨胀等现实问题，迫切需要大量引进国外资金加以补充，进而达到产业多元化的目标。因此负债程度相对较高；另一类非资源型欠发达国家，如吉尔吉斯斯坦，其处于较低的工业化阶段，国家依靠转口贸易，处于欠发达阶段，经济增长缓慢，举债规模和程度较高。值得关注的是中亚区域中得益于渐进式改革和经济多元化发展，乌兹别克斯坦是中亚区域对外债依赖程度最低的国家。第三个梯度则为东欧地区，这些国家经济总量相对小，受国际金融危机影响，经济增长相对缓慢。所以这些区域的国家对外债依赖程度最高。

（二）哈萨克斯坦是中亚地区外债规模和负债率最高的国家

中亚五国区域以其重要的地缘位置和丰富的自然资源受到世界各国的关注。目前哈萨克斯坦是中亚五国中经济发展最快、政治相对比较稳定和社会秩序相对良好的国家，得益于其在政治、经济和能源方面的快速发展，哈萨克斯坦已是中国五国中外债规模最大且负债率最高的国家之一（见图1），远远超过警戒线。

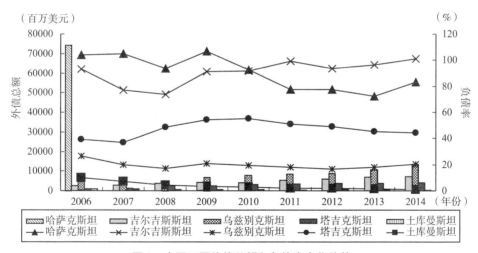

图1　中亚五国外债总额和负债率变化趋势

综合来看（见图1），哈萨克斯坦是中亚五国中外债存量和负债率最高的国家，对外债的依赖程度最高；虽然吉尔吉斯斯坦外债总额在中亚五国中位居第三，但其负债率最高，吉尔吉斯斯坦的负债额与国民总收入持平，是严重依赖外债发展本国经济的国家。塔吉克斯坦负债程度仅占其国民总收入的近一半，其对国外资金的依赖程度较高。乌兹别克斯坦的负债程度仅占其国民总收入的1/3，其对国外资金的依赖程度比较低。土库曼斯坦经济持续呈递增趋势，但其负债总额及负债率在中亚五国呈持续下降的国家。

（三）巴基斯坦在南亚区域负债相对较低，但仍高于国际警戒线

2006～2014年巴基斯坦外债总额从371.74亿美元增加至621.84亿美元，年约增速约为6.64%。同期该国负债率从26.6%缓慢波动下降至23.9%，说明该国家对国外资本的依赖程度相对较低，但与20%的国际警戒线相比，其负债程度仍高于警戒线（见图2）。阿富汗的外债总额从2006年的9.69亿增加至25.55亿美元，年均增速约为12.88%。同期该国负债率从2006年的13.6%上升至2008年的20.9%。受国际金融危机影响，2009年该国负债率从19.7%缓慢下降至2014年的12.2%。说明该国家对国外资本的依赖程度相对较低，低于警戒线。

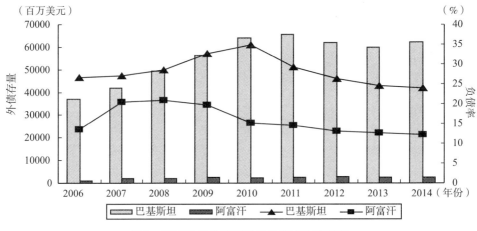

图2　南亚地区外债存量和负债率变化趋势

（四）土耳其是西亚举债规模最多的国家，约旦和黎巴嫩负债率最高

综合来看，西亚区域中外债规模和负债率呈现四个主要特征：第一，土耳其是外债规模最多的国家，但其负债率仅为其国民经济总规模的一半左右。第二，黎巴嫩、约旦仅次于土耳其的外债总额，分别位居西亚区域的第二位和第三位，但是两个国家的负债率位居西亚区域榜首。第三，虽然也门的外债规模逐年增

加，但其负债率逐年下降。第四，叙利亚和伊朗的外债存量呈逐年下降，负债率都低于国际警戒线，尤其是伊朗的负债率是西亚地区最低，远远低于国际警戒线。

（五）东欧国家负债率都超过国际警戒线，乌克兰和罗马尼亚外债规模最大

综合来看，乌克兰外债存量和负债率位于东欧地区榜首，已超过国民总收入，这说明该国对国外资本的依赖程度非常高。罗马尼亚外债存量位居东欧地区第二位，但其负债率达到国民总收入一半左右。保加利亚、塞尔维亚、格鲁吉亚、摩尔多瓦和亚美尼亚的负债率是东欧地区最高的国家，其平均负债率都超过70%。白俄罗斯、黑山、马其顿、波黑、阿尔巴尼亚的平均负债率达到国民总收入一半左右。但这些国家的外债存量都呈明显的递增趋势。值得关注的是，阿塞拜疆的外债存量从2006年的26.875亿美元持续增加至2014年的116.93亿美元，年均增速达20.17%。同期该国的负债率从14.7%缓慢上升至16.1%，说明该国家对国外资本的依赖程度相对低，与20%的国际警戒线相比，其负债程度远远低于警戒线。

二、丝路沿线国家外债风险综合评估分析

评估一国或地区外债风险，主要借用的指标有偿债率、债务率、外汇储备与外债余额的比率和短期外债占外汇储备比重和短期外债占比等指标，而且各指标都有衡量外债风险的界定标准（见表1）。

虽然各国外债风险各指标数据可以根据各指标的警戒区间来识别风险程度，但由于各指标界定外债风险的警戒区间各不相同，若直接进行单一指标进行风险评估，显然比较片面。那么就需要对各国外债风险指标进行综合评估。如果进行多元综合评估，就需要根据各指标的警戒区间对各指标的风险程度进行等级界定，将各指标根据风险等级量化成同一量纲。鉴于上述外债风险指标的特点和沿线国家数据的完整性，利用模糊综合评价法对丝路带沿线国家的外债风险程度进行综合评估，从整体把握外债风险的空间布局情况，同时也可反映出各国外债风险的演化趋势。

表1　　丝绸之路经济带沿线国家外债风险程度综合评估指标体系

一级指标	二级指标	三级指标	测算方法	警戒区间	含义	各指标隶属得分
D 外债风险综合程度（1.00）	D1 外债规模和结构（0.1243）	D11 负债率（0.54）	一国的外债余额与经济总规模（GNP 或 GDP）的比率	小于 20%	用于测度一国经济增长对外债的依赖程度或一国外债的整体风险	20%以下，风险极小，赋分为 0～20；20%～40%，风险较低，赋分为 20～40；40%～60%，风险居中，赋分为 40～60；60%～80%，风险很高，赋分为 60～80；80%以上，风险很高，赋分为 80～100
		D12 优惠外债比重（0.297）	一国优惠外债额/外债总额	—	以贷款利率低、期限长、带有援助性和条件优惠为主要特点的外债占比多，说明一国偿债能力强	20%以下，风险极高，赋分为 80～100；20%～40%，风险较高，赋分为 60～80；40%～60%，风险居中，赋分为 40～60；60%～80%，风险较低，赋分为 20～40；80%以上，风险极小，赋分为 0～20
		D13 利息支出占出口比重（0.163）	利息支出/当年货物和服务项下外汇收入	—	其占比少，说明出口创汇能力足以应对外债偿还	20%以下，风险极小，赋分为 0～20；20%～40%，风险较低，赋分为 20～40；40%～60%，风险居中，赋分为 40～60；60%～80%，风险较高，赋分为 60～80；80%以上，风险很高，赋分为 80～100
	D2 偿债能力（0.3586）	D21 债务率（0.4）	当年外债余额/当年货物和服务项下外汇收入	指标不应超过 100%	当债务率超过 100%时，说明该国外债余额过大，外债负担过重，外汇收入难以满足对外还债的需要	20%以下，风险极小，赋分为 0～20；20%～50%，风险较低，赋分为 20～40；50%～80%，风险居中，赋分为 40～60；80%～100%，风险较高，赋分为 60～80；100%以上，风险很高，赋分为 80～100

续表

一级指标	二级指标	三级指标	测算方法	警戒区间	含义	各指标录属得分
D 外债风险综合程度（1.00）	D2 偿债能力（0.3586）	D22 偿债率（0.3）	债务还本付息额/外汇收入	20%~25%	当偿债率超过25%时，说明该国外债还本付息负担过重，有可能发生债务危机	25%以下，风险极小，赋分为0~20；25%~40%，风险较低，赋分为20~40；40%~60%，风险居中，赋分为40~60；60%~80%，风险较高，赋分为60~80；80%以上，风险很高，赋分为80~100
		D23 外汇储备额与外债额比率（0.3）	外汇储备额/外债额的比率	30%~50%	一个国家国际储备与外债总额的比率越低，它抵御金融危机的能力就越弱，这一比值与对国际金融安全的冲击程度呈正相关性	30%以下，风险很高，赋分为80~100；30%~50%，风险较高，赋分为60~80；50%~70%，风险居中，赋分为40~60；70%~90%，风险较低，赋分为20~40；90%以上，风险很低，赋分为0~20
	D3 短期外债风险（0.5171）	D31 短期外债占外汇储备比（0.5）	短期外债额/外汇储备额	70%~100%	一旦超过100%，表明该国存在极大偿债风险	30%以下，风险极小，赋分为0~20；30%~50%，风险较低，赋分为20~40；50%~70%，风险居中，赋分为40~60；70%~90%，风险较高，赋分为60~80；90%以上，风险很高，赋分为80~100
		D32 短期外债占全部外债的比重（0.5）	短期外债/全部外债	20%~25%	超过警戒线，表示还债压力大	20%以下，风险极小，赋分为0~20；20%~40%，风险较低，赋分为20~40；40%~60%，风险居中，赋分为40~60；60%~80%，风险较高，赋分为60~80；80%以上，风险很高，赋分为80~100

（一）方法和模型

模糊综合评价就是通过一定的数学模型将多个评价指标值"合成"为一个整体性的综合评价值。综合评价方法的核心在于构建恰当的指标体系（见表1）与测算指标的权重（层次分析法确定，各指标权重见表2中括号中的数据），根据隶属得分（打分标准见表1最后一列）与权重相乘得到综合评价值。

（二）实证分析结果

利用丝路带沿线国家2006～2014年各指标数据，遵照模糊综合评价法的步骤对丝路带沿线国家的外债风险程度进行综合评估，从整体把握外债风险的空间布局情况，同时从区域板块角度剖析各国外债风险的演化趋势。外债风险综合程度主要呈现以下主要特征。

1. 各国外债风险程度区域分异明显，呈三个梯度变化

丝路带沿线国家外债综合风险的空间分布情况看，丝路带沿线国家外债综合风险等级基本呈现高风险区、中等风险区和低风险区三个梯度。东部板块中国、西亚的叙利亚、也门和东欧大部分国家的外债综合风险等级相对最低，外债负债规模适度合理，短期外债占比远低于警戒线，外汇偿债能力较强，因此，这些国家的外债综合风险程度相对最低。中亚地区、西亚的土耳其和约旦和东欧地区的摩尔多瓦、保加利亚、乌克兰和白俄罗斯的外债风险等级较高，属于高风险梯度区。造成这些国家外债风险较高的主要原因有：一是这些国家引进外债过多，超过国内经济所能承受的能力，导致债务负担过重；二是外债期限结构不安全合理，短期外债占比过高，这意味着当前还债压力大。三是外汇储备的不稳定造成了短期外债的偿还风险提高。除上述高风险区域和低风险区域以外，其他国家介于中等风险区域梯度。虽然这些属于中等风险区域的国家外债规模始终控制在国民经济可以承受的合理范围之内，但并不能就此认为未来不存在外债无风险。这些国家外债构成中国际商业贷款比重偏大、外债使用效益欠佳、外债管理约束软化等内在因素以及国际金融市场波动变数的存在，都意味着这些国家外债仍然存在着潜在的风险。

2. 中亚五国外债风险程度较高，等级为中上等

虽然国际金融危机后中亚五国外债综合风险都呈现明显的下降趋势，但总体

看中亚五国外债综合风险程度都为中上等水平。主要原因是：一是中亚五国债务率都超过警戒线。其中，塔吉克斯坦的债务率居首位，高于警戒线3位多。同期吉尔吉斯斯坦的债务率位居第二。哈萨克斯坦的债务率相对最低，但仍高于警戒线约2倍。这说明这三国外债余额过大，外债负担重，外汇收入难以满足对外还债的需要。二是与中亚五国宏观经济下滑密切相关。受能源价格和世界经济下滑影响，五国出口创汇能力下降。三是哈萨克斯坦和吉尔吉斯斯坦负债规模较大，已超过警戒线。而且两国多采用私人信用担保的贷款，其贷款期限和利率风险都较高。

3. 南亚各国外债风险等级都为中等偏低水平

南亚地区阿富汗的外债风险等级高于巴基斯坦，但两国的外债综合风险等级均为中等偏低水平。主要原因是：一是两国外债债权结构主要以多边外债和优惠外债为主，以公司和私人为担保的贷款占极少数，这样其外债受汇率波动的不确定风险较小，外债偿还压力较低。二是两国短期外债占比很低，远低于警戒线水平。

4. 土耳其和约旦风险等级较高，黎巴嫩风险等级为中等水平

土耳其和约旦的外债风险等级较高，尤其是约旦。主要原因：一是约旦的外债规模较大。二是两国近年来到期的短期外债较多，短期债务占比和短期外债占外汇储备的比率都超过警戒线水平。尤其是约旦在2006～2014年的短期外债平均占比约为52%。三是两国的优惠外债占比较少，主要以私人和公司信用的外债为主。综合来看，约旦的外债风险是西亚地区最高的，其次是土耳其。风险等级第三是黎巴嫩。造成该国外债风险上升的主要原因是该国外债规模较大。伊朗和也门的外债风险较低，该国对在外债规模、外债结构和短期外债管理的各指标都未超过警戒线。

5. 摩尔多瓦、保加利亚、乌克兰和白俄罗斯是东欧地区外债风险等级较高的国家

摩尔多瓦、保加利亚、乌克兰和白俄罗斯是东欧地区外债风险等级较高的国家。阿塞拜疆是东欧地区较低的国家，除此以外其他国家的外债风险等级为中等风险，这些国家普遍表现为负债规模逐年上升，而且外汇储备的不稳定造成了短期外债的偿还风险提高。

白俄罗斯外债风险等级较高的主要原因是：一是其短期外债占比较高，远高于警戒线。2006～2014年虽然短期外债比重从67%下降至32%，但远高于警戒线。而且该国短期外债与外汇储备的比率是丝绸之路经济带沿线国家中最高的，

同期该指标从 410.08% 波动至 374.85%。该指标的国际警戒线区间为 70% ~ 100%，一旦超过 100%，表明该国存在极大偿债风险。摩尔多瓦外债风险等级较高的主要原因是负债总额高且短期外债比重较大。保加利亚外债风险等级较高的主要原因为其负债规模较大，这说明该国对外债依赖程度非常高，举债规模超过了该国的经济总水平，故偿还债务的风险较高。乌克兰外债风险等级较高的主要原因是由于其负债规模发展较快，2014 年该国举债规模超过了该国的经济总水平，故偿还债务的风险较高。

三、主要结论与对策建议

利用模糊综合评价法对丝路带沿线国家的外债风险程度和偿债能力进行综合评估，从整体把握外债风险和偿债能力的空间布局情况，也可反映出各国外债风险和偿债能力的变化趋势。实证分析的主要结论有：大部分国家高度依赖外债发展经济，外债偿还风险明显增加，短期债务风险凸显。如果合理监管，出现债务危机的可能性较小，中亚区域外债综合风险值得持续关注。

（一）合理控制外债的总体规模，把握适度的外债规模

应对外债的各项指标即偿债率、负债率、债务率等进行严密监控，科学合理地确定外债规模，合理控制外债的总量。在周密调查和准确预测国际经济金融形势的变化及国内资本的供需状况的前提下，结合本国经济发展的实际情况以确定近期和远期的外债规模，将外债的增长速度与出口创汇收入增速相适应。

（二）优化外债的期限结构，适当减少短期外债

应建立健全短期外债统计监测体系，密切关注短期外债资金的流出流入活动，及时为国家提供真实、准确、全面的短期外债数据，同时不断完善短期外债的风险监控体系。保持相对合理的短期债务比重，以促进丝路沿线国家经济的稳定、健康发展。

（三）坚持外债币种结构多元化，避免汇率风险

尽量摆脱对某些单一货币外债过度依赖的局面。尽可能将使用外债的币种与

出口等外汇收入的主要币种保持一致，保持外债借、用、还三个过程中币种的统一性，降低汇率风险；同时要考虑软硬货币的搭配，采用成本最低的币种，还可以采用某些避险的金融工具，如货币掉期交易，减少外汇汇率波动产生的偿债风险。

（四）完善和健全外债风险的预警防范机制

为此，丝绸之路经济带沿线国家必须引以为鉴，对国际金融市场上汇率、利率等主要影响外债成本的因素要及时跟踪预测，建立全方位的外债信息分析系统，并根据各国对外经济活动的发展变化与特点因地制宜地建立并完善外债的统计监测与风险预警体系，以防范各种外债风险。

参考文献

［1］王竹泉，张先敏. 基于渠道管理的营运资金哲理绩效评价体系设计［J］. 财会月刊，2015（5）.

［2］孙宝. 营运资金概念重塑与理论创新［D］. 中国博士学位论文全文数据库，2011（5）.

［3］王凡. 基于渠道理论的替运资金管理模式研究［D］. 中国硕士学位论文全文数据库，2007（6）.

［4］王竹泉，孙莹. 中国上市公司营运资金管理调查：2013［J］. 会计研究，2014（12）.

［5］赵培沛. 企业营运资金管理绩效评价研究［D］. 中国硕士学位论文全文数据库，2015（5）.

［6］宫丽静. 营运资金管理影响因素分析［J］. 财会通讯（理财版），2007（11）.

［7］齐彩红. 基于层次分析法的营运资金绩效管理体系构建［J］. 现代商业，2011（3）.

［8］刘怀义. 营运资本管理政策影响因素实证研究［J］. 南开经济研究，2010（3）.

［9］王丽敏. 市场经济条件下企业筹资渠道探讨［J］. 财经界（学术版），2015（22）：47－48.

［10］黄国良. 浅议企业筹资能力分析与开发［J］. 煤炭经济研究，1998（12）：42－43.

［11］龙章睿. 企业过度负债：涵义、识别与应对——基于银行信贷视角［J］. 南方金融，2016（6）：54－62.

［12］薛峰. 基于AHP的企业融资方式选择［J］. 消费导刊，2010（4）：68－69，71.

［13］张博，杨熙安. 基于熵值法的上市公司融资效率研究［J］. 财经理论研究，2014（1）：105－112.

［14］张延良，胡超，胡晓艳. 基于DEA方法的金砖国家股票市场融资效率比较研究［J］. 世界经济研究，2015（7）：44－52，128.

丝绸之路经济带建设背景下中国与中亚五国减贫合作路径初探

孙庆刚　　白增博

（新疆大学经济与管理学院）

摘　要： 本文在丝绸之路经济带的大背景下，分析了中国与中亚五国贫困的基本特征、基本原因、减贫努力，中国和中亚五国在减贫方面存在合作的可能，并在劳动密集型产业、基础设施建设、人文医疗以及金融等合作方面进行了有效分析。

关键词： 丝绸之路经济带；中亚五国；减贫合作；路径初探

一、引言

近些年来，随着经济形势的持续恶化，原本基础薄弱的哈萨克斯坦、乌兹别克斯坦、吉尔吉斯斯坦、土库曼斯坦和塔吉克斯坦等中亚国家居民的生活水平也不断下降。贫困化趋向，这个困扰着当今许多发展中国家的问题，也开始在该地区程度不同地表现出来。贫困在政治上是各种政治力量重新分化组介的重要因素，是"三股势力"形成的土壤，也是激化诸如犯罪、腐败、家庭破裂等系列破坏稳定的社会问题；贫困对于各国制定经济政策起到了制约作用，对经济资源的消耗作用十分明显；贫困所导致的投资消费不足直接遏制了经济发展，是形成贫困循环的重要原因；贫困还是中亚各国制定外交战略的重要制约因素，包括争取外援在内的经济外交是各国外交战略的核心，为此有可能牺牲政治利益或安全利益。

2013 年 9 月 7 日上午，中国国家主席习近平在哈萨克斯坦纳扎尔巴耶夫大学做重要演讲，提出共同建设"丝绸之路经济带"的倡议。在"丝绸之路经济带"倡议下，中国与中亚五国不仅是做原来的基础设施互联互通，更重要的是要解决就业、工业化和贫困等问题，特别是在减贫方面，中国和中亚五国有着相同的减贫任务。中亚各国贫困问题的改善有利于中国"向西开放"战略的实施，也有利于增强中国和中亚各国的政治互信，民心相通，有效地遏制"三股势力"活动。所以，借助丝绸之路经济带，挖掘区域内社会发展和减贫的机遇，让发展成果更多地惠及当地民众，是中国和中亚五国共同的使命。

二、中国和中亚五国贫困问题概况

（一）中国和中亚五国贫困现状

中国和中亚五国同属于发展中国家，有着相同的减贫任务，中亚国家各年份贫困发生率的不完全统计如表1所示。

表1 　　　　　　　　　　中亚五国贫困率变化（%）

国家＼年份	1989	2001	2008	2011	2013
哈萨克斯坦	16	47.6	12.1	5.5	2.9
吉尔吉斯斯坦	33	62.9	33	36.8	37
塔吉克斯坦	51	78.5	52		
乌兹别克斯坦	44	76.7（2003年）	25.8	16	
土库曼斯坦	土库曼斯坦1989年贫困率为35%，1993年为63.5%，1998年为24.8%				

资料来源：①http：//databank. worldbank. org/data/views/variableselection/selectvariables. aspx？source = poverty-and-inequality-database. ②http：//mdgs. un. org/unsd/mdg/Data. aspx. ③World Bank（2005a）Growth, Poverty and Inequality, Eastern and the Former SovietUnion, World Bank, Washington D. C, 2005. 2. ④联合国统计司，2009.

从表1可以看出，哈萨克斯坦的贫困率在独立后到2001年前呈明显上升趋势，2001年达到贫困最高峰，此后才开始出现下降。1989年，哈萨克斯坦仅有16%的人口生活在贫困线以下，到2001年，则有46.7%的人口生活在贫困线以下。这意味着从1989～2001年，哈萨克斯坦的贫困人口增长了30.7%，贫困化速度由此可见一斑。近些年由于国内政治趋于稳定，经济形势有所好转，2013年哈萨克斯坦的贫困率下降到了2.9%。

　　吉尔吉斯斯坦在苏联时期的经济发展水平较为落后，独立后经济又进一步下滑，贫困化速度极高，到 2000 年前后，有超过一半的民众生活在贫困线以下。表 1 显示，吉尔吉斯斯坦在独立前的 1989 年贫困率为 33%，独立后的 2000 年贫困人口增加了 29.9%，另外，意味着 21 世纪之初吉尔吉斯斯坦贫困人口数量占全部人口的一半还要多。2000 年以后，该国贫困人口比例逐渐下降，到 2008 年时基本恢复到解体前水平，而 2013 年贫困比例有所上升。

　　塔吉克斯坦在苏联时期就是最贫困的加盟共和国之一，无论是人均 GDP，还是人均收入和消费在各加盟共和国中均处于落后位置。在苏联解体前的 1989 年，塔吉克斯坦的贫困率就达到了 51%，是所有加盟共和国中贫困人口比例最高的。苏联解体后，该国很快陷入内战，生产力受到极大破坏，人民生活水平急剧下降，到 1999 年达到最高点 83%，这意味着有 83% 的民众生活在贫困线以下，2008 年该国贫困人口比例逐渐下降。

　　乌兹别克斯坦在苏联时期的贫困率就比较高，这与该国农村地区人口众多有关。按照世行评价标准，1989 年该国贫困率达到 44%，而到 2003 年时更是高达76.7%，即 76.7% 的人口平均每天消费低于 2 美元，比独立前的 1989 年增长了32.7%，这表明该期间贫困人口急剧增加。但是应该注意到 2003 年以后乌兹别克斯坦贫困率下降速度快、降幅较大，有 50.9% 的贫困人口脱贫，2011 年乌兹别克斯坦的贫困率出现了历史上的新低。

　　土库曼斯坦的国情较为独特。独立前的土库曼斯坦在中亚地区经济并不发达，从经济发展水平上看要落后于哈萨克斯坦、乌兹别克斯坦、吉尔吉斯斯坦，甚至塔吉克斯坦。但是由于土油气工业较为发达，作为苏联重要的天然气资源供应国，其国内工资水平与其他加盟共和国相比并不低，仅略低于哈萨克斯坦。独立后的土库曼斯坦虽然没有用"休克疗法"匆忙地实行经济转轨，但是由于复杂的原因，土库曼斯坦同样面临严重经济下滑，尤其是 1993～1994 年极高的通货膨胀更是使大批的民众生活陷入困难。

　　表 1 数据表明，土库曼斯坦在独立初期的贫困化速度极快，1989～1993 年 4年间贫困率增长了 28.5%。与中亚其他国家相比，土库曼斯坦贫困化来得快去得也较早，在 1998 年时贫困率就下降到较低的 24.8%，这得益于土库曼斯坦执行了较为缓和的经济与社会改革政策。

　　以上数据的分析表明，中亚五国在独立初期无一例外地出现了贫困迅速增长的现象。从增幅上看，所有国家均超过 20%，有的国家超过了 30%，如哈萨克斯坦和乌兹别克斯坦，这表明这两个国家在独立后有更大比例的人口曾经进入贫困阶层。

　　就贫困发生率的绝对值而言，各国的数据均不容乐观，有的国家贫困发生率最高接近或超过 80%，如 1999 年的塔吉克斯坦。就各国贫困问题开始出现缓和的时间而言，有的国家出现较早，如土库曼斯坦基本从 20 世纪 90 年代中期就开始出现贫困率下降的趋势；而有的国家则较晚，如乌兹别克斯坦从 2003 年起贫困发生率才明显下降。

中国作为中亚五国的主要邻国，虽然在中亚五国独立之初发展水平相对较差，但改革开放以来在消除贫困方面的表现明显好于中亚。以同样时间段进行观察可以发现，中国贫困指标下降幅度始终大于中亚五国，人民生活水平也有明显改善（见图 1）。近年来，中国农村地区基本解决了生存和温饱问题，农村贫困人口由 2000 年的 9422 万人下降到 2014 年的 7017 万，中国农村贫困人口的比例，从 1990 年的 60% 以上，2002 年下降到 30% 以下，率先实现比例减半，2014 年下降到 4.2%。① 而相比之下，吉尔吉斯斯坦农村贫困率仍高达 41.4%②，中亚其他国家的农村贫困程度也较高。

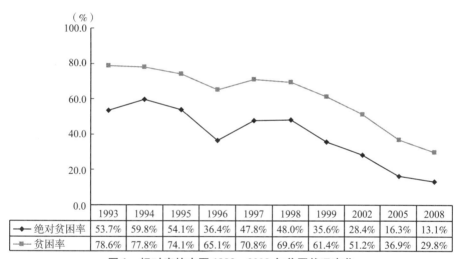

（%）	1993	1994	1995	1996	1997	1998	1999	2002	2005	2008
◆ 绝对贫困率	53.7%	59.8%	54.1%	36.4%	47.8%	48.0%	35.6%	28.4%	16.3%	13.1%
■ 贫困率	78.6%	77.8%	74.1%	65.1%	70.8%	69.6%	61.4%	51.2%	36.9%	29.8%

图 1　相对应的中国 1993～2008 年贫困状况变化

资料来源：根据 2000～2009 年《中国农村贫困检测报告》整理所得。

（二）中国和中亚五国贫困问题异同分析

1. 基本特征

中国贫困的基本特征主要包括绝对贫困与相对贫困并存、制度性贫困、区域

---

① 联合国 2015 年《千年发展目标报告》。

② 数据来源：http：//databank. worldbank. org/data/views/variableselection/selectvariables. aspx？ source = poverty-and-inequality-database.

性贫困与阶层性贫困并存、城市贫困与农村贫困并存、物质贫困与精神贫困并存等。中国目前的弱势群体大致为农民、农民工、下岗职工，而贫困人口多存在于此类群体中。

中亚五国贫困问题呈现出贫困化速度快、比例高，贫富差距日益加大，贫困的空间分布差异明显等特征。中亚五国的贫困人口主要集中在失业者、妇女、单亲或多子女家庭、退休人员以及儿童和学生。

中国在贫困发生过程中，中国的贫富差距是逐渐减小（见图2），而中亚五国则是扩大的。

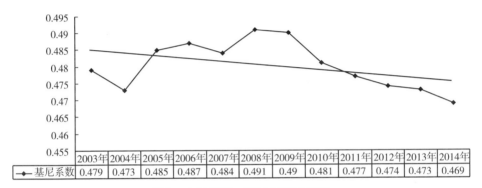

	2003年	2004年	2005年	2006年	2007年	2008年	2009年	2010年	2011年	2012年	2013年	2014年
基尼系数	0.479	0.473	0.485	0.487	0.484	0.491	0.49	0.481	0.477	0.474	0.473	0.469

图2　中国2003~2014年基尼系数

资料来源：万得资讯。

哈萨克斯坦在苏联解体前的1989年基尼系数为0.289，独立后该数值迅速上升，到1996年达到0.353，从收入分配"较为平等"发展到"较不平等"级别。[1] 吉尔吉斯斯坦1989年的基尼系数为0.287，是中亚各加盟共和国收入分配指标最好的国家，但是独立后的1993年该数值达到惊人的0.537，从收入分配"较为平等"发展到"差距巨大"程度，远远超过国际警戒线。[2] 塔吉克斯坦在苏联时期就是中亚地区收入分配差距最大的加盟共和国，1989年其基尼系数即为0.308，这表明该国收入分配刚过"较为平等"标准，2004年该值达到0.336，数值上有所上升，但是幅度不大，这与该国整体较为贫困有关。[3] 乌兹别克斯坦在独立前的1989年基尼系数为0.304，收入分配差距与塔一样不算大，属于社会能够接受的程度，到独立后的1998年，该数值大幅上升达到0.454，这意

①②③　Asian Development Bank（ADB），Key Indicators，for Asia and the Pacific 2009.

味着该国收入分配进入"差别较大"级别，超过了国际警戒线。① 土库曼斯坦在苏联时期也属于收入分配差距较大的国家之一，1989 年该国基尼系数为 0.307，仅次于塔吉克斯坦，但是独立后的 1998 年，该数值达到 0.408，进入收入分配"差距较大"国家行列，超过了国际警戒线②。

2. 致贫原因

中国社会正处于一个由计划经济向市场经济转化为主导的综合转型时期，导致中国贫困问题产生的原因非常复杂，它既包含了计划经济时代致贫的因素，也有市场经济条件下某些因素的影响，尽管各因素对中国贫困问题的影响度还在发生着相应变化，但中国现阶段乃至今后相当长的时期内所面临的贫困问题，都将是诸多因素综合影响的结果，主要是贫困者自身的原因（人经济上的失败、遗传因素、个人的道德品质和不良生活方式、家庭环境等）以及制度性原因（户籍制度等）。

中亚各国独立后之所以迅速贫困化在于政治转型目标、路径与经济转型之间存在矛盾，政治转型下广大民众被边沿化，处于经济上的无权地位；在经济转型中政府的一些改革措施如私有化和价格自由化等伤及民生，失业、恶性通货膨胀等造成了大批"新贫阶层"；中亚各国相对保守的传统文化不利于加速融入世界一体化进程，腐败现象等也是造成社会不公、贫困加剧的重要因素；各国自然禀赋不同，造成的贫困类型也有所不同，资源丰富且开发合理的国家有更大潜力较快摆脱贫困。

3. 减贫措施

在长期反贫困的斗争中，中国已经取得了一些成功经验：第一，制度性扶贫。不仅仅把帮助贫困人口解决温饱当作一种道义上的责任，还作为一种经常的、规范的制度性行为，有反贫困的机构、组织、人员和专门经费，有相应的法律、制度和政策，有明确的目标、计划和部署。第二，开发性扶贫。通过开发经济资源、自然资源和人力资源，依靠科技进步，发展商品经济，真正提高贫困人口摆脱贫困的能力和贫困地区自我发展的能力，使他们获得脱贫致富、发展经济的机会，进而从根本上解决温饱问题，走上致富之路。第三，精准扶贫。从分散性扶贫转变为精准性扶贫，就是指针对不同贫困区域环境、不同贫困农户状况，运用科学有效程序对扶贫对象实施精确识别、精确帮扶、精确管理的治贫方式。集中力量解决处于绝对贫困状态的贫困人口的温饱问题。第四，社会性扶贫。动

---

①② Asian Development Bank （ADB），Key Indicators，for Asia and the Pacific 2009.

员组织全社会力量支持帮助贫困地区的开发建设。第五，开放性扶贫。发展和扩大与国际组织和非政府组织在扶贫开发领域中的合作，利用国际援助支持和推动贫困地区的经济社会发展。

中亚各国解决贫困问题的机制十分重要，它具有稳定性和持续性，中亚国家的减贫机制主要体现为制定和完善法律；建立各种专门减贫机构或者社会保障结构领导减贫工作；制定长期或短期的减贫战略或者国家计划，把减贫放在国家战略层面综合解决；在社会领域放弃了国家统管一切的社会保障模式，国家承担部分社会保障责任，市场化机制逐渐在社会保障领域发挥重要作用。但是，中亚各国特殊的政治、经济与社会现状对于实现减贫战略带来巨大挑战，各国的国情差别较大，减贫的任务和难度也有所小同。

三、中国与中亚五国减贫合作路径分析

（一）劳动密集型产业方面

中国劳动密集型产业对外转移以及国际产能合作，能够帮助发展中国家实现快速发展。第二次世界大战以来的经验表明，哪个发展中国家能够抓住劳动密集型产业国际转移的窗口机遇期，哪个国家就能实现二三十年的快速发展，摆脱贫困，进入中等收入甚至高收入国家行列。20 世纪 60 年代，日本的劳动密集型产业向海外转移时，其制造业雇用人数规模是 970 万人。20 世纪 80 年代，"亚洲四小龙"的劳动密集型产业向海外转移时，其制造业雇用人数总体规模是 530 万人。中国制造业雇用的人数，第三次全国经济普查的数据是 1.25 亿人。[1] 中国劳动密集型产业向海外转移，可以提供足够的机会让中亚五国大大加快工业化、现代化进程，从而减少贫困。

中亚五国承接、改造和发展纺织、服装、玩具、家电等劳动密集型产业，充分发挥其吸纳就业的作用。引进具有自主研发能力和先进技术工艺的企业，吸引内外资参与企业改制改组改造，推广应用先进适用技术和管理模式，加快传统产业改造升级，建设劳动密集型产业接替区，吸纳人员就业，减少贫困。

---

[1] http://www.cnhubei.com/xwzt/2016/hbcndh/ztyt/201606/t3635991.shtml.

（二）基础设施建设方面

"丝绸之路经济带"背景下，发展经济，减少贫困要以发展中国家最需要的基础设施建设为抓手。加强基础设施建设，特别是煤、水、电、路等关系贫困农户切身利益的基础设施，改善贫困地区生产生活条件。基础设施建设滞后不仅降低了贫困地区居民生活质量，更制约了中国和中亚各国经贸合作，中国在道路、机场、电力、通信等基础设施建设领域具有较强的竞争力，完全可以参与中亚各国的基础设施建设，帮助中亚五国国家改善交通、电力、通信基础设施，通过高铁、铁路、公路、水路等交通基础设施的互联互通、资源的合作开发等一揽子安排，发展当地经济，改善居民生活条件，减少贫困发生率。

（三）医疗合作方面

因病致贫是贫困的一个重要原因。加强技术合作，我国与中亚五国进行医学学术研究，开展医药行业合作，组建打造"丝绸之路医疗健康经济带"的国际医疗服务平台。加强与中亚五国卫生领域高层互访，推动与其签署卫生合作协议。逐步形成"丝绸之路经济带"建设框架下集政府间政策合作、机构间技术交流和健康产业展会为一体的系列卫生合作论坛。举办"丝绸之路卫生合作论坛""中国—中东欧国家卫生部长论坛"和"中阿卫生合作论坛"。

加强与沿线国家卫生领域专业人才培养合作，帮助沿线国家提高公共卫生管理和疾病防控能力。建设中国—中东欧国家医院和公共卫生机构合作网络，鼓励学术机构、医学院校及民间团体开展教学、科研和人员交流活动。积极推进与沿线国家在卫生应急领域的交流合作，提高与周边及沿线国家合作处理突发公共卫生事件的能力，开展联合卫生应急演练。建立短期医疗援助和应急医疗救助处置协调机制，根据有关国家的实际需求，派遣短期医疗和卫生防疫队伍，为沿线国家提供紧急医疗援助，并提供力所能及的防护和救治物资。推动建立与沿线国家卫生体制和政策交流的长效合作机制，增进与沿线国家在全民健康覆盖、医药卫生体制改革、卫生法制建设、卫生执法和监督、健康促进、人口与发展、家庭发展和人口老龄化等方面的相互了解和交流，促进中国卫生发展理念的传播，鼓励与沿线国家学术机构和专家开展卫生政策研究和交流活动，分享中国在卫生政策制定和卫生体制改革中的经验。

据悉，新疆部分高等医学院校积极开展对外交流与合作，与周边国家建立起教学、医疗、科研等多方面合作关系。如新疆医科大学每年招收来自中亚、巴基斯坦和印度等地区国家的学生 100 名，目前已毕业近千名。新疆医科大学还设立哈萨克医学专业，招收来自哈萨克斯坦的学生。获得巴基斯坦、阿联酋等 28 个国家的认证，留学生取得的执业医师资格证书在这些国家认可并通用。此外，自 2011 年起，新疆设立中亚奖学金，每年拨付新疆医科大学 60 万元人民币，奖励品学兼优的中亚留学生。①

（四）人文合作方面

人文合作是促进各国关系发展的重要基础，是双方民众增进相互了解、加强民心相通的主要渠道，而教育是人文合作的核心，"扶贫先扶智"教育也是减少贫困的重要途径。目前中国与中亚国家的在这方面的合作还较薄弱，主要问题包括：人文交流层次较低，学术性交流较少，中国与中亚地区的合作除了政治、经济、安全方面，其他领域极少涉足，很少参与中亚历史、文化、民族学的研究等。

1. 强化上海合作组织大学作用

2007 年 8 月 16 日，在上海合作组织（以下简称：上合组织）比什凯克元首峰会上，俄罗斯时任总统普京倡议成立"上海合作组织大学"；2009 年上半年，成员国五方协商一致，共同确定区域学、生态学、能源学、IT 技术和纳米技术这五个专业为优先合作方向，并遴选出了本国的项目院校共计 53 所。在上海合作组织大学的基础上，中国可以与中亚五国协商开展减贫培训班，对各国的官员进行业务培训，致力于总结、研究、交流并推广全球各国的减贫经验，促进各国在减贫领域的交流与合作，开展针对各国减贫领域实际需求的专项培训。

2. 充分利用孔子学院这一平台加大与中亚人文交流与合作

截至 2013 年底，中国在中亚国家已建成 10 所孔子学院（哈萨克斯坦 4 所、吉尔吉斯斯坦 3 所、塔吉克斯坦 1 所、乌兹别克斯坦 2 所），中国与中亚五国可以在此基础上多种渠道培养培训本土的减贫专业人才，可以考虑在上合组织框架下建立政府间的人文交流合作机制，建立文化教育部门相关领导定期会晤机制，举办中国与中亚各国的文化交流论坛，从制度和政策层面把握文化交流合作的态势及走向。同时在中国建立专门的中亚文化交流中心，并设置专门研究双边文化交流合作问题的部门，为彼此的文化交流合作给予理论上的指导。

---

① http：//www. chinanews. com/jk/2015/11 – 25/7641342. shtml.

3. 建立减贫合作交流平台

中国已经同世界银行、亚洲开发银行和联合国开发计划署共建了减贫交流合作平台，并且已有成熟的经验。在丝绸之路经济带大的框架下，沿线国家可以仿照成熟的减贫合作交流平台建立运行，通过加强各国相关部门在农村和农业发展的减贫政策分析、制定和实施等方面的对话和能力建设，推动社会各界和私营部门在减贫政策对话和倡导过程中的参与，通过知识网络促进各国分享减贫政策的成功经验，来缓解农村贫困现象。

（五）密切国家间的金融合作

金融作为现代经济运行的核心和枢纽，其自身的发展和完善，对促进经济的增长发挥着重要作用。建立结构合理、功能完善、高效安全的现代金融合作体系，不仅是金融合作发展的总体目标，更是助力"以工代赈"措施突破金融资源匮乏瓶颈，为较少贫困提供持续驱动力，从而推动区域减贫合作发展的有效途径。从减少贫困，民心相通来看，更加需要金融合作体系的全力支持。

充分发挥开发性金融合作机制的作用。由中国和中亚各国联合出资组建开发性国际金融机构，并联合亚洲开发银行、世界银等国际金融机构，协调配合，形成金融支持合力，共同完成基础设施建设投资。吸引中国乃至其他国家的制造业资本及时跟进，吸纳人员就业，减少贫困，从而达到双赢的目的。

积极构建多元化投融资框架。资金是消除贫困的有力武器，财政扶贫也是政府扶贫的主要手段之一，是各国政府在新时期完成减贫任务的必然选择。减少贫困离不开金融支持。当前，亚洲基础设施投资银行和丝路基金等已经成立或正在筹备。以这两大机构为投融资平台，搭建更加开放的投融资框架。鼓励国内银行与金融机构到中亚国家设立分支机构；还可以发行长期债券，特别是动员更多私人部门的资金以 PPP 模式投资。

四、结论

在贫富差距日益拉大的今天，丝绸之路经济带沿线国家特别是中亚国家面临的贫困问题是一个世界难题，并严重影响到该地区的社会稳定与发展，成为该地区目前最紧迫的问题。各国只有找到适合本国经济发展的道路，加强区域性扶贫合作，才可能走出困境。发展中国家在以己为主的减贫实践中，可以有效借助国际资源增加减贫投入总规模，吸引外资发展当地产业，创造就业岗位吸纳剩余劳动力。此外，通过参与国际交流，开展知识领域的传导学习和借鉴国际先进的减贫理念、经验、措施，借鉴不同民族不同地区具体政策的设计，可以进一步丰富和完善本国减贫政策与机制。通过开展国际交流，能够开拓当地管理人员视野，提升其风险管理能力。

中国与中亚国五国要进一步深化政治互信，加强减贫领域的合作，这是加强民心相通的重要一环，而丝绸之路经济带突破了以往狭隘的区域经济合作组织，更具包容性和发展性。中国与中亚五国的减贫合作中，要在传统的合作模式基础上，积极利用现代先进技术和思想，在体制机制上勇于突破，在合作交流中敢于尝试，积极探索减贫合作的新路径、新模式、新方法，努力推动区域经济的繁荣发展。

参考文献

［1］李荟．中亚五国消除贫困策略研究［D］．华东师范大学，2013.

［2］马博．中国沿边地区区域经济一体化研究［D］．中央民族大学，2011.

［3］张辛雨．中国与中亚能源开发合作研究［D］．吉林大学，2012.

［4］程伟华．中国对非洲智力援助：理论、成效与对策［D］．南京农业大学，2012.

［5］杨进．中亚五国贫困问题研究［D］．中国社会科学院研究生院，2010.

［6］张莹．中国与中亚五国产业互补性研究［D］．兰州大学，2015.

［7］马骥，李四聪．中国与中亚五国贸易互补性与竞争性分析——以"丝绸之路经济带"为背景［J］．新疆财经大学学报，2016（1）：5－13.

［8］王志章．非洲反贫穷的困境与中国扶贫模式植入的路径［J］．上海师范大学学报（哲学社会科学版），2013（2）：110－120.

［9］朱雄关．丝绸之路经济带战略中的中俄能源合作新机遇［J］．思想战线，2015（3）：120－122.

［10］韩广富，何玲．中国政府同国际社会在扶贫开发领域交流与合作问题探析［J］．当代中国史研究，2015（3）：75－85，127.

［11］康·瑟拉耶什金，陈余．丝绸之路经济带构想及其对中亚的影响［J］．俄罗斯东欧中亚研究，2015（4）：13－24，95.

［12］王海霞，王海燕．中亚地区的贫困问题［J］．新疆社会科学，2006（1）：54－59，108.

［13］王海运．建设"丝绸之路经济带"促进地区各国共同发展［J］．俄罗斯学刊，2014（1）：5－10.

［14］曾向红．中亚国家对"丝绸之路经济带"构想的认知和预期［J］．当代世界，2014（4）：38－40.

借丝绸之路经济带建设机遇在东北亚发展中俄合作的可行性

安·弗·奥斯特洛夫斯基

（俄罗斯科学院远东研究所）

摘　要： 把远东和西伯利亚纳入世界经济体系是实现地区和国家社会经济正常发展、经济稳定增长及巩固俄罗斯在世界经济中的地位的基本条件。中国是俄罗斯远东和西伯利亚地区的最佳合作伙伴，并在推动自己所倡议的丝绸之路经济带建设方面表现出极大的积极性。在俄罗斯境内建设交通基础设施并将其与中国东北的交通基础设施相连接，将促使中俄间的经贸联系更加活跃。而俄罗斯和中国积极参与亚太地区的经贸联系，又会提高丝绸之路经济带的建设效率。

关键词： 丝绸之路经济带；东北亚；中俄合作；可行性

将俄罗斯的远东和西伯利亚地区纳入亚太地区国际合作系统的重要方式是将这两个地区纳入丝绸之路经济带建设规划。这好像很不现实，因为已经提出并得到公认的丝绸之路经济带三条线路都通往西方：第一条经过哈萨克斯坦和俄罗斯欧洲部分向西，第二条经过哈萨克斯坦、里海、外高加索及土耳其向西，第三条经伊朗及土耳其向西。可是，对中国出版的有关丝绸之路经济带的大量文献进行分析后发现，丝绸之路的定义很多，从丝绸之路经济带和海上丝绸之路，到不同的海上商道和铁道线路，线路遍布欧亚大陆。中国出版的《"一带一路"黄皮书2014》中绘制了一张丝绸之路经济带线路图，图中除了三条传统的经过俄罗斯欧洲部分、哈萨克斯坦、土耳其、伊朗、格鲁吉亚和阿塞拜疆的线路外，还包括经过西西伯利亚、东西伯利亚和远东的线路。书中指出，要建两条亚欧大陆桥（南线和北线），叶卡捷琳堡—新西伯利亚—克拉斯诺亚尔斯克—伊尔库茨克—赤塔—哈巴罗夫斯克—符拉迪沃斯托克（海参崴）这条线路将成为欧亚大陆桥北线的重要组成部分。

　　早在 2000 年 9 月于伊尔库茨克市举办的一届贝加尔经济论坛上，就提出必须密切俄罗斯亚洲部分同世界的经济联系，认为把远东和西伯利亚纳入世界经济体系是实现地区和国家社会经济正常发展、经济稳定增长及巩固俄罗斯在世界经济中的地位的基本条件。亚太方向自然应当成为俄罗斯远东地区与世界经济协作战略的主要选项。俄联邦会议联邦委员会在论坛上发布的分析报告《21 世纪俄罗斯亚太发展战略》指出，建设涵盖西伯利亚、远东及地区邻国的东北亚国际交通基础设施和国际能源体系具有重大意义。该报告提出了俄罗斯在东北亚实现经济一体化的 4 个主要方向：（1）开发俄罗斯远东和西伯利亚的石油天然气资源并在东北亚建设油气供应网络及输电线路，它们将成为未来经济一体化的基础；（2）发挥俄罗斯作为欧亚桥梁的区位优势；（3）引进外国劳动力开发西伯利亚和远东；（4）利用俄罗斯的科技潜力、国外的资金及其对俄罗斯知识的需求，组建技术园区。

　　显然，开发俄罗斯远东的必由之路是实施投资巨大的基础设施建设项目。这些项目的资金来源可以是国家预算拨款，也可以是俄罗斯在大型一体化进程中为自己参与的公私合作项目引进的投资。这也是为什么把与亚太国家的积极合作视为实现地区经济综合发展的现实工具的原因所在。

　　尽管俄罗斯的远东和外贝加尔地区在地理上更加靠近亚太地区，可是向世界上最大的亚太市场出口的能源产品在俄罗斯的能源出口地区结构中并不占优势。出口到中国、日本、韩国和美国的石油还不到俄石油出口总量的 15%，出口到这些国家的石油制品还不到 10%，而出口到日本、韩国和美国西海岸的液化气仅占俄天然气出口总量的 7% 左右。冶金产品的出口也是类似状况，除了废旧黑金属外，其他产品的占比都很小。只有出口到亚太地区的木材排到了首位。

　　俄罗斯远东和外贝加尔地区同亚太地区外经贸合作受限的主要原因是，这里缺少发达的能源和交通基础设施，资源开发水平较低，一系列制度问题得不到解决——包括法律基础薄弱、投资环境不佳、远东地区与俄罗斯欧洲部分的价格差距过大。

　　按照中国国家发展改革委、外交部及商务部 2015 年 3 月 28 日发布的《推动共建丝绸之路经济带和 21 世纪海上丝绸之路的愿景与行动》，丝绸之路经济带重点打通的通道都不经过俄罗斯的远东地区。不过，中方也提出在推进"一带一路"建设时要考虑俄罗斯的利益，还特别提出要继续落实中俄 2009 年签订的《中国东北地区同俄罗斯远东及东西伯利亚地区合作规划纲要（2009～2018）》提到的 200 多个项目，这些项目或者停留在纸面上，或者中途搁浅，给中方造成很大损失。也就是说，中国试图通过推进丝绸之路经济带建设，继续推动落实中国东北地区同俄罗斯远东及东西伯利亚地区合作规划纲要提及的项目。中方认为，可以通过发展俄境内的基础设施来推进这一进程，这些基础设施项目应该能激发俄方落实原先达成的地区间合作协议的兴趣。

在这种情况下，中国无疑是俄罗斯远东和西伯利亚地区的最佳合作伙伴，这是从多个层面衡量后得出的结论，其中包括：经济互补性强——俄罗斯重工业和采矿业发达，有一些科技含量很高的部门，而中国有发达的农业、轻工业和富余劳动力；中方有大量外汇储备，而远东和西伯利亚地区需要投资；俄远东地区的生产力发展水平和生产技术水平接近中国的东北地区；地理位置相邻且中方有发达的基础设施，便于开展经贸合作。

近20年来，中俄边境和地区经贸合作的发展不仅提高了俄方参与国际劳动分工的效率，更缓和了后苏联时期俄罗斯国内出现的社会经济失衡矛盾。使远东、外贝加尔及西伯利亚地区的经济更加适应市场环境，以及实行经济开放，成了这些远离俄罗斯欧洲部分的地区得以存活的唯一选择。

目前，中俄两国的边境地区都承担着性质相近的促进地区发展的重大任务，俄方要落实的是俄罗斯远东和外贝加尔地区社会经济发展国家规划，中方要落实的是中国东北老工业基地振兴规划。协调实施这两个规划，有助于解决中俄经贸关系发展的难题——调整和优化中俄贸易结构，改变俄出口以原材料为主、进口以轻工业及农业产品为主的现状。

2013年9月，中国国家主席习近平访问哈萨克斯坦时提出了共建丝绸之路经济带的倡议。后来，在访问东南亚国家时，习近平主席又提出了建设21世纪海上丝绸之路的倡议。现在，这两个倡议被简称为"一带一路"。

国际社会对"一带一路"持不同态度。一部分国家及专家持怀疑态度，认为它是关于未来世界体制的一种幻想，受当前一些国家间政治、经济和社会矛盾的影响，它得以实现的可能性不大。另一部分国家及专家则表示支持，认为"一带一路"建设不仅有助于推动中国与欧洲国家及俄罗斯等相邻国家的积极合作，还不失为一个解决全球政治经济问题的途径。中国不仅是"一带一路"的组织实施者，还是主要的资助者，通过主导成立的亚洲基础设施投资银行和丝路基金为相关项目提供投资。

俄罗斯开始讨论并加入该倡议的时间较晚。2015年初，俄罗斯总统普京宣布成立欧亚经济联盟，其成员包括俄罗斯、白俄罗斯、哈萨克斯坦和亚美尼亚。最初，欧亚经济联盟和中国打算共同建设自由贸易区，可根据双方领导机构2015年5月的决议，发布了《中华人民共和国与俄罗斯联邦关于丝绸之路经济带建设和欧亚经济联盟建设对接合作的联合声明》。《声明》提出，双方"将共同协商，努力将丝绸之路经济带建设和欧亚经济联盟建设相对接""通过双边和多边机制，特别是上海合作组织平台开展合作"。

丝绸之路经济带建设已成为中国全国人民代表大会2016年3月通过的"十三五"规划（2016～2020）的组成部分。实现"丝绸之路经济带"倡议需要30年时间，在这一过程中应建成"七带"，涵盖交通、能源、贸易、信息、科技、农业和旅游领域。

在欧亚经济联盟成员国俄罗斯、哈萨克斯坦和白俄罗斯境内，沿着德鲁日巴（友谊）—阿拉木图—奥伦堡—喀山—莫斯科—明斯克这条线路布局的交通基础设施（公路和铁路）经过的区域，经济将快速发展，这就如同19世纪末～20世纪初跨西伯利亚大铁路和中国东方铁路所创造的带动效应一样。当年，可达出海口的跨西伯利亚大铁路和中国东方铁路开始建设后，铁路邻近区域很快得到开发。特别是俄罗斯的东西伯利亚和远东地区，中国的黑龙江省、吉林省和辽宁省，都是在那个年代开始大规模开发的。

这两个大型项目的对接，一方面可以为俄罗斯和欧亚经济联盟其他成员国从欧洲运往亚洲的货物创造一个巨大的过境运输区域，扩大其在中国和亚洲其他国家的产品销售市场；另一方面，中国将获得更多的扩大产品销售市场以及获得必需原材料的机会。

中国在推动自己所倡议的丝绸之路经济带建设方面表现出极大的积极性。2015年8月在中国的乌鲁木齐市和北京市相继举行了较大规模的与丝绸之路经济带建设相关的国际研讨会。在乌鲁木齐举办的研讨会不仅讨论了这一倡议的理念，还研究了其涉及的跨境区域所面临的机遇。会议期间，与会者了解到中国在推进丝绸之路经济带建设中已经取得的成就，以及作为丝绸之路经济带核心区的新疆所取得的社会经济发展成就。仅从新疆的社会经济发展状况和一些优先项目的实施情况来看，就能弄明白中国计划靠什么来推进丝绸之路经济带建设，用什么方式来建设丝绸之路经济带的七个区域。

在共建丝绸之路经济带时，各方应根据各成员国的经济、政治和法律特点，就其经济发展道路问题达成一致。中俄共建丝绸之路经济带的基础是建设、发展和完善过境运输基础设施，其核心将是北京至莫斯科的高铁线路建设项目。该项目的第一部分莫斯科—喀山高铁线路计划在2018年夏天之前，即在俄罗斯世界杯开始前完工。莫斯科—北京高铁项目计划在2030年竣工。

莫斯科—北京高铁不会经过俄罗斯的东西伯利亚和远东地区，以及中国的东北地区。但是，莫斯科—北京高铁建设不可能不影响到中国东北地区的发展及其同亚太地区的关系，而后者现在比世界其他地区发展得更快。

如果说中国被确定为俄罗斯在东北亚的优先合作伙伴，那么交通领域的合作更具重要意义，因为中俄在这里有漫长的陆上边界。现在，俄罗斯交通干线和边境通道的状况极大地限制着俄罗斯对外经济贸易的发展。正如我们从统计资料中所看到的，俄罗斯的对外经济贸易联系已经极大地落后于中国同许多亚太国家的经贸关系。在俄罗斯滨海边疆区和中国黑龙江省 2016 年 6 月 15 日于哈尔滨共同举办的中俄经济合作发展论坛上，提到了从中国东北通往俄罗斯符拉迪沃斯托克（海参崴）、纳霍德卡、扎鲁比诺港口的铁路通道项目。利用俄罗斯境内的"滨海 1 号"和"滨海 2 号"项目经边境通道绥芬河—格罗杰科沃，预计每年可以运送大约 30 万个集装箱。

可是，如果不能继续扩大中俄边界运输干线的通过能力，不一定能大幅增加中俄间的经贸总额。乌苏里江和阿穆尔河上没有桥梁就是一个具体事例，在布拉戈维申斯克—黑河、下列宁斯阔耶—同江、列索扎沃茨克—虎林区域的乌苏里江和阿穆尔河上建设桥梁的项目早就提出多年了，但由于各种官僚主义拖延作风，这些项目还远未完工。

我们都知道，只有在推进能源项目的同时建设交通基础设施，才有助于俄罗斯远东地区和西伯利亚地区推动经济发展，创造就业岗位，吸引俄罗斯欧洲区域及境外的投资，促使大量劳动力从俄罗斯人口稠密的欧洲区域向远东地区、外贝加尔地区、阿尔泰边疆区的边境地带转移。总而言之，在俄罗斯境内建设交通基础设施并将其与中国东北的交通基础设施相连接，将促使中俄间的经贸联系更加活跃。而俄罗斯和中国积极参与亚太地区的经贸联系，又会提高丝绸之路经济带的建设效率。

中国在扩大出口总战略范围内走向俄罗斯市场的战略途径，无非是吸引俄罗斯的公司参与中国的经济发展规划，包括共同推进丝绸之路经济带建设、联合建设高新技术产业开发区、能源开发项目等。而俄罗斯完全可以争取资本分别为 1000 亿美元和 400 亿美元的亚洲基础设施投资银行和丝路基金为自己的项目提供贷款。将中国的投资与俄罗斯的高新技术成果相结合，并用于两国的技术生产部门，将促进两国经贸关系的进一步发展，实现双赢。

参考文献

［1］杨言洪．"一带一路"黄皮书 2014 ［M］．宁夏人民出版社，2015．

［2］21 世纪俄罗斯亚太发展战略．分析报告，莫斯科，2000．

［3］赵会荣．中俄共建丝绸之路经济带问题探析 ［J］．俄罗斯东欧中亚研究，2015（6）：72，75．

［4］中华人民共和国与俄罗斯联邦关于丝绸之路经济带建设和欧亚经济联盟建设对接合作的联合声明，莫斯科，俄罗斯传记研究所，俄罗斯经济战略研究所，2015，p22．

中俄投资合作发展趋势与问题分析

尼·尼·科特利亚洛夫

（俄罗斯联邦政府所属财经大学）

摘　要：中俄经济关系持续快速发展，与俄罗斯远东和西伯利亚石油开采相关的项目将是中俄投资合作增长较快的重要组成部分。中俄投资合作潜力远未开发，双方发展互利合作的机会巨大。

关键词：中俄投资合作；发展趋势；问题分析

中俄经济关系持续快速发展，究其客观原因，主要包括：两国高水平的政治合作；中俄国民经济具有互补性；中俄两国是地理上的近邻；中俄能源开发潜力巨大；中俄所面临的现代化发展任务具有共通性。近十年来，世界经济、政治形势发生实质性变化，很多国家力求形成多极世界格局的趋势日趋明显，就是在这一背景下中俄两国扩大发展经济合作。

自2000年年中到2014年，中俄双边贸易额增长超2倍，达956亿美元。中国现在是俄罗斯最大的贸易伙伴。尽管2015年，由于世界能源价格下跌及卢布贬值，中俄总体贸易额有所减少，但两国个别领域的实际交易量却仍呈现上升。中俄两国领导人已就欧亚经济联盟与丝绸之路经济带这一大型项目的对接合作达成协议。这两大项目的对接合作将为交通基础设施建设、过境服务和商品运输提供更多发展机遇，大力推动欧亚区域一体化。要重点指出的是，在中国，丝绸之路经济带建设的战略构想已进入实际实施阶段，其在"十三五"发展规划（2016~2020年）中就有所体现。俄罗斯加入丝绸之路经济带建设中，不仅能加强与中国的双边合作，同时也将促进俄在上合组织、金砖四国和欧亚经济联盟等多个框架下稳固和加强多边合作。

近段时间以来，中俄投资合作发展问题引发特别关注。与中国发展投资合作已刻不容缓，这是因为中国国际投资态势正在加速，中国的工业和创新实力日益增强。此外，中俄还面临两国边境地区共同协调发展的任务。近十年来，为调动双边投资合作积极性已采取了具体措施。2004 年，成立中俄政府间投资合作常设工作组，其任务就是筛选确定试验性投资项目。还在俄罗斯经济发展部和中国国家改革发展委员会的组织领导下，定期举办中俄投资论坛。论坛上，两国政府机构的代表、专家及工商界人士会共同就双边投资合作问题及优先发展方向进行讨论，并为扩大合作制定具体措施和方案。2009 年，中俄政府间签订《中俄投资合作规划纲要》，其中划定了两国优先投资的行业和领域。所制定具体措施包括：建立联合技术研发区；建立专门投资项目信息服务中心；制定相互投资保险制度。还是在 2009 年，签订《中国东北地区同俄罗斯远东及东西伯利亚地区合作规划纲要（2009～2018）》。这一两国高层制定的规划旨在协调双方力量，从而实施中俄地区发展战略。为将两国投资领域的合作实质性提升到一个新的水平，2014 年，成立中俄政府间投资合作委员会。在 2014～2016 年委员会召开的历次工作会议上，已达成多项协议，分别针对未来合作发展的方式，及目前合作中遇到问题的解决方案。委员会框架内还设中俄双边企业家理事会，由中俄两国的大企业代表组成，任务是确定投资合作的优先发展项目，这些项目均将获得国家财政支持。委员会运行期间，已确定 50 多个该类项目。优化投资环境和投资法律保障问题备受关注。

要重点指出的是，近年来，中国顺利实施"走出去"战略，力求实现扩大海外投资的目标。中国海外投资额正处迅速上升趋势。2015 年统计数据显示，中国对外直接投资总额已达 1281 亿美元，成为仅次于美国的世界最大投资国。但中国对俄投资额度仅接近中国对外投资总额的 1%。2015 年，中国对俄经济投资不到 10 亿美元，即为中国对外投资总额的 0.92%。中国对俄直接投资总额累计仅约 300 亿美元。究其原因，可归结为下列几点：包括中国投资者在内的海外投资者均认为俄罗斯投资环境不佳，尤其在俄罗斯东部，有碍合作投资项目和合资产业的开展；西方国家对俄制裁带来的系列风险；俄罗斯很多加工工业的产品质量低劣；中俄两国社会文化差异大；两国官员和企业家往往对发展伙伴关系缺乏相互信任和兴趣（造成相当数量的项目都无法实施成形）；有关投资合作机会的信息，两国行业间缺乏互换和沟通。目前，中国在俄罗斯的主要投资方向仍然是与矿产资源和原料开发有关的项目，其次就是在林业、能源、贸易、家电、通信、建筑及服务业。

当前，俄罗斯虽是中国重要贸易伙伴，但作为对华投资国却表现实在平平。2015 年，中国经济吸引直接外资 1356 亿美元。日本、新加坡、韩国、美国、德国历来是对华的主要投资国。而说到俄罗斯对华投资的贡献率，只能说是相当微薄。2015 年，根据不同测评数据，俄罗斯对华投资在 4000 万～4660 万美元之间，尽管有所增长，但仍不足近年来海外对华投资总额的 1%。在俄罗斯经济发展部的经济简评《中俄投资合作的主要发展方向和成果》一文中就认定，目前中国投资合作发展水平与两国已构建的政治、贸易关系发展水平并不完全匹配。截至 2015 年底，俄对中累积直接投资总额仅约 10 亿美元，比中对俄的这一数据简直少的太多。俄在中的直接投资项目数量约为 2500 个，且总体来看都不是大型项目。当然，确实需要补充一点的是：俄对中投资总额低，还由于俄罗斯往往对中国采取非直接投资的方式，即通过在中国香港注册的分公司或是其他具有税收优惠的管辖地进行投资。

俄罗斯商界都很清楚，在中国为俄罗斯公司寻觅到内外注资充足且发展前景良好的项目原则上实属不易。中国目前面临持久的内外竞争压力，在这一形势下，其外资行业结构发生剧烈调整和变化。因此俄罗斯投资者不得不在十分激烈的竞争环境下运作生存。另外，目前中国大城市的劳动力价格已完全可与俄罗斯工人的工资水平一较高下。加之 2014～2015 年，卢布兑换人民币汇率暴跌，中国很多行业的人均工资甚至超过俄罗斯。同时，中国的水电价格持续上涨，现在已完全赶上俄罗斯的收费标准。所以，不仅是大的欧美公司，就连中国的本土企业也开始选择将自己的产业搬离中国，迁往东南亚一些国家。

分析俄罗斯目前在中国的投资结构，则还是以贸易、金融、加工工业、建筑和交通物流为主。近期，由于卢布暴跌，原本计划销往俄罗斯市场的中国商品价格上涨，贸易和物流领域的投资数额已呈下滑趋势。2013～2015 年，俄罗斯在华的主要投资领域是金融（95%），贸易（4%），加工工业（1%）。

目前，俄罗斯公司在华开展的最大投资项目包括俄罗斯石油股份公司和中国石油天然气集团公司联合建设天津炼油厂项目。该项目总投资将达 50 亿美元（俄方出资 49%）。项目计划修建大型石油化工设施及由 300 个加油站组成的零售网络。2014 年 5 月，对中国国事访问期间，签署了《天津炼油厂投产及向该厂供应原油的工作进度表》，其中设定炼油厂将于 2019 年底投产运营。

俄罗斯阿康公司的投资项目也可算是俄公司在华的大型项目之一。该公司作为俄罗斯国内生产矿物肥料的龙头企业，在中国临沂收购了一家氨肥及复合矿物肥料生产厂，并在中国建立了自己的销售网络。

另外，还必须提到俄罗斯 RUSAL 公司在华的多个投资项目。该公司就是看到中国是世界最大的铝消费国（2015 年消费世界 49% 铝产品），所以很有兴趣同中国开展合作。预计，到 2025 年，中国将占到全球铝总消费量的 59%。

尽管形势复杂，仍有理由判断，中俄投资合作还将持续向前发展。今后，与俄罗斯远东和西伯利亚石油开采相关的项目将是中俄投资合作增长较快的重要组成部分。中俄天然气项目也将为两国投资合作发展注入新的动力。2014 年 5 月，中俄两国签下最大一份天然气供气协议（经东线），根据该份协议，俄罗斯天然气工业公司将每年对华供气 380 亿立方米，为期 30 年。中俄同时签署《阿尔泰天然气管线建设框架协议》。该项目一经实施，通过阿尔泰山经西线可实现对华供气（管线计划 2019 年开通，输送能力为 610 亿立方/年）。中俄能源合作可大力调动双边投资积极性，不仅是在与对中国能源供应的相关项目中，在联合开发中国油气田、发展建设中国境内的天然气输送和分配系统、油气联合地质勘探、开采和运输等领域也存在发展契机。

2014 年在莫斯科，丝绸之路经济带实施框架下签署了《中俄高铁合作备忘录》，目的是研究制定欧亚高速交通运输通道——莫斯科至北京段的项目方案（包括计划优先实施的莫斯科至喀山段高铁建设项目，仅该段项目总金额就预计达 1.068 亿卢布）。同时，中国公司还计划参与 "符拉迪沃斯托克—莫斯科" 运输通道建设项目。联合基础设施建设项目势必将极大推动中俄投资合作发展，扩大基础设施建设规模。

中俄最近几年的投资合作发展将与丝绸之路经济带战略规划的实施密不可分。丝绸之路经济带框架下，俄企将获得与中国西北、沿丝绸之路地区（新疆、青海、陕西、宁夏、甘肃）的企业建立合作伙伴关系的良机。由于目前对这些地区的直接投资力度不大，且国家对其实行税收优惠等利好政策，因此俄罗斯资本有望在此占据一席之地。现在，有很多俄罗斯公司前往俄罗斯工业企业家联盟，争相了解与中国西北各个地区的合作伙伴发展互利合作的机会和可能。在中俄投资合作委员会的历次工作会议上研究讨论面向这些省份的合作项目也就不足为奇。许多俄罗斯专家认为，俄罗斯参与丝绸之路经济带建设项目，将自然而然与以下任务联系捆绑：振兴俄罗斯东部地区；改建包括西伯利亚大铁路和贝加尔—阿穆尔铁路在内的多条横贯大陆运输线；修建俄韩跨欧亚铁路并与西伯利亚干线对接；建设新的途径阿穆尔的铁路转运站；修建新的口岸和运输管线。

中俄发展边境交通基础设施领域的投资合作，其中扩大过境转运通道和建立边境自贸区是很重要合作方向。目前，中方在与俄接壤的几乎所有边境城市（黑河、绥芬河、满洲里、东宁）都建立了边境自贸区，并配套代销仓库，俄罗斯的企业和个人均积极享受到其中带来的服务便利。因此，可以肯定，中俄投资合作潜力远未开发，双方发展互利合作的机会巨大。

中哈工业制成品产业内贸易水平
现状及影响因素分析[*]

段秀芳　王宪坤

（新疆财经大学国际经贸学院）

摘　要： 在全球制造业新一轮的变革中，中国面临着诸多挑战：既有宏观方面，美国重返工业化战略、TPP 战略和中国经济进入中低速增长，也有微观方面，中国劳动力成本的逐年攀升等问题。本文利用 GL 指数着重研究了，在中国"西进"战略中，与中国经贸联系最强的中亚国家——哈萨克斯坦和中国的工业制成品产业内贸易现状，并对出现这些现状的原因和影响因素进行剖析。最后针对性地提出提高中哈工业制成品产业内贸易水平的对策和建议。

关键词： 中国；哈萨克斯坦；工业制成品；产业内贸易

一、引言

"工业 4.0"概念正在引领世界制造业领域内的深层次变革。以美国、德国等为代表的欧美等发达国家正在对其国内制造业进行大刀阔斧的改革，对于处在全球国际分工价值链中低端的中国来说，自然也不例外：2015 年我国提出"中国制造 2025"国家战略，该战略旨在加快我国工业制造业的转型升级，实现由"中国制造"到"中国创造"转变。然而，在国际外部需求疲软和国内经济进入"新常态"的背景下，如何提升我国与其他国家制造业贸易水平和进行国内制造

---

　* 基金项目：2015 年国家社科基金一般项目"丝绸之路经济带下的中国与中亚国家投资便利化问题研究"（15BGJ027）；新疆维吾尔自治区高校人文社科重点研究基地新疆财经大学中国新疆与中亚区域经济合作研究中心重点项目"新疆建设丝绸之路经济带国际商贸物流中心研究"（050114B01）；新疆财经大学博士启动基金项目"新疆沿边开放 20 年经验总结与未来发展研究"。

业转型升级是亟须解决的问题。面临着国际 WTO 组织规则的逐步弱化和以美国为首制定的 TTP 战略，中国的对外贸易环境面临着急剧的变化。随着"丝绸之路经济带"倡议的顺利实施，我国与中亚地区贸易的重要性日益凸显：中亚五国均为上合组织成员国和中国的贸易联系紧密。在中亚五国中，哈萨克斯坦是经济发展实力最强，与中国贸易量最大、贸易互补性最强的国家，中国向其出口的贸易量由 2000 年的 5.987 亿美元上升到 2015 年的 84.27 亿美元，上升幅度达 13 倍。其中，工业制成品的出口贸易额由 2000 年的 0.57 亿美元上升到 2015 年 8.07 亿美元，占 2000 年中国向哈萨克斯坦出口贸易总额的比例由 9.5% 上升到 2015 年的 134.8%。这表明：在中国与哈萨克斯坦的贸易中，工业制成品具有越来越重要的地位。

哈萨克斯坦是资源型国家，但该国依赖单一的"资源型"产品的出口带动经济增长的方式不但不利于其经济结构的平衡性发展，更将有可能导致其国内经济发展的"荷兰病"。基于此，哈萨克斯坦一直强调并重视本国工业制成品的制造与贸易，并取得了一定的成果。

近年来，中国向哈萨克斯坦出口主要是以低技术、劳动密集型的工业制成品为主，但随着全球低廉劳动力成本向东南亚等地区的转移，中国这一比较优势将面对重大的挑战。因此，借助中哈两国都在积极发展本国工业制成品的契机，研究中哈工业制成品产业内贸易的水平具有较强的现实意义。

二、相关文献综述

现有文献研究中国和中亚地区的贸易主要集中在能源、农产品领域，涉及中哈工业制成品产业内贸易领域的研究成果极少。胡国良（2014）用 IIT 指数测算了中哈产业内（产品内）贸易情况。分析得出：中哈产品内贸易品种甚少，贸易比重甚低。属产品内贸易的工业制成品均为中低技术产品。冯宗宪、王石、王华（2016）基于中国和中亚五国 1996 ~ 2013 年数据，采用 Grubel - Lloyd 指数对中国和中亚五国产业内贸易的现状进行分析，认为中哈之间产业内贸易水平高于其他四国，且中哈之间产业内贸易水平主要集中在化学品和按原料分类的制成品。

结合仅有的现存两篇文献可知，中哈工业制成品之间的产业内贸易尚处于起步阶段，工业制成品产业内贸易具有极大的发展潜力。但这两篇文献都侧重于对中哈工业制成品产业内贸易指数的测算，并未对中哈工业制成品产业内贸易的细分产品做详细说明和解释，本文在对中哈工业制成品产业内贸易水平的梳理的基础上，找出了对中哈工业制成品产业内贸易水平"贡献率"较大的细分产品。并利用实证研究方法，对影响中哈工业制成品产业内贸易水平的影响因素进行分析，针对中哈工业制成品产业内贸易的现状提出相应的对策和建议。

三、中哈工业制成品产业内贸易水平现状分析

关于"产业"一词的范围界定，大多数的实证研究是按照联合国"国际贸易标准分类"（SITC）的方法，将产业分为六个层次，即一位数代表类、二位数代表章、三位数代表组、四位数代表分组、五位数代表项目、六位数代表子目。国际上的研究通常是把 SITC 第三层次以后的所有产品视为一个产业。本文为了刻画中、哈工业制成品产业内贸易水平，粗略地将一位数编码和二位数编码的产品归为"产业"层次的贸易。

国内外学者对产业内贸易水平的测度应用最广泛的是 G – L 指数。G – L 指数是由格鲁贝尔和劳埃德（1975）提出，是为了衡量一国在某一个特定时期的产业内贸易水平。

G – L 指数的表达式为：

$$GL_i = \frac{(X_i + M_i) - |X_i - M_i|}{X_i + M_i} \times 100\%$$

其中，X_i 和 M_i 分别表示为 i 产业的出口额和进口额。其取值在 0 和 1 之间，如果大于 0.5，则表明该产业的贸易模式以产业内贸易为主；如果小于 0.5，则表明该产业的贸易模式以产业间为主。G – L 指数如果趋近于 1，则表明产业内贸易水平越高，反之越低。若同一产业的进出口额相等，$X_i = M_i$，则 $B_i = 1$，即所有贸易均为产业内贸易；若同一产业进口或出口的贸易额为零，$X_i = 0$ 或 $M_i = 0$，则 $B_i = 0$，表示所有贸易均为产业间贸易。在国际贸易分类标准中，代表工业制成品 SITC 共分为四类：SITC5（化学及有关产品）、SITC6（按原料分类的制成品）、SITC7（机械及运输设备）和 SITC8（杂项制品）。代表劳动密集型产品的有 SITC6 和 SITC8，代表资本技术密集型产品的有 SITC5 和 SITC7。图 1 即为中国对哈工业制成品产业内贸易指数随时间的变化趋势。

2001～2015 年，随时间具有较大波动幅度的有 SITC5（化学及有关产品）和 SITC6（按原料分类的制成品），而 SITC7（机械及运输设备）和 SITC8（杂项制品）几乎没有波动，且其产业内贸易指数几乎为零（见图 1）。这表明中哈两国工业制成品产业内贸易主要集中在化学及有关产品和按原料分类的制成品上。2001～2015 年，SITC5 类产品基本吻合单调递增的"抛物线"形状，从 2004 年

开始其产业内贸易指数突破 0.5，截至 2015 年其产业内贸易指数接近于 1。这表明 SITC5L 类产品 2004～2015 年主要以产业内贸易为主。相比较而言，SITC6 类产品其产业内贸易指数尽管有升有降，但总体而言呈下降趋势，因此该类产品在 2001～2015 年从产业内贸易转变为产业间贸易。这可能是由于 2009 年俄白哈关税同盟的成立和运营，较高的关税导致中国减少了从哈国进口工业制成品原材料。中哈之间 SITC7 和 SITC8 类产品产业内贸易指数几乎为零，这可能是因为中国该类产品的技术含量远高于哈国该类产品的技术含量。因此，在贸易中，中国占有绝对的强势地位，而哈萨克斯坦在该类产品上几乎无产品竞争力。

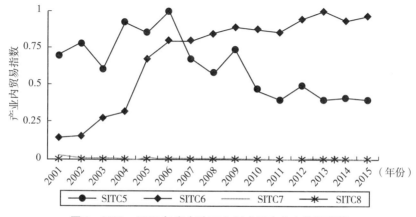

图 1　2001～2015 年度中哈工业制成品产业内贸易指数

资料来源：根据 Un comtrade 数据库整理。

以上分类只是 SITC 一位数分类，较为粗略。下面再细分到分类标准的两位数上，但由于现有的数据表明中哈工业制成品贸易结构极不平衡，只挑出了 SITC 两位数中中哈两国有进出口贸易的选项，通过对 Un comtrade 数据库的查找，发现仅有第 52（无机化学品）类和第 67（钢铁）类产品均有进口和出口，其他各类二位数产品进出口均存在极大的反差——有的类别只有进口或有的类别只有出口，或者相比于进口（出口）出口额（进口额）极少（见表 1）。这也从一个侧面说明中哈产业内贸易在二位数分类标准上极少；一位数所表现的产业内贸易水平仅仅是因为二位数产品进口与出口的极大反差。表 1 即为该两类产品产业内贸易指数。

表1　　　　　　2005～2015年中哈工业制成品二位数产品产业内贸易部分指数

SITC	2005年	2006年	2007年	2008年	2009年	2010年	2011年	2012年	2013年	2014年	2015年
52	0.309	0.159	0.364	0.362	0.18	0.087	0.075	0.081	0.056	0.051	0.072
67	0.426	0.549	0.521	0.855	0.940	0.539	0.669	0.905	0.100	0.957	0.710

资料来源：根据 Un comtrade 数据库整理。

根据表1产业内贸易指数数据显示：SITC52（无机化学品）的产业内贸易指数均不超过上限0.4，中哈两国无机化学品之间表现为产业间贸易，2005～2015年的10年间，这种产业间贸易的特征表现得越来越明显（产业内贸易指数越来越小）。这种现象可能的原因是随着中国经济的发展，对无机化学品的进口需求的增大，并且哈萨克斯坦偏重于"资源型产品"的出口，造成了中国无机化学品项下对哈进口越来越多而出口越来越少。与SITC52（无机化学品）类产品相反，SITC67（钢铁）类产品的产业内贸易指数在2005～2015年却呈现增长态势（个别年份除外），有的年份接近于1。这说明钢铁类产品在中哈贸易之间具有产业内贸易的特征，这是因为钢铁产业是哈萨克斯坦工业体系中的一个重要组成部分，丰富的铁矿石为高炉炼钢提供了足够的原料。但哈萨克斯坦现有的基础设施总体来说并不发达，不能满足哈作为亚欧贸易枢纽的需求，这就导致哈萨克斯坦钢铁下游市场的需求必须从中国进口来满足。也就是说，哈萨克斯坦对我国出口以钢铁初级产品为主，而我国对哈萨克斯坦出口主要是高附加值钢铁产品，在钢铁产业上，两国表现为垂直型产业内贸易。

四、中哈工业制成品产业内贸易影响因素分析

通过上文利用GL指数对中哈工业制成品产业内贸易指数的测评来看，我们可以发现：中哈工业制成品产业内贸易主要集中在SITC5（化学及有关产品）和SITC6（按原料分类的制成品）这两大类产品上，并且这两大类产品的产业内贸易各自存在各自的特点。进一步地，在具体考察SITC两位数产业内贸易的水平时，发现：如果细分到两位数，则大部分表现产业间贸易，产业内贸易仅仅体现在SITC67（钢铁）类产品上，中哈进出口反差极大。有鉴于此，本文尝试从以下方面对影响中哈工业制成品产业内贸易的因素进行分析。

（一）要素资源禀赋方面

众所周知，中哈两国贸易之间具有良好的互补性：中国在劳动密集型、资本和技术密集型产品上具有比较优势，而哈国在资源类的初级产品和初级制成品上具有比较优势。因此，在技术资本密集度高的产品大类上——SITC7（机械及运输设备），中国相对于哈萨克斯坦具有绝对的竞争优势，两国在该类产品上的产业内贸易几乎不存在。SITC8（杂项制品）类产品具有典型的高劳动密集型产品的特征，但哈萨克斯坦劳动力成本偏高，我国在该类产品上相对哈萨克斯坦具有比较优势，且哈萨克斯坦劳动密集型产品尚未构成完整的产业链体系。因此，该类产品的产业内贸易也并不突出。而对于 SITC5（化学及有关产品）和 SITC6（按原料分类的制成品）而言，这两类产品在加工制作的过程中均需要资源性的原料和中间产品，因此，这两大类产品在中哈产品贸易中具有产业内贸易的特征。

（二）生产方面

由于中国无论在劳动密集型生产部门还是在资本技术密集型生产部门的生产效率都比哈萨克斯坦具有比较优势，因此 SITC7 和 SITC8 这两类产品之间表现为产业间贸易。而哈国在资源类产品的初级生产上更具有效率，另外，哈萨克斯坦努力改善其本国经济结构，在 2000～2015 年哈萨克斯坦第二产业得到了一定的发展，中哈工业制成品产业内贸易会集中在 SITC5 和 SITC6 这两类产品上。

（三）消费方面

第一，哈萨克斯坦为中等发达国家，人均可支配收入大于中国人均可支配收入，因此两国需求具有较大差异，进而两国之间的贸易更多地表现为产业间贸易。

第二，由于美国对国际资源的控制，中国对资源的需求大，中国对哈萨克斯坦资源类产品的需求具有"黏性"的特点，中国对哈萨克斯坦工业制成品的进口主要体现在资源密集型的初级工业品上，如 SITC5 和 SITC6，而哈萨克斯坦在 SITC5 和 SITC6 类产品项下需要的是"高技术附加值"的产品，因此在这两类产品上，两国主要表现产业内贸易。

第三，哈萨克斯坦对中国产品的需求带有较强的"弹性"，其进口需要不仅可以通过中国来满足，更可以通过俄罗斯等独联体国家来满足，因此，中哈工业制成品较多地体现在产业间贸易。

（四）对外直接投资方面

理论上，对外投资对产业内贸易的影响与投资动机关系密切，如果对外投资寻求的是规模经济及产品多样化，那么这两者是正相关关系；如果对外投资的目的是进行垂直产业分工，就会有更多的产业间贸易。首先，中国对哈萨克斯坦直接投资企业来源地与投资行业过于集中。投资企业来源地主要集中于新疆，投资的行业主要集中于能源勘探与生产、信息咨询、市场调研、技术服务、工程承包、农业种植、农副产品生产加工、编织袋的生产和销售、房屋建筑施工、室内装修和保养、劳保用品的生产加工、汽车及配件的销售和维修等领域。虽然近年来外商对哈投资正在向非资源领域倾斜，但要转变中国对哈萨克斯坦投资向工业制造领域倾斜仍有待时日。其次，哈对中投资金额少且增速缓慢。2014年哈对中投资为历史最高年份，但金额只有3655万美元，其他年份均徘徊在400万美元左右，因为哈萨克斯坦工业制造业相较中国具有竞争劣势，因此，哈萨克斯坦对中国的投资动机并非理论上的两个方面。也就是说，哈萨克斯坦对中国投资并不能明显改善中哈两国工业制成品产业内贸易水平。综合起来看，无论是中国对哈萨克斯坦直接投资还是哈萨克斯坦对中国直接投资，均不具备明显改善两国工业制成品产业内贸易水平的条件。

（五）哈萨克斯坦对中国的开放程度

对外开放程度可以用对外贸易依存度指标来衡量，对外贸易依存度越高说明该国经济开放程度较高，则其经济活动更多地带动到国际经济循环中，因此产业内贸易水平就越高。

首先，哈萨克斯坦是中亚国家经济最发达的国家，其面临着多样化的对外经济开放战略。如：欧亚经济联盟、"一带一路"倡议和美国的"新丝绸之路"战略，事实上，哈萨克斯坦如何权衡这三个战略将决定哈萨克斯坦对中国的开放程度，进而影响中哈工业制成品产业内贸易水平。

其次，随着2015年哈萨克斯坦成为WTO第162个成员，中哈两国工业制成品贸易必然会遵循WTO组织的惯例与规则，哈萨克斯坦对中国工业制成品的开放程度将会越来越大。但哈萨克斯坦国内工业制造业相对薄弱，如果哈萨克斯坦对中国大范围地进口工业制成品，可能会对哈萨克斯坦新培育起来的工业产业造成一定的冲击。

（六）哈萨克斯坦国内第二产业结构

双边产业内贸易水平的发展依赖于双边国内同一产业的相似或相同水平发展。而中国国内第二产业相对哈萨克斯坦发展较为成熟，具有完整的产业链条体系。而哈萨克斯坦第二产业虽然发展平稳，但存在着内部结构很不协调：能源、石油和采掘业发展极快，但其他工业部门没有得到相应发展。不平衡的哈萨克斯坦国内第二产业结构也是造成中哈工业制成品产业内贸易水平低下的重要影响因素。

五、提高中哈工业制成品产业内贸易水平的对策建议

（一）加快中国对哈萨克斯坦工业制成品领域的投资

在"丝绸之路经济带"背景下，除了向哈萨克斯坦积极输出我国的"过剩产能"和加强两国在基础设施领域的合作之外，还应该达成一系列工业制成品领域投资合作框架和实施进程，借"丝绸之路经济带"倡议的东风，提高哈萨克斯坦对中国工业制成品领域的开放程度，秉承"包容性经济增长"的全球理念，在互利共赢的前提下，加快我国东部地区制造业发达省份对哈投资以促进两国工业制成品产业内贸易的发展，并积极抓住我国西部地区（尤其是新疆）承接东部地区产业转移的机会，稳步实现我国东、中、西部地区的产业联动效应，推动中哈工业制成品产业内贸易水平。

（二）优化我国对哈萨克斯坦工业制成品出口结构

虽然我国对哈萨克斯坦工业制成品的出口结构正在改善，但我国对哈萨克斯坦出口的工业制成品中低技术附加值、高劳动密集型产品仍然占据很大一部分比例。我国工业制成品对哈萨克斯坦具有绝对的竞争力，但在哈萨克斯坦市场上，相比较其他国家的同类产品而言，我国产品仍然在价值链利益分配的低端，因此，加强技术创新，对原有的工业制成品进行升级，对那些处于产品生命周期末端的产品进行淘汰或向哈萨克斯坦转移。进而，推动中哈两国工业制成品产业内贸易的发展。

（三）逐步发展中哈工业制成品产业内贸易

一方面，哈萨克斯坦有发展本国工业制造业的迫切要求；另一方面，中国加工制造领域具有完善的产业链体系，因此可以预言，中哈两国工业制造业领域具有广阔的合作空间和潜力。但中哈工业制成品产业内贸易现状处于中低技术水平，因此，要提高两国工业制成品产业内贸易的水平须有计划、有步骤地完成。首先，在推动技术转移、加快投资的同时，要让工业制成品大类项下的部分产品实现产业内贸易。例如，在哈萨克斯坦新培育的工业制成品上，先向其提供该类产品的上游或下游产品（提供垂直型产业内贸易的条件）；对哈萨克斯坦已经发展比较良好的工业制成品，可以对该类产品提供核心零部件或相关技术支持（引导水平型产业内贸易的发展）。其次，已经实现产业内贸易的产品逐步培养其发展成为水平型的产业内贸易。

参考文献

[1] 胡国良. 中哈贸易竞争力及贸易结构动态研究［J］. 新疆财经，2014（6）：58－67.

[2] 冯宗宪，王石，王华. 中国和中亚五国产业内贸易指数及影响因素研究［J］. 西安交通大学学报（社会科学版），2016（1）：8－16.

[3] 段秀芳，王宪坤. 中国与哈萨克斯坦工业制成品贸易结构研究——基于"丝绸之路经济带"背景［J］. 新疆财经，2016（3）：64－71.

[4] 孙莉，付琳，沈艾彬. 哈萨克斯坦产业结构演变分析［J］. 新疆社会科学，2012（5）：76－81.

"一带一路"框架下中哈双边
贸易成本的测度与影响研究

胡　颖

（新疆财经大学国际经贸学院）

摘　要: 哈萨克斯坦在中亚区域的经济影响力不断上升, 中哈经贸合作的发展对"丝绸之路经济带"建设具有重要意义。本文利用诺维（Novy, 2008）的改进引力模型, 计算了 1996～2014 年中哈两国货物贸易成本的变动, 分析了贸易成本变动对中哈两国贸易规模变化的影响。研究发现: 1996～2008 年中哈贸易成本持续下降, 2008 年之后双边贸易成本缓慢上升; 中哈两国间政策性壁垒下降, 但区域基础设施、边境后措施导致的成本依然很高; 贸易成本下降是中哈双边贸易大幅度增长的重要原因。为促进中哈经贸合作的发展, 建议加快推进"一带一路"倡议与欧亚经济联盟的对接、加强中哈运输和贸易便利化建设, 以采用多种方式促进中哈文化交流。

关键词: "一带一路"; 中哈贸易成本; 改进的引力模型

一、引言

对外贸易对一国经济增长具有重要的促进作用, 而贸易规模扩大主要由经济增长和贸易成本降低来驱动。第二次世界大战后发展中国家经历了由封闭走向开放的过程并越来越多地融入全球经济。为进一步推动中国对外开放, 深化与周边国家的经济合作, 中国提出"一带一路"倡议。2015 年 3 月公布的《推动共建丝绸之路经济带和 21 世纪海上丝绸之路的愿景与行动》（以下简称《愿景与行动》）将投资贸易合作作为"一带一路"倡议的重点建设内容, 提出要研究解决投资贸易便利化问题, 消除投资和贸易壁垒, 积极同沿线国家和地区共同商建自由贸易区，激发释放合作潜力。中亚区域是"丝绸之路经济带"的核心区（胡鞍钢等，2014），哈萨克斯坦近年来宏观经济运行保持持续稳定增长，在中亚区域的经济影响力不断提高，成为区域互动的新核心（E. Vinokurov, A. Libman, 2011）。中国和哈萨克斯坦双边贸易经历了 20 世纪 90 年代的长期停滞、2002 年以来的持续快速增长，以及全球大宗商品价格持续下跌后的大幅波动。因此有必要检验中哈双边贸易流量的动态变化，以及贸易成本变动的影响。

二、贸易成本测度的文献回顾

克鲁格曼（Krugman，1991）、藤田昌久（Fujita，1999）则认为，贸易成本是理解企业区位选择和经济活动空间集聚与扩散的关键。赫梅尔斯（Hummels，2001）认为，贸易成本在国际专业化和贸易模型中扮演着核心角色，任何涉及国际专业化和贸易模型的经验评估最终都必须面临贸易成本。詹姆斯·安德森和埃里克·范温科普（James Anderson and Eric van Wincoop，2004）认为贸易成本涉及产品从出厂到最终用户手中的所有成本。贸易成本包括运输成本、政策壁垒成本、信息成本、合同实施成本、汇率兑换成本、制度成本以及海外分销成本。由于直接测度贸易成本非常困难，学者们在经济计量分析中更多采用间接方法测度。引力模型是较常使用的间接测度方法，其在实际运用中被不断改进与完善。

贸易成本直接测度的困难，在于直接数据采集的困难、数据国际比较的困难、跨国跨时期全面贸易政策数据的可获得性，以及可比较的国际运输成本和国际分销成本数据的可获得性。为克服这些限制，安德森（Anderson，1979）最早将引力模型引入贸易成本研究中，利用收入、地理距离等因素测度贸易成本。安德森和埃里克·范温科普（Anderson and van Wincoop，2003）对模型加以改进，加入了多边贸易成本因素，从经济规模和相对贸易成本角度进行测度。改进后的引力模型是利用可观测的贸易流量来推断不可观测的贸易成本。模型假定，单一部门经济，消费者替代偏好为常数，具体见方程（1）。

$$X_{ij} = \frac{Y_i Y_j}{Y_w}\left(\frac{\tau_{ij}}{\pi_i \pi_j}\right)^{1-\varepsilon} \tag{1}$$

其中，X_{ij} 代表 i 国向 j 国的出口；Y_i，Y_j，Y_w，分别代表 i 国、j 国和世界的产出水平，τ_{ij} 是贸易成本，π_i 和 π_j 是多边阻力项，ε 是替代弹性。方程（1）的含义是贸易成本决定了双边贸易流量，而双边贸易成本不仅受双边贸易障碍的影响，也与多边贸易阻力密切相关。在方程（1）中，国际贸易的多边阻力用 π_i 和 π_j 表示，其中 π_i 表示 i 国与除 j 国外其他贸易伙伴的贸易阻力，π_j 表示 j 国与其他贸易伙伴的贸易阻力。在其他条件不变、替代弹性 ε 大于1的情况下，如果 j 国与其贸易伙伴之间的贸易成本上升（π_j 增加），那么 j 国自 i 国进口商品的价格则会相对下降，这将导致 j 国自 i 国进口的增加。同样，如果 i 国与其贸易伙伴的贸易成本上升（π_i 上升），也将导致 i 国自 j 国进口的增加。

安德森和范温科普（Anderson and van Wincoop, 2003）以方程（1）的结构公式为基础，利用22个工业国家1993年的数据为样本进行估算，研究结果表明美国和加拿大的边界效应使得双边贸易流量降低了44%。拜尔和伯格斯特兰德（Baier and Bergstrand, 2001）将贸易国的GDP平减指数作为价格指数的替代变量，用OECD国家的相关数据估算贸易阻力的影响。研究结果表明，关税的下降和运输成本的减低能够解释这些国家间33%的贸易增长，而产出增长可以解释剩下67%的贸易增长。

然而，在安德森和范温科普（Anderson and van Wincoop, 2003）模型中，生产和消费都是外生的，因而比较静态分析无效。对于这一缺陷，杰克斯、迈斯纳和诺维（Jacks, Meissner and Novy, 2008）提出了改进的、简便易行的引力模型。他们认为贸易成本大小由国内贸易和双边贸易共同决定，可以通过改进的模型直接计算双边贸易成本。此方法假定：一国出口与其他国家的贸易障碍负相关，与其国内经济活动也具有相关性。改进的引力模型将贸易成本解释为一国可观测的出口和收入的函数，主要改进包括：模型由双边模型扩展到多国交易的一般均衡模型；模型引入垄断竞争分析框架，假定各国的垄断竞争企业生产的是差异化产品；模型还考虑了可贸易品与不可贸易品。当产品从 i 国出口到 j 国，外生性的冰山型贸易成本 τ_{ij} 也随之产生。上述处理方法的引入，是一般均衡理论的基础上构建了贸易流量模型，从而推出两国间贸易成本。

$$\tau_{ij} = 1 - \left(\frac{X_{ij} X_{ji}}{\sigma_i (Y_i - X_i) \sigma_j (Y_j - X_j)} \right)^{\frac{1}{2p-2}} \tag{2}$$

其中，Y_i，Y_j 分别代表 i 国和 j 国的实际GDP，X_i 和 X_j 分别代表两国货物贸易总出口，σ_i 和 σ_j 分别表示 i 国和 j 国的可贸易商品的份额。杰克斯、迈斯纳和诺维（Jacks, Meissner and Novy, 2008）模型显示了对国内收入的提取。Y_i，Y_j 表示一国政府支出对GDP的贡献，被假定是不可贸易的。为了提高贸易成本测度的准确性，通常将方程（2）中的 Y_i，Y_j 由变量GDP替代。传统的引力模型中，双边贸易由GDP决定；改进的引力模型中，双边贸易由（$Y_i - X_i$）和（$Y_j - X_j$）决定。（$Y_j - X_j$）表示 j 国产出中可贸易但没有发生贸易的部分，即潜在贸易量。如果双边市场潜力增大，那么双边贸易也将扩大。

方程（2）将国家的多边阻力与其总出口联系起来，即，国民经济活动中的包括可贸易品（X_i）和不可贸易品（$Y_i - X_i$）。贸易成本不变的情况下，多边贸

易阻力 τ_{ij} 下降，则意味着更高的总出口额 X_i 和 X_j，导致双边贸易出口 X_iX_j 萎缩，国内贸易活动提高，因为贸易活动转向国内，而并非 i 国和 j 国之间。换句话说，方程（2）表示在其他条件不变的情形下，双边贸易的增加意味着双边贸易成本的下降；同时，如果产出增加并没有带来双边贸易规模的扩大，则意味着双边贸易成本上升。为了便于解释，并方便与关税比较，本文中计算的是与关税等价的贸易成本，定义为 $\tau_{ij}/(1-\tau_{ij})$。

同时，贸易成本的重要性意味着测度和分解贸易成本的必要性。为评估贸易成本对于贸易流量增长的影响，我们将方程（2）重新整理，得到双边贸易流量的函数：

$$X_{ij}X_{ji} = \sigma_i(Y_i - X_i)\sigma_j(Y_j - X_j)(1 - \tau_{ij})^{2\rho-2} \tag{3}$$

对方程（3）取自然对数和一阶差分，整理后，双边贸易流量的差分可以分解为两个部分，列在方程（4）右侧，即双边贸易流量的变化是由贸易伙伴的经济扩张或紧缩；贸易成本的变化由两个因素引起。

$$\frac{\Delta\ln(X_{ij}X_{ji})}{\Delta\ln(X_{ij}X_{ji})} = \frac{\Delta\ln((Y_i - X_i)\sigma_j(Y_j - X_j))}{\Delta\ln(X_{ij}X_{ji})} + (2\rho - 2)\frac{\Delta\ln(1 - \tau_{ij})}{\Delta\ln(X_{ij}X_{ji})} \tag{4}$$

综上，方程（2）和方程（4）为本文贸易成本的计算提供了分析框架。

施炳展（2008）、许德友和梁琦（2010）、李永和梁力铭（2012）先后对中国与主要贸易伙伴的双边贸易成本进行了测度，认为双边贸易成本的下降是促进双边贸易额扩大的关键因素。闫亚娟、王海燕（2008）、曾锁怀（2010）、郜志雄、王颖（2011）、何林、任媛（2015）分析中哈双边贸易发展特点和存在的问题。现有文献中关于中哈贸易成本变动及其对两国双边贸易影响的研究很少。本文运用杰克斯、迈斯纳和诺维（Jacks, Meissner and Novy, 2008）开发的基于引力模型的双边贸易成本测度方法，测度 1996~2014 年中国与哈萨克斯坦货物贸易成本的变动情况，并分析了贸易成本对中哈双边贸易的影响。

三、中国、哈萨克斯坦贸易成本测算

自 20 世纪 90 年代以来，中国不断深化外贸体制改革、加强制度建设、推进贸易自由化与便利化。具体措施包括：外汇管理体制改革、关税管理改革、减少进出口方面的数量限制。2001 年底中国正式加入 WTO，中国履行加入 WTO 的承诺，逐步建立起符合世贸组织规则的经济贸易体制。在货物贸易领域，除去平均 35% 以上的关税下降幅度，中国已经全部取消了进口配额和进口许可证等非关税措施（裴长洪、杨志远，2011）。在贸易便利化方面，2001 年中国启动"金关工程",促进全国海关报关业务无纸化,减少报关时间、降低贸易成本。2005 年启动"区域通关"改革,重点在简化手续、提高效率。中国对外贸易总额从 1996 年的 2899 亿美元增长到 2008 年的 2.56 万亿美元。

20 世纪 90 年代,哈萨克斯坦经历了转型的阵痛期,宏观经济运行逐步恢复,而且随着国际市场石油等原材料价格的持续上扬,哈萨克斯坦经济发展步入快车道,国内生产总值连续多年保持强劲增长态势,平均增幅近 10%。进入 21 世纪以来,哈萨克斯坦对外贸易呈现出持续增长态势,总量不断扩大,2008 年其对外贸易额达到 1090.73 亿美元。2008 年至今,世界经济复苏缓慢,乌克兰危机的外溢效应,俄罗斯经济因与欧美国家的相互制裁而遭到重创,国际贸易环境的巨大变化使哈萨克斯坦经济受到波及和冲击。同时,全球石油需求疲软,国际油价一跌再跌,2014 年哈萨克斯坦经济增长仅为 4.3%,对外贸易额同比减少了 9.6%;2015 年哈萨克斯坦 GDP 增速仅为 1.2%,对外贸易额下降到 759.1 亿美元,仅为 2008 年其对外贸易额的 69.6%[①]。

中国和哈萨克斯坦经济互补性强,贸易基础坚实。1992 年国家实施沿边开放政策,中哈贸易从无到有,逐步发展。2011 年 6 月 13 日,时任中国国家主席胡锦涛在阿斯塔纳与哈萨克斯坦总统纳扎尔巴耶夫签署《中哈关于发展全面战略伙伴关系的联合声明》,双方确立了 2015 年双边贸易额达到 400 亿美元的目标,决定全面推进贸易、投资、金融、高技术、非资源等领域的合作。2013 年 9 月国家主席习近平同哈萨克斯坦总统纳扎尔巴耶夫就深化中哈全面战略伙伴关系达成广泛重要共识。中国提出的"一带一路"倡议、《哈萨克斯坦 2050 年发展战略》的推出以及哈萨克斯坦经济转型都为深化中哈经贸关系提供了新的契机。

(一) 数据来源和贸易成本的计算

计算中国与哈萨克斯坦双边贸易成本,双边贸易数据来自国际货币基金组织 (International monetary Fund, IMF) 的 DOT (Direction of Trade Statistics) 数据库,包括中国与哈萨克斯坦的双边贸易数据,以及中哈两国与各自贸易伙伴国的双边贸易数据,主要贸易伙伴国包括美国、欧盟、日本、韩国、俄罗斯,以及中亚其他国家。各国实际 GDP、GDP 平减指数数据取自国际货币基金组织的 (International Financial Statistics, IFS) 和世界银行的 (World Development Indicators, WDI)。为了消除价格波动和汇率差异对数据的影响,我们对上述名义数据利用

---

① 资料来源:2015 年哈萨克斯坦对外贸易额减少超过 1/3,驻哈萨克经商参处,http://www.mof-com.gov.cn/article/i/jyjl/e/201603/20160301277162.shtml。

进口价格指数进行平减处理。另外，我们从 BvD 全球宏观数据库获得中哈两国进口价格指数。我们选取的样本时间跨度为 1996～2014 年。

为计算中哈贸易成本，我们还需要确定方程（4）中两个参数 σ（可贸易品的份额）和 ρ（替代弹性）的取值。关于参数 σ，很难直接从数据中估计，但有证据表明 5 个 OECD 国家（美国、英国、法国、意大利和日本）1960～1988 年，私人消费品中非贸易品的份额在 18.9%～44.3% 之间波动（Stockman and Tesar，1990）。伊文奈特和凯特（Evenett and Keller，2002）认为，可以进行贸易的产出大概介于 0.3～0.8。杰克斯，迈斯纳和诺维（Jacks，Meissner and Novy，2008）将 σ 定为 0.8。我们认为将 σ 定为 0.8 是比较合适的。

而关于替代弹性 ρ，也很难有一个确定的值。一般而言，较低的替代弹性意味着消费者对价格和贸易成本缺乏敏感，因而倾向于更多的贸易。安德森和范温科普（Anderson and van Wincoop，2004），以及杰克斯、迈斯纳和诺维（Jacks，Meissner and Novy，2008）在总结现有的各种文献的基础上，先后设定替代弹性 ρ 的参考值，我们也将 ρ 的值定为 8。

为了分解中哈贸易增长的因素，我们对变量取两年的平均值，这样做的目的是避免因 GDP 和贸易数据的波动导致计算结果的扭曲。我们将双边贸易变动额、经济增长贡献和贸易成本变动分为两个阶段：即，1996～2008 年；2009～2014 年。

最后，为了评估贸易政策对贸易成本的影响，我们将测算的贸易成本与双边贸易关税进行比较。关税数据来自 BvD 数据库。关税数据采用应用关税，以中国和哈萨克斯坦自主要贸易伙伴的进口比重为权重。对于汇总数据，比如欧盟 15 国，我们用欧盟 15 国平均贸易数据在中哈两国进出口贸易总额中比重作为权重。

（二）计量结果

计量分析结果表明：

第一，中哈贸易成本总体呈现下降趋势（见表 1）。1996～2008 年中哈贸易成本持续下降，下降幅度达到 16.2%，但是自 2008 年以来，两国间贸易成本呈现小幅上升的态势。自 1996 年以来，我国加权平均关税水平大幅下降，从 1996 年的 17.8% 下降到 2014 年的 3.53%。哈萨克斯坦加权平均关税一直不高，1996 年为 8.44%，2014 年仅为 3.18%。然而在中哈关税水平不高的情况下，与关税等值的贸易成本仍然很高，由 1996 年为 58.7% 降至 2014 年为 46.7%，这说明随着中哈两国经贸合作的不断发展，随着中哈两国先后加入 WTO，双方贸易自由化的程度都有了显著提高，在此背景下基础设施建设滞后、边境管理服务不完善，以及边境措施是导致中哈贸易成本高企的主要原因。

表1　　　　　　　　　中哈贸易规模、关税和关税等价的贸易成本

	中哈贸易总额（亿美元）	中对哈加权平均关税（%）	哈对中加权平均关税（%）	贸易成本（%）
1996	4.91	17.77	8.44	58.7
1997	5.15	14.28	—	59.1
1998	5.71	14.26		58.1
1999	9.52	13.52		53.6
2000	12.97	13.15	—	51.3
2001	10.98	12.44	—	54.2
2002	17.17	7.61	—	51.2
2003	29.8	6.4	—	47.5
2004	39.46	5.54	1.49	46.9
2005	58.61	4.98	—	45.3
2006	76.02	4.16	—	44.8
2007	124.21	4.2	—	43.3
2008	161.29	3.95	2.41	42.5
2009	127.1	3.86	—	45.9
2010	190.85	3.95	4.78	44.0
2011	244.12	3.98	3.65	43.4
2012	257.21	—	4.08	43.5
2013	271.37	—	4.27	44.9
2014	215.29	3.53	3.18	46.7

资料来源：根据世界银行 WDI 数据库、IMF 的 DOT 数据，经作者计算得到。

　　第二，1996~2014 年，中国设法全面降低与主要贸易伙伴的贸易成本。从国别角度来看，中国与日本、韩国、东盟国家贸易成本最低；其次是欧盟、美国；中国同俄罗斯中亚国家贸易成本普遍较高，尤其是吉尔吉斯、塔吉克斯坦和乌兹别克斯坦。俄罗斯中亚国家中，中国与哈萨克斯坦贸易成本下降幅度最大。

　　与哈萨克斯坦相比，中国与主要贸易伙伴贸易成本下降的幅度更大，降速更快。哈萨克斯坦与独联体国家间的双边贸易成本低于与其他贸易伙伴的，表明历史文化联系紧密的贸易双方贸易成本低。2008 年金融危机后，中哈双边贸易成本上升，并且中哈两国各自与其主要贸易伙伴的贸易成本都有所上升（见表2、表3）。哈萨克斯坦与欧盟、中国的贸易联系则不断加强，与独联体其他国家的

贸易联系持续减弱，哈萨克斯坦与吉尔吉斯斯坦、塔吉克斯坦、土耳其、乌兹别克斯坦四国的贸易额仅占其贸易总额的2.9%。

表2　　　　　　　　　中国与主要贸易伙伴的贸易成本变动　　　　　　　单位：%

年份 \ 国家	哈萨克斯坦	俄罗斯	吉尔吉斯斯坦	塔吉克斯坦	乌兹别克斯坦	美国	欧盟	日本	韩国	马来西亚	泰国
1996	58.7	51.0	64.8	64.0	60.5	45.7	45.4	42.3	42.3	43.4	49.9
2000	51.3	47.9	58.7	61.3	68.3	44.0	42.5	40.8	39.0	—	44.4
2004	46.9	45.1	58.0	62.2	54.9	40.2	38.3	35.9	33.5	27.2	39.5
2008	42.5	44.2	55.2	58.0	54.8	39.2	36.7	35.4	30.6	30.7	37.5
2009	45.9	46.7	57.6	56.1	53.5	40.8	38.3	38.1	33.2	34.0	39.6
2010	44.0	45.4	57.1	55.4	51.9	39.6	36.5	36.6	31.8	33.6	38.0
2011	43.4	43.8	56.6	57.5	53.8	39.8	36.2	36.8	31.5	34.1	36.7
2012	43.5	44.3	56.9	57.3	52.5	40.0	37.1	37.8	32.7	35.0	37.3
2013	44.9	44.7	58.4	58.2	50.5	40.1	37.6	38.2	33.3	35.1	38.3
2014	46.7	46.5	59.8	59.2	51.2	40.4	37.4	38.4	33.9	36.2	38.7

表3　　　　　　　哈萨克斯坦与主要贸易伙伴的贸易成本变动　　　　　　单位：%

年份 \ 国家	俄罗斯	吉尔吉斯斯坦	塔吉克斯坦	乌兹别克斯坦	乌克兰	土耳其	伊朗	美国	欧盟	日本	韩国
1996	34.9	38.7	38.2	43.9	49.2	56.1	58.9	66.5	57.6	68.4	59.8
2000	31.5	43.4	39.5	45.7	43.9	52.8	56.6	62.9	48.6	66.3	61.3
2004	34.8	39.6	51.6	41.7	41.8	52.2	58.9	62.5	45.9	63.5	56.6
2008	36.7	40.7	54.8	38.5	37.9	48.7	61.2	59.6	43.8	62.5	58.0
2009	39.9	43.1	56.1	41.5	39.9	52.6	64.7	61.5	46.6	66.3	60.7
2010	42.0	41.7	54.4	40.7	45.5	50.3	62.8	61.3	46.3	64.6	57.9
2011	38.9	41.3	51.4	39.2	41.8	51.0	62.8	61.5	44.4	63.3	57.2
2012	38.1	40.2	49.3	39.2	42.0	50.8	62.5	62.0	44.4	63.1	57.8
2013	40.7	41.7	50.9	41.7	47.3	52.6	63.2	62.4	45.3	62.4	59.0
2014	40.4	42.6	50.4	41.7	50.2	53.7	62.0	62.7	46.1	61.8	57.3

资料来源：根据世界银行WDI数据库、IMF的DOT数据，经笔者计算得到。

第三，对贸易规模变动进行因素分解分析，中国与其主要贸易伙伴在1996~2008年，双边贸易规模持续增长，贸易成本下降对双边贸易规模扩大的贡献很大，其中对中哈贸易规模扩大的贡献为63.5%。2009~2014年，中国与主要贸易伙伴的贸易规模依然保持增长，但增长速度下降，经济增长因素对双边贸易规模变动的起到主要作用（见表5），中哈双边贸易更是如此（见表4）。

表4　　　　　　　　　　　　　　中哈贸易成本构成分析

年份 ＼ 项目	贸易规模变化（亿美元）	经济增长因素（%）	贸易成本因素（%）
1996~2008	170.93	36.5	63.5
2009~2014	84.48	122.8	-22.8

表5　　　　　　　　　　中国与主要贸易伙伴贸易规模变动的构成分析

贸易伙伴	时期	贸易规模变动（亿美元）	经济增长因素（%）	贸易成本减低因素（%）
美国	1996~2008	2915.68	53	47
	2009~2014	2578.96	102.6	-2.6
日本	1996~2008	2066.65	42.7	57.3
	2009~2014	834.04	178.5	-78.5
欧盟	1996~2008	3479.43	46.9	53.1
	2009~2014	2203.72	103.4	-3.4
韩国	1996~2008	1660.88	42.3	57.7
	2009~2014	1342.08	131.6	-31.6
马来西亚	1996~2008	499.43	30.7	69.3
	2009~2014	500.47	143.3	-43.3
俄罗斯	1996~2008	500.64	41.4	58.6
	2009~2014	564.98	90.1	9.9

资料来源：根据世界银行 WDI 数据库、IMF 的 DOT 数据，经笔者计算得到。

哈萨克斯坦与其主要贸易伙伴双边贸易规模扩大的因素分解，呈现出与中国不同的特征（见表6）。1996~2008年，哈萨克斯坦与美国、日本、欧盟贸易规模扩大更多由贸易成本下降所贡献；其与韩国、俄罗斯、吉尔吉斯斯坦的贸易规模扩大则更多由经济增长因素驱动。2009~2014年，哈萨克斯坦与主要贸易伙伴的双边贸易出现较大波动。2014 年，哈萨克斯坦与中国、韩国、美国双边贸易规模出现大幅下滑，与中国同比下降 39.3%，与韩国同比下降 15.67%；与欧盟同比下降 4.69%；与吉尔吉斯同比下降 4.1%；与美国同比下降 0.75%。但与俄罗斯的双边贸易额却同比增长 9.4%，与乌兹别克斯坦同比增长 9.7%，与日本同比增长 16.87%。

表6　　　　　哈萨克斯坦与主要贸易伙伴贸易规模变动的构成分析

贸易伙伴	时期	贸易规模变动（亿美元）	经济增长因素（%）	贸易成本减低因素（%）
美国	1996～2008	23.79	47.4	52.6
	2009～2014	2.22	246.4	−146.4
日本	1996～2008	9.91	40.2	59.8
	2009～2014	9.35	25.4	74.6
欧盟	1996～2008	282.7	35.5	64.5
	2009～2014	145.2	74.8	25.2
韩国	1996～2008	4.68	67.8	32.2
	2009～2014	9.93	68.2	31.8
俄罗斯	1996～2008	139.14	116.9	−16.9
	2009～2014	72.89	89.9	10.1
乌兹别克斯坦	1996～2008	15.33	50.5	49.5
	2009～2014	15.31	114.1	−14.1
吉尔吉斯斯坦	1996～2008	3.69	98.9	1.1
	2009～2014	4.76	95	5

资料来源：根据 UNCOMTRADE 数据，经作者计算得到。

四、结论和对策

（一）结论

第一，中哈贸易成本总体呈现下降趋势，伴随着贸易成本下降的是双边贸易规模的迅速扩大。2008 年以前中哈贸易成本持续下降，但是自 2008 年以来，两国间贸易成本呈现小幅上升的态势。可能原因包括，世界经济增长放缓的背景下，世界各国包括中哈在内贸易保护主义倾向增强；欧亚经济联盟具有很强的排他性，非成员国进入该区域市场更为困难。

第二，中哈两国先后加入 WTO，双方贸易自由化的程度都有了显著提高，中国与哈萨克斯坦也建立了全面战略伙伴关系，双边贸易的政策壁垒逐步下降，但基础设施建设滞后、边境管理服务不完善，以及边境后措施是导致中哈贸易成本高企的主要原因。

第三，双边贸易成本与贸易双方历史联系的紧密度具有显著的正相关性。中国与日本、韩国、东盟国家贸易成本最低，哈萨克斯坦与独联体国家间的双边贸易成本低于与其他贸易伙伴的。深化中哈经贸合作，还需加强文化交流和沟通。

第四，中哈贸易规模扩大的因素分解表明，1996～2008 年，贸易成本下降伴随着中哈双边贸易规模的持续快速增长，对中哈双边贸易规模扩大的贡献为 63.5%。2009 年以来，中哈双边贸易成本在波动中略有上升，但 2014 年中哈双边贸易规模大幅下降，中哈两国经济增长速度放缓，进口需求下降是主要因素。

（二）对策

第一，探寻"一带一路"倡议与欧亚经济联盟的对接路径。研究欧亚经济联盟同中国贸易中存在的非关税壁垒，以便消除双方商品和服务贸易中存在的障碍。积极推动中国欧亚经济联盟的经贸伙伴协定的谈判，与欧亚经济联盟建立贸易便利化的制度安排，规定商品、服务自由流动和投资保护等的法律法规，降低中国企业进入哈萨克斯坦、进入该区域市场的交易成本。

第二，未来中哈双边贸易成本仍有进一步下降的空间，在全球经济增长乏力、俄罗斯中亚国家增速下降的情况下，积极加强基础设施建设。努力推进中亚区域以及中哈双边的运输贸易便利化建设。建议高度重视在中亚国家有业务往来的企业形态，以及企业贸易便利化要求，依据实际需求逐步推动区域贸易便利化水平的提高。加强区域运输政策的协调、加强区域通关合作，以及加强区域标准一致化建设合作。建议加强海关、出入境检验检疫局、税务局、外汇管理局、商务厅等多个职能部门间的沟通，形成定期会晤协调机制。

第三，采取多种方法积极促进中国与哈萨克斯坦等中亚国家的文化交流与沟通，消除"中国威胁论"。具体包括积极发展面向中亚区域的文化产业；在经贸合作交流中传播介绍中国文化；加大对中亚国家的汉语学习和汉语广播节目的投资力度，促进文化交流方面的实质性合作；加大措施吸引哈萨克斯坦青年学生来中国学习，加强对中国文化的了解。

参考文献

［1］Anderson J. E. and E. van Wincoop. Gravity with Gravitas：A Solution to the Border Puzzle ［J］. *The American Economic Review*，2003（93）：170－192.

［2］Jacks D. S.，C. M. Meissner and D. Novy. "Trade Costs，1870－2000 ［J］." *American Economic Review*，2008（98）：529－534.

［3］许德友，梁琦，张文武. 中国对外贸易成本的测度方法与决定因素——一个基于面板数据的衡量［J］. 世界经济文汇，2010（6）：1－13.

［4］李永，梁力铭，金珂. 中国双边贸易成本变动与影响实证研究［J］. 中国软科学，2012（12）：41－48.

"一带一路"战略背景下中国与巴基斯坦双边贸易的竞争性和互补性分析

王喜莎

（新疆大学经济与管理学院）

摘　要：在我国全面推进"一带一路"战略的背景下，中国与巴基斯坦的贸易合作面临着新的历史机遇。文章根据联合国贸易数据库，测算中巴双边贸易的相关指数，对其竞争性和互补性进行分析。结果显示：两国贸易的竞争性较弱，互补性不断增强，双边贸易特征以互补性为主导，未来两国双边贸易合作的空间和潜力依然较大，今后，两国可充分发挥自身的发展优势，改善各自发展的制约因素，开展深层次、多领域的贸易合作，实现双方互利共赢。

关键词：中国；巴基斯坦；"一带一路"战略；贸易竞争性和互补性

一、引言

2013年9月和10月，国家主席习近平先后提出建设丝绸之路经济带和21世纪海上丝绸之路（即"一带一路"战略），2015年3月，《推动共建丝绸之路经济带和21世纪海上丝绸之路的愿景与行动》发布，标志着"一带一路"战略正式进入全面实施阶段。

巴基斯坦作为中国走向印度洋、阿拉伯海和波斯湾的重要门户，是"一带一路"建设在南亚的重要支点，战略地位十分重要。中巴经济走廊是"一带一路"建设的重要组成部分。2006年，两国签署自由贸易协定，进一步稳固了两国长期的友好关系，也为双边贸易的发展提供了有利的市场机会，但研究两地经贸合作的文献较少。目前学者的研究主要集中于为两地贸易合作的背景、历史、自贸区建设、中巴经济走廊等方面的研究（张帆，1995；杜放、叶剑，2004；张贵洪，2011；李轩，2014；程云洁，2015），而对两地经贸合作实证分析的文献较少。因此，本文试图通过对中巴贸易合作的竞争性和互补性进行一些尝试性的分析和论证，以期提供相关理论参考。

二、中国与巴基斯坦双边贸易概况

2000~2015 年，中国对巴基斯坦的进出口贸易额从 11.63 亿美元增加到 189.58 亿美元，年均增长率达到 20.45%，出口额从 6.7 亿美元增加到 164.8 亿美元，年均增长率达到 23.8%，进口额从 4.9 亿美元增加到 24.8 亿美元，年均增长率达到 11.4%，中国一直处于贸易顺差的状态，且差额在逐步扩大（见图 1）。中巴贸易总额占中国对外贸易总额的比重较小，但呈现出上升的趋势。2000 年中国与巴基斯坦的进出口贸易额只有 11.63 亿美元，占中国国际贸易总额 4742.9 亿美元的 0.25%，2015 年中国与巴基斯坦的贸易额增至 189.58 亿美元，占中国国际贸易总额 39635.3 亿美元的 0.48%（见图 2）。从巴基斯坦对外贸易的视角来看，中国作为巴基斯坦贸易伙伴的地位在逐渐上升，目前中国已成为巴基斯坦最大的进口国和第二大出口国，2015 年巴基斯坦对中国贸易总额已接近占到巴基斯坦贸易总额的 20%，对中国的进口总额以达到巴基斯坦进口总额的 1/4 强，对中国的出口总额也接近巴基斯坦出口总额的 10%（见图 3）。

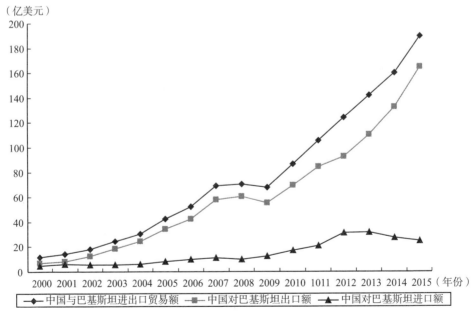

图 1　中国与巴基斯坦进出口贸易发展状况

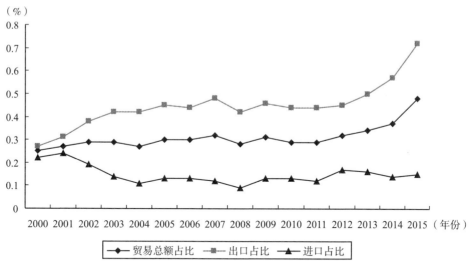

图 2　巴基斯坦占中国进出口贸易的比重

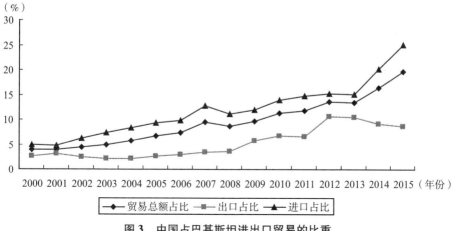

图 3　中国占巴基斯坦进出口贸易的比重

三、中国与巴基斯坦双边贸易的竞争性和互补性分析

（一）中巴双边贸易的竞争性分析

1. 出口产品相似度指数分析

出口产品相似度指数用于衡量任意两国在第三市场或世界市场上出口产品的

相似程度。计算公式为:

$$ESI_{ab} = \left\{ \sum_{i=0}^{n} \left[\left(\frac{X_{ak}^i/X_{ak} + X_{bk}^i/X_{bk}}{2} \right) \cdot \left(1 - \left| \frac{X_{ak}^i/X_{ak} - X_{bk}^i/X_{bk}}{X_{ak}^i/X_{ak} + X_{bk}^i/X_{bk}} \right| \right) \right] \right\} \times 100 \quad (1)$$

式（1）中：ESI_{ab} 为出口产品相似度指数；a、b、k 分别为 a 国、b 国和 k 市场；X_{ak}^i/X_{ak}、X_{bk}^i/X_{bk} 分别为 a 国、b 国出口到 k 市场的第 i 种商品总额占 a 国、b 国出口到 k 市场的这类商品集合总额的比重。ESI_{ab} 的取值范围是 0~100，值越大表明 a 国与 b 国出口到 k 市场的特定商品集合所属商品结构越相似，竞争越激烈；反之则互补性越强。本文对两国分别向世界市场和美国市场出口的商品结构的相似程度进行量化和比较（见表 1）。

表1　　　　　　　　　　中国和巴基斯坦两国的出口相似度指数

年份	ESI（世界市场）	ESI（美国市场）
2000	57.91	60.07
2001	57.73	58.69
2002	57.24	54.52
2003	55.84	49.42
2004	56.17	46.86
2005	53.77	47.09
2006	52.6	46.49
2007	54.78	47.04
2008	53.42	48.22
2009	51.56	48.12
2010	51.23	46.94
2011	51.97	46.32
2012	52.48	47.08
2013	51.32	47.94
2014	53.24	46.87
2015	52.87	49.7

资料来源：根据联合国贸易数据库提供数据整理计算得出。

表 1 显示在世界市场和美国市场，ESI 的两大变化趋势：其一在两个市场上的 ESI 值都较大，介于 46~61；其二是进入 21 世纪以来，两个市场的 ESI 值逐年缩小。说明两国出口产品结构相似度比较高，但两国间出口产品结构的差异性在增大，双方经贸竞争性在逐年降低，互补性在逐年提升。主要是由于近年来我

国出口产品逐渐从劳动密集型产品到资本密集型、技术密集型产品的转变。两国出口产品的竞争性在不断减弱，这有利于两国今后更好地开展贸易合作。

2. 双边贸易结合度指数分析

双边贸易结合度指数是指一个国家对某一贸易伙伴国的出口占该国出口总额的比重与该贸易伙伴国进口总额占世界进口总额的比重之比。计算公式为式（2）：

$$TCD_{ab} = \frac{X_{ab}/X_a}{M_b/M_w} \qquad (2)$$

式（2）中：TCD_{ab}为 a、b 两国的贸易结合度；X_{ab}为 a 国对 b 国的出口额；X_a、M_b分别为 a 国、b 国的出口总额、进口总额；M_w为世界进口总额。如果$TCD_{ab} > 1$，表明 a、b 两国双边贸易的联系非常密切；如果$TCD_{ab} < 1$，表明两国双边贸易联系松散。

表 2   中国与巴基斯坦的双边贸易结合度指数

年份	中国对巴基斯坦的贸易结合度	巴基斯坦对中国的贸易结合度
2000	1.582	0.755
2001	1.897	0.808
2002	2.241	0.537
2003	2.462	0.402
2004	2.153	0.371
2005	1.88	0.435
2006	1.777	0.461
2007	2.031	0.498
2008	1.608	0.512
2009	1.801	0.7
2010	1.77	0.728
2011	1.834	0.684
2012	1.863	1.055
2013	2.095	0.995
2014	2.184	0.853
2015	2.445	0.774

资料来源：根据联合国贸易数据库提供数据整理计算得出。

表 2 的结果显示，中国对巴基斯坦的贸易结合度介于 1.582～2.462，说明中国对巴基斯坦的贸易联系密切且长期保持稳定状态，事实上，中国是巴基斯坦的最主要的贸易伙伴之一，中国对巴基斯坦的出口额占巴基斯坦贸易总额的比例从2000 年的 3.31% 上升到 2015 年的 24.94%。而巴基斯坦对中国的贸易结合度小于 1，但随着两国签署自由贸易协定后，经贸合作向前迈了一大步，所表现的贸易结合度也逐渐接近 1（2012 年大于 1）。随着"一带一路"战略的建设，两国间的经贸联系不断加强，双边贸易的结合度会越来越高。

综上分析，中国与巴基斯坦双边贸易的竞争性并不强，主要是由于两国的资源禀赋、产业结构方面存在较大的差异，这种差异导致两国贸易竞争性较弱。

（二）中国与巴基斯坦贸易的互补性分析

1. 产业内贸易指数

本文运用格鲁贝尔—劳埃德产业内贸易指数和布雷哈特边际产业内贸易指数，从静态和动态两个角度对两国双边贸易的产业内贸易状况及其结构性特征进行分析。

（1）格鲁贝尔—洛伊德指数（G-L 指数）。

格鲁贝尔—洛伊德指数用来测算产业内贸易水平。计算公式为式（3）：

$$GL_i = 1 - \frac{|X_i - M_i|}{X_i + M_i} \qquad (3)$$

式（3）中：X_i、M_i 分别为第 i 类商品的出口额、进口额。GL_i 的取值范围是0～1，值越接近于 0，说明双边贸易表现为产业间贸易；值越接近于 1，说明双边贸易表现为产业内贸易。根据上述公式计算两国产业内贸易指数[①]如表 3 所示。

表 3　　　　　　　　　　　　中巴产业内贸易指数

年份	SITC0	SITC1	SITC2	SITC3	SITC4	SITC5	SITC6	SITC7	SITC8	SITC9
2000	0.301	—	0.246	—	—	0.337	0.434	0.001	0.061	—
2001	0.353	—	0.252	—	—	0.415	0.387	0.035	0.227	—

---

① 根据 SITCRev.3 将产品分为十类：SITC0（食品及主要供食用的活动物）、SITC1（饮料及烟类）、SITC2（燃料以外的非食用粗原料）、SITC3（矿物燃料、润滑油及有关原料）、SITC4（动植物油及油脂）、SITC5（未列名化学品及有关产品）、SITC6（主要按原料分类的制成品）、SITC7（机械及运输设备）、SITC8（杂项制品）、SITC9（未分类的其他商品）。

续表

年份	SITC0	SITC1	SITC2	SITC3	SITC4	SITC5	SITC6	SITC7	SITC8	SITC9
2002	0.284	—	0.672	0.860	—	0.294	0.558	0.014	0.082	0.000
2003	0.430	—	0.500	0.850	—	0.307	0.840	0.001	0.025	—
2004	0.332	—	0.395	0.001	—	0.081	0.999	0.001	0.020	0.000
2005	0.173	—	0.332	0.000	—	0.227	0.926	0.001	0.006	0.000
2006	0.381	—	0.555	0.000	0.005	0.108	0.819	0.001	0.007	—
2007	0.410	—	0.830	0.000	—	0.090	0.716	0.001	0.008	0.007
2008	0.509	0.364	0.537	0.000	0.214	0.060	0.567	0.001	0.010	0.002
2009	0.425	—	0.840	—	—	0.108	0.704	0.001	0.018	0.010
2010	0.528	—	0.742	0.112	0.168	0.064	0.671	0.011	0.033	0.012
2011	0.514	0.609	0.864	0.581	0.000	0.093	0.691	0.003	0.038	0.263
2012	0.695	—	0.714	0.000	—	0.068	0.816	0.000	0.059	—
2013	0.773	0.513	0.665	0.000	—	0.055	0.728	0.000	0.071	—
2014	0.790	0.004	0.897	0.755	—	0.039	0.563	0.000	0.079	—
2015	0.988	0.098	0.997	0.006	—	0.131	0.446	0.000	0.062	—

资料来源：根据联合国贸易数据库提供数据整理计算得出。

表3结果显示中巴之间大部分类目的商品贸易以产业间贸易为主。除了SITC0（食品和食用活动物）、SITC2（燃料以外的非食用粗原料）的个别年份和SITC6（按原料分类的制成品）表现为产业内贸易外，其他类目的商品均主要表现为产业间贸易，说明两国双边贸易整体上互补性比较强，主要是由于两国要素禀赋、发展阶段和水平的不同，使得各自具有不同于对方的比较优势，可预计这种不同在短时间内不易改变，两国贸易合作潜力仍然很大。

（2）布雷哈特边际产业内贸易指数（B－L指数）。

G－L指数是静态考察中巴两国的双边贸易状况，B－L指数则从动态保护予以测度。计算公式为：

$$BL_i = 1 - \frac{|\Delta X_i - \Delta M_i|}{|\Delta X_i| + |\Delta M_i|} \tag{4}$$

式（4）中：BL_i 为边际产业内贸易指数，ΔX_i、ΔM_i 分别为两个时期出口和进口的增量，BL_i 取值为 0～1。根据式（4）计算的中巴双边贸易的 B－L 指数如表4所示。

表4　　　　　　　　　　　　中巴边际产业内贸易指数

年份	SITC0	SITC1	SITC2	SITC3	SITC4	SITC5	SITC6	SITC7	SITC8	SITC9
2000~2001	0.262	—	0.197	—	—	0.642	0.029	0.208	0.000	
2001~2002	0.116	—	0.000	—	—	0.000	0.000	0.000	0.000	
2002~2003	0.000	—	0.000	0.628	—	0.434	0.000	0.000	0.000	
2003~2004	0.001	—	0.272	0.000	—	0.000	0.362	0.001	0.047	
2004~2005	0.080	—	0.100	0.000	—	0.847	0.766	0.000	0.000	0.000
2005~2006	0.000	—	0.760	0.000	—	0.000	0.564	0.005	0.0101	—
2006~2007	0.842	—	0.994	0.000	—	0.062	0.100	0	0.009	—
2007~2008	0.311	—	0.127	0.000	—	0.489	0.000	0.001	0.034	0.008
2008~2009	0.237	—	0.000	0.000	—	0.839	0.666	0.001	0.000	0.002
2009~2010	0.765	—	0.657	0.153	—	0.000	0.557	0.056	0.000	0.012
2010~2011	0.576	—	0.747	0.000	0.000	0.159	0.799	0.000	0.052	0.000
2011~2012	0.000	—	0.357	0.949	—	0.919	0.711	0.000	0.000	—
2012~2013	0.390	—	0.473	0.000	—	0.000	0.281	0.000	0.106	
2013~2014	0.895	0.000	0.000	0.000	—	0.000	0.000	0.000	0.109	
2014~2015	0.000	0.000	0.494	0.326	—	0.000	0.000	0.000	0.039	—

资料来源：根据联合国贸易数据库提供数据整理计算得出。

　　分析表4可知，两国B－L指数与G－L指数测算的结果基本一致，这再次印证了两国的双边贸易以产业间贸易为主，并且具有较强的互补性。

2. 显示性比较优势指数（RCA 指数）

　　RCA 指数用来衡量某地的产品或产业在国际市场的竞争力指标。计算公式为式（5）：

$$RAC = \frac{X_a^i}{X_a} \bigg/ \frac{X_w^i}{X_w} \qquad (5)$$

　　式（5）中：X_a^i、X_w^i 分别为 a 地区、世界范围内特定商品集合中所属第 i 类商品的出口额；X_a、X_w 分别为 a 地区、世界范围内特定商品集合的总出口额。如果 $RCA > 2.5$，表明该地区的该类商品出口具有极强的竞争力；如果 $2.5 \geqslant RCA \geqslant 1.25$，表明该地区该类商品出口具有较强的国际竞争力；如果 $1.25 \geqslant RCA \geqslant 0.8$，表明该地区该类商品出口具有中度的国际竞争力；如果 $RCA < 0.8$，则表明竞争

力弱。中国和巴基斯坦产品的 RCA 指数测算结果如表5和表6所示。

表5 中国的 RAC 指数

年份	SITC0	SITC1	SITC2	SITC3	SITC4	SITC5	SITC6	SITC7	SITC8	SITC9
2000	0.942	0.339	0.589	0.317	0.153	0.542	1.246	0.799	2.814	0.049
2001	0.849	0.3526	0.529	0.336	0.135	0.520	1.205	0.877	2.608	0.052
2002	0.796	0.319	0.461	0.289	0.079	0.457	1.183	0.965	2.482	0.048
2003	0.715	0.251	0.383	0.268	0.064	0.423	1.154	1.080	2.327	0.050
2004	0.604	0.240	0.315	0.238	0.060	0.418	1.206	1.153	2.225	0.043
2005	0.575	0.193	0.308	0.188	0.095	0.442	1.217	1.207	2.204	0.055
2006	0.547	0.162	0.243	0.132	0.104	0.447	1.281	1.253	2.220	0.063
2007	0.497	0.147	0.211	0.134	0.058	0.467	1.247	1.275	2.206	0.043
2008	0.436	0.144	0.225	0.135	0.075	0.532	1.335	1.369	2.256	0.026
2009	0.441	0.156	0.198	0.129	0.054	0.450	1.218	1.434	2.134	0.023
2010	0.459	0.157	0.182	0.118	0.047	0.501	1.218	1.440	2.172	0.018
2011	0.464	0.160	0.182	0.104	0.049	0.559	1.288	1.456	2.260	0.024
2012	0.443	0.163	0.173	0.092	0.048	0.524	1.319	1.436	2.378	0.013
2013	0.426	0.149	0.168	0.093	0.054	0.513	1.344	1.433	2.361	0.013
2014	0.411	0.154	0.181	0.099	0.056	0.535	1.377	1.347	2.256	0.020
2015	0.392	0.167	0.172	0.132	0.070	0.491	1.353	1.256	1.200	0.018

资料来源：根据联合国贸易数据库提供数据整理计算得出。

表6 巴基斯坦的 RAC 指数

年份	SITC0	SITC1	SITC2	SITC3	SITC4	SITC5	SITC6	SITC7	SITC8	SITC9
2000	1.924	0.074	1.067	0.143	0.823	0.177	3.824	0.025	2.428	0.039
2001	1.831	0.105	0.715	0.227	0.455	0.180	3.846	0.028	2.354	0.044
2002	1.835	0.085	0.613	0.215	0.451	0.200	3.824	0.028	2.387	0.007
2003	1.822	0.154	0.607	0.242	0.896	0.224	3.834	0.033	2.358	0.010
2004	1.726	0.184	0.763	0.264	1.024	0.205	3.532	0.098	2.491	0.007
2005	2.179	0.210	0.610	0.342	1.629	0.285	3.495	0.047	2.449	0.016
2006	2.253	0.249	0.547	0.358	1.603	0.250	3.445	0.051	2.570	0.017

续表

年份	SITC0	SITC1	SITC2	SITC3	SITC4	SITC5	SITC6	SITC7	SITC8	SITC9
2007	2.159	0.144	0.609	0.436	1.380	0.247	3.232	0.120	2.403	0.051
2008	3.184	0.126	0.758	0.369	1.488	0.325	3.069	0.082	2.431	0.004
2009	2.525	0.162	0.844	0.309	1.060	0.322	3.478	0.068	2.306	0.002
2010	2.794	0.195	0.814	0.390	0.755	0.336	3.312	0.077	2.308	0.001
2011	3.184	0.306	0.911	0.316	1.232	0.390	3.199	0.054	2.234	0.000
2012	2.745	0.241	1.278	0.081	1.512	0.356	3.407	0.047	2.553	0.220
2013	3.183	0.170	1.131	0.128	1.171	0.420	3.595	0.047	2.171	0.000
2014	2.950	0.132	1.043	0.176	0.912	0.402	3.502	0.052	2.148	0.001
2015	2.953	0.068	0.861	0.129	0.663	0.345	3.371	0.040	2.160	0.004

资料来源：根据联合国贸易数据库提供数据整理计算得出。

从表5、表6中两国的 RCA 指数可以看出，SITC0 巴基斯坦的 RCA 远远大于中国，巴基斯坦的 RCA 指数都大于1.7，而中国的 RCA 指数一直未能突破1，且呈现逐年下降的趋势，说明巴基斯坦在这类商品上具有明显的竞争优势。SITC1 中，两国的比较优势都不明显，在国际市场均不具竞争力。SITC2 中，两国的比较优势都比较弱，但是可以看出，巴基斯坦的 RCA 指数呈波浪式变化趋势，而中国的 RCA 呈逐年下降的趋势。SITC3 中，两国的比较优势都比较弱。SITC4 中，巴基斯坦具有比较优势。SITC5 中，两国的比较优势都不明显，但是巴基斯坦稍显逊色。SITC6 中，两国均具有明显的比较优势，巴基斯坦更具优势，历年 RCA 指数都在3以上。SITC7 中，中国具有明显的比较优势。SITC8 中，两国均具有较强的比较优势。SITC9 类中，两国的比较优势都比较弱。

中国产品整体表现出较强国际竞争力的产品包括 SITC8、SITC6 和 SITC7 三类产品，其中 SITC7 产品的竞争力近几年在逐渐上升。除此之外，其他类目的产品不具有明显的竞争力，尤其是 SITC4 和 SITC9 类目的产品的竞争力非常弱。中国在制造业类目的竞争力表现比较突出，这与中国作为制造业大国的地位是相符的。巴基斯坦产品整体表现出较强国际竞争力的产品包括 SITC0、SITC6 和 SITC8。具有中度竞争力的产品包括 SITC2 和 SITC4。除以上5种产品外，其他的5类产品竞争力较弱，尤其是 SITC7、SITC9，RCA 指数小于0.1。这表现出巴基斯坦出口产品较为单一，更多集中于原材料和农产品。

四、结论及启示

（一）结论

第一，总体上看，中巴双边贸易量快速增长，贸易联系紧密，但双边贸易中方顺差过大，且不断增长；双边贸易结构较为单一，中国对巴基斯坦出口商品以制成品为主，巴基斯坦对中国出口商品以原材料和农产品为主；双方贸易地位存在严重的不对称性，中国是巴基斯坦第二大贸易伙伴，但双边贸易占中国对外贸易地位微乎其微；双边贸易还受到贸易通道的制约，红其拉甫口岸是中国与巴基斯坦通商唯一口岸，通关基础设施仍需建设；喀喇昆仑公路是连接中国西部与巴基斯坦的公路，由于自然地理、地质等原因，沿途路面经常遭到破坏，影响通车。

第二，文章通过运用竞争性和互补性相关指数，测算得出中巴双边贸易竞争性比较弱，互补性不断增强，双边贸易特征以互补性为主导，尽管近些年，双边贸易发展势头良好，但是随着"一带一路"建设的全面推进，两国贸易合作的领域将持续扩大，未来双边贸易合作的空间和潜力依然较大。

（二）启示

第一，加快中巴经济走廊建设步伐，实现中巴双边贸易通道畅通。中巴经济走廊是"一带一路"的重要组成部分，被中方视为"一带一路"的旗舰项目[①]。旨在进一步加强中巴互联互通，促进两国共同发展。习近平主席提出中巴经济走廊是中巴实现共同发展的重要抓手[②]。具体可以从以下几个方面着手：首先，改善中巴通关基础设施环境，打造铁路、公路、航空、管道、光纤"五位一体"网络建设，为两国的贸易畅通提高交通运输条件。确保中巴 1300 公里的国际公路畅通，增加"喀什—伊斯兰堡"双向定期国际客货运输线班次，加快推进中国喀什到巴基斯坦瓜达尔港口铁路、油气管道建设，加快光缆网络建设，尽快开工建设中巴铁路。其次，依托《中巴经济走廊远景规划纲要》，尽快完成已定项目的

[①] 孟祥麟、朱玥颖："中巴经济走廊：打造'一带一路'样板工程"，http：//intl. ce. cn/sjjj/qy/201506/04/t20150604_5549732. shtml.

[②] 习近平在伊斯兰堡发表《构建中巴命运共同体开辟合作共赢新征程》的演讲。

详细规划，开展经济、技术、能源、金融、工业园、信息通信等领域的合作。最后，红其拉甫口岸是中国通往巴基斯坦唯一的陆路进出境通道，政府应继续加大通关保障单位的资源投入，加大口岸的信息化和智能化建设，提高通关效率。

第二，调整双边贸易结构，提升双边贸易合作地位。首先，调整优化双边贸易结构。中巴目前双边贸易中，我国长期保持贸易顺差，而且规模有拉大的趋势。长期来看，必然会引起贸易摩擦和纠纷，阻碍双边贸易的良性发展。而两国若要实现深层次、长久的贸易往来，我国还需要扩大对巴基斯坦农产品、矿物原料、珠宝类、地毯、手工艺品等商品的进口规模和比重。同时，调整对巴基斯坦出口商品的结构，增加机电、通信等高技术含量的产品的出口，逐渐提高出口商品的附加值，实现现存进出口结构的变化和贸易环境的优化。其次，不断提升双边贸易地位。目前，我国多数贸易伙伴国家的经济深受金融危机的影响，经济陷入衰退期，相应的贸易壁垒较多，产品竞争也日趋激烈。在此背景下，我国应该主动积极开拓新兴市场国家，巴基斯坦战略位置十分重要，又是我们的近邻，两国的经贸合作，有利于帮助我国与南亚、中东的经济交往。由于双边贸易潜力巨大，可开展多种形式的合作，包括传统的货物贸易以及金融、教育、知识产权等服务贸易。

第三，增加对巴基斯坦产业投资，实现投资和贸易互动发展。产业合作是中巴"1+4"经济合作布局的重要组成部分[①]。巴基斯坦工业发展水平低，基础相对薄弱，但是劳动力资源丰富，市场广阔，而我国具有资金优势和技术优势，因此，政府可以及时发布优惠政策，鼓励中国企业赴巴投资，尤其是巴基斯坦亟须发展的行业，包括纺织业、珠宝行业、矿产资源、基础设施、农业等行业。这既能带动我国产品的出口，又能带动巴方就业水平的提高、技术的进步和工业化的发展水平，有助于其扩大对我国的出口规模，实现两国贸易和投资的良性互动。

第四，构建中巴命运共同体，推动两国深层次合作。中巴两国作为近邻，同属发展中国家，有着共同的发展任务和目标。"一带一路"战略的全面实施，中巴经贸合作面临着更广阔的发展前景，未来两国之间的合作应更多地考虑如何将两国经济发展和战略对接起来，这集中体现在中巴经济走廊的建设上。对于中国能够更好地发展向西开放，提高开放型水平，更好地实施可持续发展；对于巴基斯坦能够解决能源短缺、改善通信联络、加强道路建设、提升制造业水平。两国同呼吸、共命运，扩大深层次合作，实现共赢发展。

第五，加强两国安全领域合作。安全问题是影响中巴双方贸易合作的关键因

[①]　中巴"1+4"合作布局：以走廊建设为中心，以瓜达尔港、能源、基础设施建设、产业合作为重点。

素。目前,两国边境上都面临着"三股势力"的威胁,两国安全利益休戚相关,双方有着共同的使命。打击"三股势力"需要依赖于双方的军事实力,需要双方政府加强反恐和安全能力建设,共同应对日益增多的非传统安全威胁,保障双方贸易往来、人员往来的安全,为两国经济合作和共同发展提供可靠的安全保障。

参考文献

[1] 吴永年. 论中巴开辟新"贸易—能源"走廊 [J]. 世界经济研究,2006 (11):83 – 86.

[2] 吕宏芬,俞涔. 中国与巴西双边贸易的竞争性与互补性研究 [J]. 国际贸易问题,2012 (2):56 – 64.

[3] 韩永辉,罗晓斐,邹建华. 中国与西亚地区贸易合作的竞争性和互补性研究——以"一带一路"战略为背景 [J]. 世界经济研究,2015 (3):89 – 98.

[4] 程云洁. "中巴经济走廊"背景下提升中巴贸易发展问题研究 [J]. 南亚研究季刊,2015 (2):94 – 101.

[5] 李慧玲,马海霞,陈军. "一带一路"战略下中印、中巴贸易增长因素研究——基于修正的 CMS 模型分析 [J]. 经济问题探索,2016 (3):127 – 135.

[6] 高志刚,张燕. 中巴经济走廊建设中双边贸易潜力及效率研究——基于随机前沿引力模型分析 [J]. 财经科学,2015 (11):101 – 110.

[7] 殷永林. 中巴商品贸易发展研究 [J]. 南亚研究季刊,2015 (1):55 – 59.

[8] 杜放,叶剑. 巴基斯坦对外贸易政策及发展中巴贸易 [J]. 特区经济,2004 (7):80 – 83.

[9] 林珊,何天扬. 中巴服务贸易合作前景探析 [J]. 亚太经济,2015 (4):57 – 62.

[10] 李轩. 自贸协议下中巴贸易存在的问题、原因及对策研究 [J]. 南亚研究季刊,2014 (1):85 – 90.

非传统安全视角下丝绸之路经济带
核心区建设研究

王治海

（新疆大学经济与管理学院）

摘　要： 非传统安全问题是困扰新疆丝绸之路经济带核心区建设的重大问题之一。本文在阐明非传统安全的基本含义基础上，分析了新疆当前主要面临的三类非传统安全因素的制约，即"三股势力"的渗透和破坏、改革发展滞后所导致的社会矛盾的积累和生态安全保障对可持续发展的约束。非传统安全视角下丝绸之路经济带核心区建设的难点问题主要包括：中亚地区复杂的国际局势不利于根除核心区的"三股势力"；区域利益结构的失衡问题；经济发展方式转型尚未完成；非传统安全存在一定程度的"闭锁效应"。针对这些难点问题，丝绸之路经济带核心区建设应对非传统安全的总体思路包括：进一步协调国际关系，促进非传统安全合作；优化区域利益结构，加快经济发展方式转变；加快城镇化建设，有重点地化解非传统安全威胁；加快社会转型，促进社会经济的良性互动；全面建设法治社会等。

关键词： 非传统安全；丝绸之路经济带核心区；三股势力；区域利益结构；经济发展方式

丝绸之路经济带核心区的建设成效如何，在很大程度上取决于新疆与国内其他省区和周边国家能否形成高效合理的区域分工体系。这在客观上要求核心区具备生产要素正常流动和经济秩序能够良好运行的基本前提条件以及经济发展战略得以贯彻落实的宽松环境。而近年来非传统安全因素对这些前提条件的破坏力已日益凸显。安全是发展的基础。从非传统安全的视角探讨丝绸之路经济带核心区建设的思路具有重大的理论和现实意义。

一、非传统安全的基本含义

尽管非传统安全的概念界定在学术界还存在一定的争议，但是在传统安全与非传统安全的主要区别方面已经形成共识，即传统安全是以军事安全为核心的安全概念，传统安全威胁主要表现为对国家主权和领土的军事威胁；而非传统安全则是指军事安全之外的安全议题，包括经济安全、金融安全、资源安全、水安全、粮食安全、生态环境安全、信息安全、传染疾病蔓延、跨国有组织犯罪、小武器走私、贩卖毒品、非法移民、海盗、洗钱等①。非传统安全往往具有跨国性、非政府性、相对性、突发性、可转化性、隐蔽性、广泛性和动态性等特点。

本文认为，在非军事安全为核心的非传统安全的领域，可以根据安全威胁的目的、手段和性质，大致将非传统安全因素分为三大类：第一类，国内外敌对势力发起的以危害国家领土和主权完整以及社会政治稳定为目的的各种非军事安全威胁因素，包括"三股势力"和其他一些敌对势力发起的各类威胁；第二类，国内外非敌对社会经济主体发起的不利于社会经济稳定发展的一般性冲突因素，包括经济发展落后所诱发的社会公平与公正等问题；第三类，由于人与自然关系的不和谐而引发的自然灾害等危害人们生存和发展基础的问题。这三类非传统安全因素都在不同程度上影响着生产要素的正常流动和经济秩序的良好运行。消除这三类因素的负面冲击有利于区域经济持续健康发展。

二、丝绸之路经济带核心区建设中的非传统安全因素

建设丝绸之路经济带核心区是新疆改革开放以来具有重大历史意义的难得的发展机遇。同时，新疆也面临诸多来自非传统安全方面因素的制约，主要包括"三股势力"对社会经济稳定发展的干扰、改革发展滞后所导致的社会矛盾的积累、生态安全保障对可持续发展的约束等。

（一）"三股势力"的渗透和破坏

根据"推—拉理论"，核心区的建设需要核心区的拉力和外围区域的推力共

---

① 刘学成. 非传统安全的基本特性及其应对［J］. 国际问题研究，2004（1）.

同作用。拉力和推力既包括经济方面的因素，也包括诸多社会的、政治的以及心理的非经济因素。毫无疑问，社会经济的稳定发展是核心区崛起的基础。非传统安全最大的威胁在于对人的安全威胁。以人为本是发展的要义。如果不能保障人的基本生存权利不受侵害，现代文明社会也就失去了存在的根基。丝绸之路经济带核心区建设同样也离不开人的安全保障这个基本前提。近些年，境内外"三股势力"（民族分裂势力、暴力恐怖势力和宗教极端势力）相互勾结，不断加紧对新疆地区的渗透和破坏，制造了一系列严重暴力恐怖案件，对各族群众生命财产安全造成巨大损失，企图制造社会恐慌和混乱以达到其不可告人的目的，严重危害了社会的和谐稳定。"三股势力"妄图以此搅乱新疆的社会经济稳定，破坏安定团结的大好局面。在社会不稳定的条件下，作为生产要素中最活跃的因素——人的因素，其积极性必然受到制约。生产要素正常的流动秩序被干扰必然导致经济发展放缓。"三股势力"对核心区建设的干扰，突出表现在对本地优秀人才的向外的推力和在客观上对外部优秀人才进入的障碍。当前，新疆南疆的个别地区存在着伊斯兰教信仰从传统的世俗化向保守主义逐渐转变的趋势，是与社会主义市场经济体制的建设背道而驰的，也是现代文明某种程度的倒退。

（二）改革发展滞后所导致的社会矛盾的积累

改革发展涉及内容十分广泛，其核心内容主要是公平公正。社会矛盾往往会因为改革发展滞后而积累，不公平、不公正的问题严重时就可能导致激烈的冲突。就当前的核心区建设而言，改革发展滞后突出地表现在两个具体问题：一是资源定价问题。长期以来，自然资源的定价主要由政府部门来掌控。越是资源丰富的地区，经济发展往往越落后。其主要原因就在于资源定价偏低，当地居民从资源开发中分享的利益较少，同时还存在对人力资本投资的"挤出效应"。新疆是一个自然资源较丰富的省区，同样也存在资源定价较低的问题，在某种程度上造成新疆与内地一些省区之间差距的拉大。这种状况持续下去容易引发当地居民的不满；二是区位优势未能很好地转化为现实经济优势的问题。现阶段，第二亚欧大陆桥对新疆本地经济发展的带动性不强。新疆的出口贸易额有大约70%是由内地货物过境产生的，新疆本地的货物出口仅占30%左右。新疆本地产业的竞争力不强，产业附加值水平较低。新疆交通基础设施对新疆经济发展的带动作用尚未充分体现出来。这种状况意味着新疆通道经济的特点仍未改变，新疆的区位优势向现实经济优势的转化很不充分。如果居民生活没有因为所在地丰富的资源和便利的交通条件而得到较大的改善，就可能产生社会不满，严重时可能会产生社会危机。民众对经济发展较高的期待值与现实经济发展落后之间的反差越大，社会危机就可能更严重。

（三）生态安全保障对可持续发展的约束

新疆绿洲经济的脆弱性，在客观上决定了生态安全保障是丝绸之路经济带核心区建设的必然要求。"有水则绿洲，无水则荒漠"是对新疆绿洲的现实写照。新疆各城市之间如串珠状连接，经济联系不紧密。而经济发展方式由粗放向集约的转变也尚未完成，已有部分城市的地下水源在加快工业化进程中受到了一定程度的污染。从可持续发展的角度看生态安全隐患客观存在。当前，新疆经济社会用水总量已达 617 亿立方米，大大超过了国家下达我区 2015 年 515 亿立方米和2030 年 526 亿立方米的用水总量控制目标；水资源开发利用率为 74%，远远超出国际上干旱、半干旱区域水资源利用率不宜超过 60% 的标准。[①] 全区水资源供求不平衡，结构性缺水。农业用水总量居高不下，超过总用水量的 95%。天山北坡一带缺水率超过 10%，南疆水资源开发已经接近承载能力。

在《丝绸之路经济带核心区建设的实施意见》中已经明确了"三通道"的建设方案。以北通道、中通道和南通道为基础将分别形成北、中、南三条产业带。其中，北产业带资源条件较好，生态承载力较强；中产业带基础设施条件较好，生态承载力已接近临界值；南产业带经济发展落后，基础设施条件较差，生态承载能力较低。生态承载能力与核心区通道建设之间的冲突，集中体现在南产业带建设中。如何在生态安全保障前提下做到可持续发展，对核心区建设而言是一场严峻的挑战。恩格斯曾说过：我们不要过分陶醉于我们对自然界的胜利。对于每一次这样的胜利，自然界都报复了我们。

三、非传统安全视角下丝绸之路经济带核心区建设的难点问题

近年来，国际社会经济发展呈现出动荡趋势，暴恐事件、公共卫生事件、信息安全和生态安全等问题逐年增多，非传统安全威胁日渐凸显。为了应对这些问题，我国加大了改革开放的力度，拓宽了国际合作的范围，取得了一些积极的成效。但是，要从根本上解决非传统安全威胁问题，迫切需要解决国际国内一些深层次矛盾问题。这些深层次矛盾问题是非传统安全威胁长期存在的根本原因。

---

① 刘毅. 新疆水问之治水之路. 新疆经济报，2014 - 03 - 21.

（一）中亚地区复杂的国际局势不利于根除核心区的"三股势力"

树欲静而风不止。新疆"三股势力"的长期存在与周边伊斯兰国家有着密切的关系。中亚一些国家从苏联分离出来获得独立后，沙特阿拉伯等石油富国积极援助修建清真寺，中亚地区宗教力量迅速壮大。由于紧邻阿富汗、伊朗与阿拉伯国家，在宗教复兴过程中，也受到极端宗教势力的积极渗透，遭到宗教极端势力的严重侵扰。特别是周边一些国家（例如阿富汗）成为国际恐怖主义、极端宗教势力的策源地和中转站，极大地影响中亚国家的政治稳定与国家安全。[①] 美国在阿富汗战争以来，为了构建以美国为中心的安全体系，积极拉拢中亚，给予中亚大量经济军事援助，并提出"新丝绸之路"计划，其在中亚地区的影响持续增强；俄罗斯以集体安全条约为依托，构筑安全战略空间，并提出欧亚联盟；土耳其则提出突厥语国家经济联盟，泛突厥主义对这一地区的社会稳定影响很大。

与此相关的是，中亚这些国家的经济结构较为单一，初级产品所占的比重较大，经济技术水平较为落后，民生方面长期得不到改善，社会不满情绪不断增长，政局不稳定因素增加。国际社会多重势力角逐的长期存在，也决定了新疆在解决境内三股势力问题方面需要长期努力。丝绸之路经济带核心区的建设，离开了社会稳定这个大前提就会成为无本之木，无源之水。

（二）区域利益结构的失衡问题

从理论上讲，在相互开放的区域之间按照比较优势原则分工，有助于改善要素禀赋结构，并在最大程度上增进全社会生产要素所有者的利益，动态地实现产业升级和区域之间利益均衡。而新疆的对外开放水平还相对较低，与周边国家和国内区域尚未形成合理的分工结构，区域利益结构在整体上处于失衡状态。

一方面，新疆的自然资源的定价尚未完成市场化改革，看似遵循比较优势原理发展了资源型经济却实际上未充分获得相应的经济利益，也无法分享资源出疆后延伸加工链条产生的利益，从而未能摆脱经济落后的局面，放慢了资本积累。新疆基础设施投资存在较大缺口。新疆要根据比较优势的动态变化，适时将资源型经济转变成为加工贸易型经济，基础设施条件的改善是必要条件。交通、教育和生态等方面的投资不能满足产业升级的需要，构成加快发展的瓶颈环节。

---

① 胡鞍钢，马伟，鄢一龙. "丝绸之路经济带"：战略内涵、定位和实现路径 [J]. 新疆师范大学学报（哲学社会科学版），2014（2）.

另一方面，新疆目前处于二元经济结构关系中的外围地位，与丝绸之路经济带核心区的地位是不相称的。既要面对国际范围内产业分工调整的挑战，同时也要面对国内其他省区的产业竞争，在目前的经济体制和落后的科技水平条件下，新疆外围地位的改变难度很大。从这个意义上讲，新疆与内地省区之间的区域利益失衡将长期存在。而社会公平性问题也可能会有一个长期的积累过程。从根本上化解社会公平性所导致的社会矛盾，取决于经济体制改革的不断深化。

（三）经济发展方式转型尚未完成

第三类非传统安全问题，从表象上看是人与自然的关系问题。实际上，经济发展方式转型尚未完成是问题产生的根本原因。整体而言，新疆目前处于工业化的中期阶段。而经济发展方式依然是粗放型，投资效率低下，经济的高速增长与能源的高消耗并存，高排放和高污染状况依然严重。新疆正处于经济高速发展的时期，环境污染总量仍会在一定时期有所增加，经济发展与环境质量的良性循环尚需时日。这个良性循环的实现，不能仅仅依靠经济总量的扩张，而应根据生态承载能力进行及时的调整，加快经济发展方式的转型，在尽可能小的生态代价下获得尽可能大的经济效益。由于地方保护主义依然是阻碍经济发展方式转型的重要体制因素，过分追求 GDP 的现象依然存在，政府与市场的关系被扭曲、生态环境恶化的状态还将持续一段时间。

（四）非传统安全存在一定程度的"闭锁效应"

我们必须清醒地认识到，社会问题和经济问题往往纠结在一起，是很难分开的。发展经济学家纳克斯曾在其贫困恶性循环理论中从供给和需求两方面描述了经济发展的困境：从供给方面看，人均收入水平过低导致储蓄水平低，进而导致资本形成不足；资本形成不足，生产规模难以扩大，生产率难以提高，而低生产率又引起低经济增长率，形成新一轮低收入；从需求方面看，人均收入低，意味着低消费和低购买力，引起投资引诱不足，进而导致资本形成不足，生产规模狭小、生产率难以提高，又导致低产出和低收入水平。显然，贫困由于制约了投资和资本的形成从而导致贫困状态被锁定。而非传统安全问题的存在同样也会导致投资不足，资本匮乏，进而锁定贫困状态，导致非传统安全问题持续存在。当前，社会因素阻碍经济发展的问题尤为突出，丝绸之路经济带核心区建设亟须理顺社会发展与经济发展的关系。

四、非传统安全视角下丝绸之路经济带核心区建设思路

丝绸之路经济带核心区建设面对的非传统安全问题，实质上是在改革与发展中存在的问题。解决这类问题，从根本上讲还是要以改革与发展的思路寻求应对之策。党的十八届三中全会已经明确提出全面深化改革的总目标，要求推进国家治理体系和治理能力现代化，更加注重改革的系统性、整体性、协同性，加快发展社会主义市场经济、民主政治、先进文化、和谐社会、生态文明，让一切创造社会财富的源泉充分涌流，让发展成果更多更公平惠及全体人民。丝绸之路经济带核心区的建设，同样也要全面深化改革，理顺一切不利于经济社会发展的利益关系，实现经济发展与社会发展的良性互动。改革的核心就是要打造多元化的利益共同体，让新疆各族人民能够安居乐业，分享更多的发展成果。非传统安全威胁也将在改革中逐步减弱并最终得以消除。

（一）进一步协调国际关系，促进非传统安全合作

丝绸之路经济带的建设目标是"政策沟通、道路联通、贸易畅通、货币流通和民心相通"。其中，道路联通是基础，贸易畅通是本质内容。新疆在丝绸之路经济带核心区的过程中，这些目标的实现都与非传统安全问题相关，需要中央政府与相关国家的广泛合作。事实上，丝绸之路经济带的构想本身也有各国共同发展经济和稳定社会的考量。由于国际范围多重势力对中亚地区的角逐，我们有必要进一步协调国际关系，避免在安全问题上出现"囚徒困境"的情形。丝绸之路经济带是一幅多国共建的美好蓝图，需要努力协调各国之间非传统安全领域存在的意见分歧，最终向着经济一体化的方向演进。我国与中亚的一些国家在上合组织框架内已有一些成功的合作，丝路基金已经设立，今后将尽可能在不触动相关国家已有制度安排的条件下进一步实现各项制度的优化整合，朝着互惠互利的方向前进。

（二）优化区域利益结构，加快经济发展方式转变

目前，新疆经济发展水平与丝绸之路核心区的地位是不相称的，必须优化区域利益结构，加快经济发展方式的转变，实现跨越式发展。基于非传统安全的考虑，丝绸之路经济带核心区建设中应重点在以下三个方面加快改革。

1. 改革自然资源定价机制和利益分享机制

有效发挥新疆的比较优势，进一步完善竞争性的市场体系，是提升政府干预效率的重要基础。近年来，资源型产品的定价体制改革正在加快进行，新疆依托通过资源型经济发展有望获得更多的资本积累，加快向加工贸易型经济转型。石油天然气等领域的价格改革将成为近期改革的重点。建议逐步放开石油天然气价格，缩小国内外价格差异，尽可能将其加工链条延伸置于新疆境内，建立资源加工的下游对上游的利益补偿机制。

2. 协调区内外产业的投资，形成多元化的利益共同体

丝绸之路经济带核心区的产业投资，目前存在来自两方面竞争：一是来自丝绸之路经济带沿线省区的竞争。例如，新能源和煤化工产业。沿线省区在战略定位的提法上虽有差异，但产业规划方面却有着某种程度的相似或重复；二是来自国外的竞争。由于现阶段新疆与中亚国家的比较优势有相似性，因而有必要由中央政府出面与中亚国家磋商产业协调机制，形成协议性分工，促进各方利益的共同增进。为此，新疆应结合产业援疆的优势，瞄准未来可能具有比较优势的产业，如装备制造业等，形成差异化区域分工，逐渐平衡利益结构。新疆完全可以通过"请进来"和"走出去"相结合的办法，借助经济利益的密切相连促进非传统安全领域的共同应对，也进一步深化区域之间的经济交往。新疆还可以通过申请设立"中国—中亚自由贸易园区"的办法在市场的竞合中逐步形成新疆与中亚国家新的经贸关系，把本地产业做大做强。

3. 在基础设施建设方面统筹兼顾非传统安全的因素

通常，基础设施投资具有投资规模大、回收期较长、风险较大等特点。因而，非传统安全因素对其实施破坏所造成的损失也必然是较大的。在基础设施建设方面统筹兼顾非传统安全的因素，提高对突发事件的应对能力，尤其是在一些带动作用强的重要节点，如一些大中城市和喀什、霍尔果斯经济开发区。目前，生态安全标准尚未明确纳入丝绸之路经济带核心区建设要求之中。在基础设施建设中务必要按照生态功能区的严格划分认真落到实处；信息安全设施建设在当代互联网快速发展的时代已是应有内容，需要严格加强监管；在应对"三股势力"方面也同样要有一定的基础设施投入。在新疆，安全保障体系的全面构建是经济发展的首要前提。

（三）加快城镇化建设，有重点地化解非传统安全威胁

丝绸之路经济带核心区的建设，是生产要素投入规模的不断加大过程，这在一定程度上意味着在相同的安全投入条件下，非传统安全因素干扰所造成的损失也会加大。当前，非传统安全涉及的范围空前扩大，客观上加剧了安全需求的扩张和资源投入有限性之间的冲突，因而有必要突出重点，在核心区的重要节点上加大安全方面的投入力度，加强安全秩序的维护。从经济学意义上看，非传统安全方面的服务属于公共物品。由于公共物品的非竞争性和非排他性，在保障投入质量前提下，经济总量越大越能体现产出的效益。而城镇是经济活动的集中区域。为此，加强城镇化建设是有重点地化解非传统安全威胁的必然选择。

目前，新疆的城镇化水平整体上滞后于工业化水平。2012年，天山北坡城镇群的城镇人口占总人口的比重达到87%，非农经济比例高达93%。而南疆三地州的城镇发展水平相对较低，城镇化率不足30%，非农经济比例仅为68%。由于新疆绿洲被沙漠所阻隔，无法形成相对连续的人类活动空间，导致绿洲中心城市的规模普遍较小，多为20万~50万人口的小城市，职能类型"小而全"，吸引辐射腹地常局限在同一片绿洲上。50万~100万人口的中等城市不多，导致城市之间整体上经济联系较弱，规模效益未能很好地发挥。通过加快城镇化建设，有助于更多的人群能够分享非传统安全领域的公共服务。

（四）加快社会转型，促进社会经济的良性互动

新疆的社会结构处于由传统社会向现代社会转型的重要时期，社会结构处于剧烈的分化时期。积极推动社会转型以推动经济转型是新疆长治久安的根本出路。事实上，单纯的投资驱动如果不能有效地与当地社会融合，就难以消除非传统安全因素的影响。当前有必要以社会转型推动经济转型，实现社会经济的良性互动。具体包括以下三个主要方面：

1. 大力发展教育事业，尤其是南疆地区

进一步巩固内地初中班和高中班的持续招收，少数民族骨干培训计划等一系列的做法，有利于现代文明渗透到传统的封闭的社会之中，并以少数精英的示范效应改变一些传统的落后的观念和做法。科学越昌明的地方，愚昧落后的观念就抛得越远。教育事业既有利于劳动力素质的提升，又有利于社会进步。教育事业越发展，三股势力的基础就会越薄弱。在学校周围，必须排除宗教讲经点和礼拜

寺对现代教育的干扰。

2. 大力加强基层组织建设，关注社会民生

万名干部下乡驻村，帮助居民解决一些实际问题，传播现代文明，增强基层群众对党的路线方针和政策的理解、信任和支持，有助于转变民众的观念。尤其是帮助一些困难人群通过自身的努力和他人的帮助脱贫致富，有助于摆脱宗教神灵救赎的精神束缚。

3. 积极推动宗教改革，使伊斯兰文明与现代文明相适应

西方学者马克斯·韦伯在《新教伦理与资本主义精神》一书中主要考察了16世纪宗教改革以后基督教新教的宗教伦理与现代资本主义的亲和关系。他认为，是新教伦理造就了勤勉刻苦、创造财富的资本主义精神。宗教文明的存在，在一定时期会有其积极推动社会发展的作用，但是如果故步自封，不能与时俱进地适应社会进步要求，就会阻碍社会发展，并最终被淘汰。当前，南疆伊斯兰教的保守主义思潮有抬头之势，极端思想有一定程度的蔓延。能否在世俗化导向方面取得主动权，由社会进步团体积极推动以促成伊斯兰教与社会主义核心价值观相适应，需要民族宗教方面的专家去深入研究。

（五）全面建设法治社会

我国正处于法治建设的关键时期，需要牢固树立起任何人任何民族在法律面前一律平等的基本观念。权利观念、民族观念、宗教观念都不可以凌驾于法律之上。法是人类文明的结晶。尊重法的精神是现代文明的基本要求。法治社会就是要始终坚持严格执法公正司法，形成人民安居乐业、社会公平正义的大好局面。全面建设法治社会，要将社会安全、生态安全和人的安全需要全面纳入安全保障体系的建设。非传统安全问题的解决需要综合各方面的力量协调解决。

参考文献

[1] 刘学成. 非传统安全的基本特性及其应对 [J]. 国际问题研究，2004（1）：32-35.

[2] 刘毅. 新疆水问之治水之路 [N]. 新疆经济报，2014-3-21.

[3] 胡鞍钢、马伟、鄢一龙. "丝绸之路经济带"：战略内涵、定位和实现路径 [J]. 新疆师范大学学报（哲学社会科学版），2014（2）：1-10.

[4] 新疆统计局. 新疆统计年鉴 [J]. 北京：中国统计出版社，2012-2015.

丝绸之路经济带背景下新疆外向型经济区域均衡发展研究

程云洁

（新疆财经大学国际经贸学院）

摘　要： 新疆最近几年外贸发展很快，作为丝绸之路经济带核心区，新疆外向型经济发展水平将更上一层，但就目前总体看来全区各地州发展很不均衡。通过构建相关评价指标体系，运用主成分分析法对新疆外向型经济发展的区域差异进行分析，结果表明，新疆外向型经济发展水平在各地、州、市之间的区域差异较大：外向型经济发展水平较高的为新疆的中部及西部地区，而东部的吐鲁番地区及南部除喀什地区外外向型经济发展水平滞后，东部及北部地区发展平平。最后提出在"丝绸之路经济带"背景下发展新疆外向型经济并缩小区域差异的对策。

关键词： 新疆；外向型经济；均衡发展

2015 年国家有关部门下发的文件《推动共建丝绸之路经济带和 21 世纪海上丝绸之路的愿景与行动》（以下简称《愿景与行动》），意味着我国将从传统的发展模式转向合作层次更高、开放力度更强的开放式经济发展模式。《愿景与行动》中将新疆划为丝绸之路经济带核心区重点发展，不仅是因为新疆在"丝绸之路经济带"中的地理位置优越，更是因为发展新疆的外向型经济是我国缩小东西差距、均衡东部海路和西部陆路的重要一环。"十三五"规划纲要中也提到，要进一步促进我国从外贸大国向外贸强国的转变，进一步发展外向型经济，新疆应当抓紧丝绸之路经济带核心区建设这一发展机遇，积极利用自身优势，进一步扩大进出口贸易、吸引外资，着力发展面向中亚、甚至全球的外向型经济。因此本文以丝绸之路经济带为背景，通过实证分析新疆外向型经济的区域差异，并提出新疆各区域均衡发展的对策，对新疆发展外向型具有重要的现实意义。

对于外向型经济的内涵国内学者的观点各有不同，路林书（1988）认为外向型经济的核心是对外贸易和利用外资，外向型经济是以引导和带动国民经济发展的对外贸易活动。王青（2010）则认为外向型经济是以对外贸易、利用外资和对外经济合作三方面为核心，以国际市场需求为导向开展国家或地区的对外活动来促进发展。邱伟茜（2013）则在一般指标基础上构建了包括产业集聚在内的较全面的指标体系。

对于新疆外向型经济发展的研究文献较少，有关其外向型经济发展的区域差异及均衡的研究尤甚。王宏丽（2011）认为新疆对外开放程度及效果的研究是通过单指标衡量及多指标体系的建立与评价进行的，并通过对比新疆与全国各省的外向型发展水平得出新疆仍需要加强外向型经济发展能力和拓展外向型经济发展空间的结论。陈学刚、李勇、孙浩捷（2012）从外向型主导产业角度结合实证得出新疆应在新型工业化背景下开展的七大外向型主导产业。李豫新、王改丽（2015）以新疆地区为例，从外向型经济基础、外向型经济规模、外向型经济程度和资源环境支持四个方面构建了外向型经济评价综合指标体系，并得出新疆外向型经济发展水平呈现上升趋势、发展效率较低等结论。

综合各学者的研究成果，本文将外向型经济定义为一国或地区推动该国或地区的经济发展和增长，以国际市场需求为导向，以扩大出口增加创汇为核心，根据比较利益原则，参与国际分工和竞争建立的经济结构、经济运行机制和经济运行体系，外向经济的核心即为对外贸易与利用外资。结合新疆地区发展情况，将主要从外向型经济发展规模和发展活力两大方面衡量，并进一步细分成各小类指标构建相应的综合评价体系。

一、新疆外向型经济发展区域差异分析

（一）新疆各地州进出口总规模分析

随着全球经济一体化的不断加深，新疆对外贸易发展能力也在不断增强。我国实施西部大开发战略以来，新疆外贸总规模发展很快，从 2001 年不足 20 亿美元发展到 2014 年逼近 300 亿美元，除 2009 年后受金融危机影响总体贸易规模下降严重外，其余年份都稳步增长，然而新疆内部各地、州、市外贸规模却有明显差异（见图 1）。显然 2009～2013 年新疆区域内部的进出口贸易总额差异较大，乌鲁木齐的进出口总额最多，五年累计达到 36.893 亿美元，而最少的和田地区仅有 3220 万美元。此外，伊犁州直属、昌吉回族自治州五年累计的进出口总额也超过 10 亿美元；石河子市、塔城地区、阿勒泰地区、博尔塔拉蒙古自治州及喀什地区的进出口规模处于中低档水平；克拉玛依市、吐鲁番地区、哈密地区、巴音郭楞蒙古族自治州、阿克苏地区、克孜勒苏柯尔克孜自治州及和田地区的进出口总额都处于较低水平。

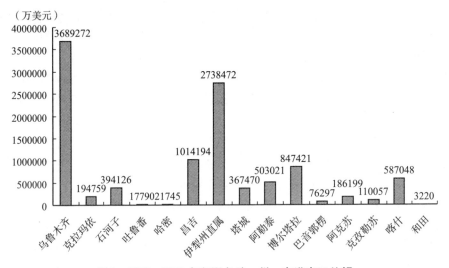

图 1　2009~2013 年新疆各地、州、市进出口总额

资料来源：根据《新疆统计年鉴》汇总整理。

虽然新疆外贸持续发展，但新疆内部区域进出口情况差异很大，外贸对于 GDP 的拉动作用并不显著。作为"丝绸之路经济带"核心区，新疆会进一步加大对外开放程度，与沿线国家的经贸往来也会增多，外贸扮演的角色也愈将重要，进一步缩小区域外贸差异、大力发展外向型经济是必要之举。

（二）新疆各地州市实际利用外资水平

新疆地处中国边陲，总体发展水平较低，实际利用外资起步滞后，初期发展速度较慢。西部大开发以来，新疆积极主动与周围国家加强合作，外商投资水平整体提高，投资方式日趋多样，投资环境逐渐优化，实际利用外资能力也在增强。

新疆实际利用外资总额从 2001 年的 2035 万美元，已经增长至 2014 年的 41720 万美元。而在新疆区域内部利用外资的地区主要为乌鲁木齐市、石河子市、昌吉回族自治州等地区，其中乌鲁木齐市是新疆首府，2009～2013年均利用外资总额达13224.6万美元，是利用外资水平最高的地区，而喀什、和田等地区利用外资水平非常低，部分地州市每年利用外资甚至不到100万美元，与乌鲁木齐市相差甚远。2009～2013年各地、州、市平均利用外资水平差异很大（见表1），利用外资最好的乌鲁木齐市是最差的和田地区的293.88倍，是克拉玛依市的7.997倍，实际利用外资水平基本与经济发展水平相吻合。

表1　　　　2009～2013年新疆各地、州、市平均利用外资水平及排名　　　单位：万美元

新疆各地、州、市	平均利用外资水平	排名
乌鲁木齐	13224.6	1
石河子	5418.6	2
昌吉	3537	3
伊犁州直属	2639	4
巴音郭楞	2563	5
阿克苏	2304	6
哈密	1746.8	7
克拉玛依	1653.7	8
阿勒泰	1490.4	9
克孜勒苏	444.5	10
塔城	391.3	11
喀什	383	12
吐鲁番	234	13
博尔塔拉	231	14
和田	45	15

资料来源：根据《新疆统计年鉴》（部分年份数据缺失，平均时剔除相应缺失年份）整理。

利用外资不仅可以解决新疆区域内的资金问题，而且可以在利用外资过程中引进资金、技术、关键设备和营销网络，有效促进新疆经济结构的优化。而且新疆经济较为落后的地区更应集中精力吸引和利用外资，通过利用外资引进先进技术与管理经验，加快提升本地的经济发展水平，缩小与其他区域之间的发展差异。

（三）新疆各地州市旅游创汇

　　新疆聚集了47个民族，并且拥有丰富的旅游资源，其山脉与盆地相间排列的特殊地理环境构造了极高极低的奇特地形、最冷最热的独特气候，其形成的特色景观让境外游客心驰神往。新疆最初的旅游创汇能力不足，2003年仅为0.49亿美元，而经过十多年的发展，新疆旅游创汇收入在2013年已达5.85亿美元。在新疆内部，各区域的旅游创汇能力有所不同（见表2），乌鲁木齐市、伊犁州直属的创汇能力最强，石河子的创汇能力最差，经济发展水平较为滞后的喀什地区创汇能力相对较好，2009～2013年乌鲁木齐的平均旅游创汇收入是石河子的628.07倍，约是喀什地区的6.53倍。相对而言，乌鲁木齐市的旅游资源并不是最为丰富的地区，但由于区位优势及良好的宣传效应，每年有大批旅客入境观光，而诸如喀什、吐鲁番地区的旅游资源丰富、特色鲜明，但是却由于区域宣传、区位不具备优势等原因削弱了创汇能力。新疆各地区应充分利用旅游资源优势，加强区域内的旅游资源宣传，加强旅游创汇能力以带动地区经济发展，缩小区域间外向型经济发展差异水平。

表2　　　　　　2009～2013年新疆各地、州、市平均旅游创汇收入及排名　　单位：万美元

新疆各地、州、市	平均创汇	排名
乌鲁木齐	16957.8	1
伊犁州直属	13226.6	2
吐鲁番	2750.6	3
喀什	2596.2	4
阿勒泰	1547.8	5
克孜勒苏	926.6	6
哈密	922.6	7
巴音郭楞	699	8
博尔塔拉	645	9
和田	626.8	10
塔城	572.6	11
阿克苏	298	12
昌吉	240.8	13

新疆各地、州、市	平均创汇	排名
克拉玛依市	79.6	14
石河子市	27	15

资料来源:《新疆统计年鉴》。

二、新疆外向型经济发展水平区域差异的实证分析

(一)构建评价指标体系

新疆是中国面积最大的行政省区,约占国土总面积的1/6,其各个区域发展水平非常不均衡,因此对于新疆各区域外向型发展水平的衡量显得很有必要。对于外向型经济的研究方面各学者有众多研究成果,但在衡量指标方面各学者也没有得出统一标准,不过对于指标的衡量侧重点都一致,即强调对外贸易在发展外向型经济的重要作用,因此选取指标过程中大多侧重于地区的对外合作交流、进出口贸易等。故而,在满足系统、全面、准确的基础之上,为了更好地衡量新疆各不同区域各自的发展情况,本文针对外向型经济的内涵主要从外向型经济规模及程度等方面构建了指标体系,涵盖了进出口概况、实际利用外资概况及旅游创汇,具体指标评价体系如表3所示。

表3   **新疆外向型经济发展水平区域差异评价体系表**

一级指标	二级指标	三级指标
新疆外向型经济发展水平	发展规模指标(总量与人均)	B1:货物进出口总额(万美元)
		B2:实际利用外资总额(万美元)
		B3:旅游创汇(万美元)
		B4:人均外贸额(美元)
		B5:人均实际利用外资额(美元)
	发展活力指标	B6:出口贸易依存度(%)
		B7:外资依存度(%)
		B8:旅游开放度(%)
		B9:商品出口增长率(%)

（二）评价方法数据来源

以上构建的综合评价指标体系是由多指标构成，为避免打分的随意性和权重赋予的不确定性，采用 SPSS2.0 软件进行因子分析，通过计算各因子的特征值、方差贡献率和累计方差贡献率，提取影响的主因子，并求其得分，进而评价新疆不同地区的区域差异情况。新疆各地市外向型经济指标数据如表 5、表 6 所示，为比较各指标之间的差异性并不改变其相关性，对所得样本指标进行无量纲化处理。此外，在对 2009 年及 2013 年新疆各地州数据进行分析前进行 Bartlett 球形检验和 KMO 检验以验证因子分析的适用性（见表 4），各项均符合因子分析使用条件。因此可采用因子分析法对新疆外向型经济发展水平进行评价。

表 4　　　　2009 年、2013 年新疆各地州数据 KMO 和 Bartlett 检验结果表

检验项目	2009 年	2013 年
取样足够度的 Kaiser – Meyer – Olkin 度量	0.756	0.628
Bartlett 的球形检验近似卡方	465.741	436.736
Df	36	36
Sig.	0.000	0.000

为显示新疆地区的外向型经济发展变化情况，选取了新疆 2009 年及 2013 年的数据以作对比，各指标的数据部分来自《新疆统计年鉴（2010）》《新疆统计年鉴（2014）》以及 2009 年、2013 年新疆社会经济发展统计公报，部分指标经计算而得，如：出口贸易依存度 = 出口总额/GDP；利用外资依存度 = 实际利用外资总额/GDP；旅游开放度 = 旅游创汇/GDP。

（三）分析结果

运用 SPSS 20.0 软件对表 5 与表 6 中数据进行处理，根据累计贡献率大于 80% 和特征值大于 1 的原则，两年均应当提取两个主成分，即在 9 项指标中提取两个主要因素可以对新疆外向型经济发展水平做出较为客观合理的评价（见表 7）。

表5　2009年新疆各地、州、市外向型经济指标数据

地、市、州	B1（万美元）	B2（万美元）	B3（万美元）	B4（万美元）	B5（万美元）	B6（%）	B7（%）	B8（%）	B9（%）
乌鲁木齐	368300	14019	8915	1527.0	58.124	4.8204	0.2276	0.1447	-38.20
克拉玛依	18121	—	21	656.55	—	0.1710	—	0.0003	46.699
石河子	22943	1497	11	361.19	23.567	0.2726	0.0243	0.0001	-51.81
吐鲁番	1072	57	1003	17.442	0.9274	0.0148	0.0009	0.0162	50.411
哈密	6190	459	421	109.01	8.0838	0.0780	0.0074	0.0068	-3.821
昌吉	226651	2934	3	1611.4	20.860	3.1292	0.0476	0.0000	-44.42
伊犁州直属	370729	1992	1026	1341.7	7.2095	4.3813	0.0323	0.0166	-52.52
塔城	83722	112	103	818.71	1.0952	1.3352	0.0018	0.0016	-17.42
阿勒泰	46698	39	131	709.91	0.5928	0.7492	0.0006	0.0021	72.092
博尔塔拉	109687	231	36	2293.2	4.8296	0.6485	0.0037	0.0005	-48.17
巴音郭楞	12017	—	163	92.917	—	0.1406	—	0.0026	-80.63
阿克苏	13980	—	43	60.650	—	0.2197	—	0.0006	68.593
克孜勒苏	14986	230	327	282.65	4.3380	0.1911	0.0037	0.0053	-57.97
喀什	87605	—	11154	226.20	—	1.4206	—	0.0187	-55.62
和田	70	—	306	0.3579	—	0.0008	—	0.00496	-99.03

资料来源：《2010年新疆统计年鉴》（部分数据缺失）；《2009年新疆社会经济发展统计公报》。

表6　2013 年新疆各地、州、市外向型经济指标数据

地、市、州	B1（万美元）	B2（万美元）	B3（万美元）	B4（万美元）	B5（万美元）	B6（%）	B7（%）	B8（%）	B9（%）
乌鲁木齐	779766	17792	21013	2965.6	67.668	4.5259	0.1258	0.1486	-20.64
克拉玛依	77846	1741	163	2665.9	59.623	0.1509	0.0123	0.0011	50.897
石河子	149700	11635	5	2404.4	4.8389	1.0326	0.0822	0.0000	100.58
吐鲁番	9272	345	1452	144.22	5.3663	0.0589	0.0024	0.0102	267.03
哈密	8159	1648	1084	134.10	27.087	0.0189	0.0116	0.0076	59.536
昌吉	157655	4477	478	1122.0	3.9898	1.0307	0.0316	0.0033	-26.85
伊犁州直属	750372	1813	23950	2513.55	6.0730	4.0231	0.0128	0.1693	51.335
塔城	119832	387	943	1130.5	3.6512	0.8206	0.0027	0.0066	195.05
阿勒泰	110890	1416	3600	1653.8	0.8561	0.7627	0.0100	0.0254	19.006
博尔塔拉	269842	—	924	5502.4	—	1.1055	—	0.0065	16.128
巴音郭楞	19023	3160	1125	135.47	22.504	0.1139	0.0223	0.0080	20.625
阿克苏	58448	3404	339	237.82	14.313	0.4044	0.0240	0.0023	6.7403
克孜勒苏	43180	—	1082	749.39	—	0.2855	—	0.0077	77.658
喀什	200939	284	2021	475.23	0.6716	1.4086	0.0020	0.0142	85.520
和田	1265	—	323	5.8714	—	0.0074	—	0.0022	51.884

资料来源：《2014 年新疆统计年鉴》（部分数据缺失）；《2013 年新疆社会经济发展统计公报》。

表 7   2009 年、2013 年指标旋转成分矩阵表

旋转成分矩阵指标	2009 年		2013 年	
	成分 1	成分 2	成分 1	成分 2
Zscore（B1）	0.560	0.771	0.950	0.292
Zscore（B2）	0.955	0.277	0.302	0.892
Zscore（B3）	0.973	0.119	0.951	0.201
Zscore（B4）	0.207	0.826	0.464	0.227
Zscore（B5）	0.883	0.287	0.141	0.754
Zscore（B6）	0.601	0.714	0.932	0.320
Zscore（B7）	0.955	0.277	0.302	0.892
Zscore（B8）	0.973	0.119	0.951	0.201
Zscore（B9）	0.170	0.518	− 0.160	− 0.499

对比以上 2009 年及 2013 年的主成分分析结果可知，2009 年实际利用外资总额、旅游创汇、人均实际利用外资额、外资依存度和旅游开放度在第一主成分上有较高载荷，即第一主成分主要反映了这方面的信息，其余指标则集中反映在第二主成分之中。而在 2013 年的分析结果之中，进出口外贸总额、旅游创汇、人均外贸额、出口贸易依存度、旅游开放度在第一主成分上具有较高载荷，而实际利用外资总额、人均利用外资额、外资依存度和商品出口增长率则主要在第二主成分上具有较高载荷。

对比两年的主成分涵盖的内容可知，货物进出口与实际利用外资的划分有了明显变化，这主要是由于 2009 年金融危机对新疆的外向型经济发展造成了一定的冲击，导致当年外贸对其外向型经济发展程度衡量力度的削弱。具体看两年的在主成分载荷中的占比，外贸的作用凸显，旅游与实际利用外资对于衡量外向型经济的地位稳固。而从各指标的数值对比中也可以看出，新疆各区域的发展活力在增强，各区域的差异极端化有所改善。

对数据进行标准化后再与各主成分的权重相乘，可以得到新疆各地、州、市 2009 年及 2013 年外向型经济发展水平排序表（见表 8）。

表 8   2009 年和 2013 年新疆各地、州、市外向型经济发展水平排名

地、州、市	①	②	③	④	⑤	⑥
乌鲁木齐	1	1	1	1	1	1
伊犁州直属	2	2	2	2	2	2

地、州、市	①	②	③	④	⑤	⑥
博尔塔拉	6	3	4	3	6	3
石河子	4	4	6	4	4	4
阿勒泰	10	5	8	5	10	5
昌吉	3	6	3	6	3	6
喀什	5	7	5	7	5	7
克拉玛依	12	8	12	8	12	8
塔城	7	9	7	10	7	9
阿克苏	15	10	14	11	14	10
巴音郭楞	13	11	13	12	13	11
哈密	8	13	9	9	8	12
克孜勒苏	11	12	10	13	11	13
吐鲁番	9	14	11	14	9	14
和田	14	15	15	15	15	15

注：①②③④⑤⑥分别代表2009年第一主成分排名、2013年第一主成分排名、2009年第二主成分排名、2013年第二主成分排名、2009年综合主成分排名、2013年综合主成分排名（其具体数值略去不写）。

　　对比根据表8中2009年及2013年的排序情况可知，两年排位变化差异较大，博尔塔拉蒙古自治州、阿勒泰地区、克拉玛依市及吐鲁番地区的第一主成分变化较大，即在利用外资、货物进出口和旅游创汇方面这些地区有所发展。而相对第二主成分的排位变化幅度不大，即在商品出口增长率和外资、出口外贸依存度等指标上各地、市、州的变化较为稳定。从各个主成分结果来看，乌鲁木齐市和伊犁州直属的排位一直很稳定，从统计的数值中可看出，伊犁州直属从2009到2013年的外向型经济发展迅猛，各指标数值表现不俗。2009年第一、第二及综合主成分排名前三的是乌鲁木齐市、伊犁州直属和昌吉回族自治州，属于新疆发展较好的北疆地区，而2013年位列前三的是乌鲁木齐市、伊犁州直属和博尔塔拉蒙古自治州，同属北疆，且这些地区都位于新疆的中间地带。2009年排位倒数三位是和田地区、巴音郭楞蒙古族自治州及阿克苏地区，属于南疆地区，其外向型经济发展水平较低。而2013年排位倒数三位是和田地区、克孜勒苏柯尔克孜自治州及吐鲁番地区，既有南疆地区又有北疆地区，总体来看其外向型发展水平还非常差，这些地区大多是依靠某项资源或者单纯的旅游项目，外向型发展水平落后，模式单一，同时也易受到政策与环境的影响。综合对比新疆各地州的外向型经济发展水平可以看出，外向型经济发展水平较高的为新疆的中部及西部地区，而东部的吐鲁番地区及南部除喀什地区外外向型经济发展水平滞后，东部及北部地区发展平平。

此外从排名中可以看到，经济发展实力相对较弱的喀什地区在外向型经济发展的规模和竞争力水平在 2009 年与 2013 年都表现不错，这与其独特的地理位置、得天独厚的各类资源以及相关政策扶持分不开，可见只要因地制宜，采用合理、科学的方式对各地州予以开发，经济落后地区也可以跟紧发展的脚步。

总而言之，新疆外向型经济发展水平在各地、州、市之间的区域差异存在且从 2009 年至 2013 年情况改善不明显，中部地区优势明显而南部地区劣势显著，另外新疆各区域的外向型发展水平情况较为复杂，外向型经济发展水平差距还很大，外向型发展较好地区集中于少数地区，新疆应当立足不同地区的外向型发展水平情况，有针对性地采取相应措施来实现新疆外向型经济区域间的协调发展。

三、"一带"背景下协调新疆外向型经济区域均衡发展的对策

共建"丝绸之路经济带"的《愿景与行动》中将新疆划为核心区，因此未来在此战略背景之下把握好新疆外向型经济发展方向，缩小各区域之间的差异，实现各区域的协调发展有很重要的意义。

（一）"一带"背景下构建更加开放、宽松的外向型宏观经济环境

新疆外向型经济发展水平较为滞后，虽然西部大开发战略为新疆的发展提供了众多优惠政策，然而对于新疆这样一个欠发达地区而言，整体的对外政策较为保守，开放水平也相应较低。"丝绸之路经济带"的建设要求沿线地区提高开放水平，积极与周边国家展开合作，这就要求新疆的外向型宏观经济环境更加宽松、更加开放。

首先，应当全面推进全疆的开放力度，对相应的外贸政策给予更加优惠的条件，使得全疆都有一个整体更加宽松的对外开放环境。新疆"十三五"规划纲要中提到要"发展空间格局和经济结构进一步优化，加快喀什、霍尔果斯经济开发区和综合保税区建设"，以点带面带动区域经济发展。其次，自治区政府对于一些好的改革措施、开放政策，应视具体情况尽快在外向型经济发展滞后地区大力推行，充分利用政策扶持带动当地经济发展。最后，要与最新的"丝绸之路经济

带"五大中心建设相结合，针对不同区域的不同条件采取相应的政策引导，例如在开放程度较高的乌鲁木齐、石河子和伊犁州直属地区进一步加大开放力度，扩大面向中亚、俄罗斯，甚至欧洲的出口；利用喀什地区的政策指引，进一步提供支持招商引资的好政策，吸引各类企业进驻。此外还应当借助"中巴经济走廊"建设的机遇，扩大对南亚、中亚等国家出口。

(二)"一带"背景下协调各区域进出口贸易均衡发展

新疆与周边八国均接壤，在与"丝绸之路经济带"沿线国家的贸易往来方面有着先天优势，新疆应当在不同地区采取不同措施，促进新疆各地区的进出口。

首先，外向型发展水平较高的乌鲁木齐市、伊犁州直属、石河子市和昌吉回族自治州等地区应当进一步稳固其进出口发展优势，在原有发展基础上鼓励进出口企业自主创新、扩大出口。在"互联网＋"提法及"一带"下开设的欧亚班列发展良好背景下，跨境电子商务发展势头迅猛，在互联网普及率较高的乌鲁木齐市和克拉玛依市可以搭建跨境电子商务发展平台以利用新科技来扩大出口，以巩固乌鲁木齐的出口优势和弥补克拉玛依的外向型发展劣势。其次，应当建立各类商贸物流中心来克服中等及落后地区进出口障碍。新疆属于绿洲经济，各城市之间分割严重，边境地区的基础设施建设非常落后，已经不能适应外向型经济发展的需要。《愿景与行动》中对于新疆地区的建设发展拟定建立喀什、和田、克孜勒苏柯尔克孜自治州方向的中亚—西亚商贸物流中心、伊犁方向的中亚商贸物流中心和阿勒泰方向中亚—俄罗斯商贸物流中心。国家拟定的商贸物流中心大多位于新疆外向型经济发展的中间水平，这一部分区域的综合发展能使当地形成大的商贸周转枢纽，加强其与周边国家的经贸往来，吸引外资进入，对缩小其与发达地区差异上大有裨益。最后，外向型经济发展落后的哈密地区可借助与蒙古国的口岸——老爷庙，积极发展外向型经济。可以将老爷庙口岸建成动物产品和活畜进口指定口岸，形成以澳大利亚、蒙古等国进口牛羊肉发展外向型经济的平台；同时可促进口岸加工项目落地，建立出口加工基地，开展瓜果加工产业开发，建立相关企业聚集地，形成产业集群效应来扩大对外出口，加强其本地产品的对外输出能力。

(三)"一带"背景下加强区域合作、发展企业，进一步吸引外资

利用外资的根本着眼点是企业，而由于新疆地处内陆地区，企业发展有限、跟进力度不大，因此外资流入水平很低。随着"一带一路"战略推进，中国与沿

线国家在双边技术贸易、高技术产业合作方面的空间将更加广阔，进而带动中国在世界产业分工体系中的地位重塑，这对新疆产业发展而言更是难得之机，有利于更多外资企业进驻。对此，新疆应紧抓良机积极培育出口经营企业，大力扶持优势产业的带头企业，尽快建成一批拥有开拓市场业务能力的优质企业，利用政策扶持企业发展外向型经济。

外向型经济发展水平滞后的地区集中在新疆东部地区及克拉玛依地区，包括吐鲁番、哈密和克拉玛依市。这部分地区的产业结构较为单一，出口产品较少，吸引外资能力差，因此要想缩小这部分地区与其他地区的差异，则必须要调整产业结构，发展对外优势产业，利用优势产业吸引外资并优化利用外资能力。南疆地区的资金、技术、管理和人才引进方面都有所制约，导致其对外发展水平较差，应积极争取落后区域的产品对外贸易的扶持政策，创造优惠稳定政策环境，针对产品出口给予政策倾斜，最大化调动外贸企业出口积极性。因此要加强新疆本地发达地区和滞后地区的经济合作，也要加强滞后地区与周边相邻国家的合作开发，以先开发地区带动开发水平尚差地区的发展，从而实现区域外向型发展水平的协调发展。

同时"丝绸之路经济带"的提出带动了相关的金融措施，大批的金融机构瞄准了新疆这片战略前沿阵地，想要在与周边国家的经济金融合作方面占领先机。新疆可以紧抓这一机遇，全区，尤其是发展落后地区对入驻的外资企业给予更加优惠的力度，推进跨境人民币结算，使得新疆与周边国家的投资往来更加便利，贸易往来更加频繁，新疆应充分利用外资来带动整个经济的发展，从而提高整个新疆的外向型经济发展水平，实现区域之间的协调发展。

（四）"一带"背景下加强新疆各区域旅游创汇能力

"丝绸之路经济带"的提法为新疆各区域的旅游业做了良好铺垫，让沿线国家更加了解和认识新疆，近年来新疆入境旅游人数和收入逐年上涨，成为新疆吸收外汇的一大特色。新疆的旅游资源丰富，各地州旅游资源各有特色，应利用外向型经济发展落后地区的旅游资源带动发展。

首先，外向型经济发展落后的吐鲁番和哈密地区产业多为旅游业和瓜果农业，相对产业较为单一且发展利用水平较差。这两个地区可以立足本地优势发展旅游业，并带动当地特色优势农产品和第三产业发展。随着"丝绸之路经济带"的提出，新疆各区域的旅游基础设施都有所加强，2015年哈密和吐鲁番都增开了高铁，为两地区带来了人流和物流。吐鲁番地区作为旅游城市，民族文化特点鲜明，应当优化其旅游服务体系，吸引外国游客入境。通过旅游业带动相关旅游产品的输出，增加手工艺品、纪念品和特色旅游产品的出口，增加旅游创汇。借助旅游把吐鲁番的葡萄等知名瓜果品牌做大做强，发展瓜果贸易。哈密地区旅游资源丰富，有汉族、回族、维吾尔族等多民族，文化底蕴丰富，哈密地区可通过整合旅游资源突出特色，形成旅游发展合力发展哈密旅游。此外，还应当积极发展塔城地区边境旅游，加强我国与哈萨克斯坦政府沟通，早日实现与哈萨克斯坦持边境通行证出入境旅游，实现巴克图口岸边境旅游常态化运营。

　　此外，还可以建设一批联通重点旅游区的游客集散中心和咨询中心（可提供多语言服务为上），景区内的基础设施和服务设施要推陈出新，各个观光区也要合理划分，同时增加更加人性化的服务区，例如休闲座椅和性价比高的休闲饮食区域。另外，要做好调查，瞄准国外消费者市场需求有针对性地提供相应的基础服务，让游客享受到美景的同时也更有消费需求。

　　总而言之，共建"丝绸之路经济带"的《愿景与行动》中将新疆划为核心区，因此未来须得在此战略背景之下把握好新疆外向型经济发展方向，缩小区域差异，以实现新疆各区域之间的协调发展，进而更好地发展新疆外向型经济发展水平。

参考文献

［1］路林书. 外向型经济与中国经济发展［M］. 北京：机械工业出版社，1988：47–61.

［2］王青. 浙江省经济综合外向度的统计分析［J］. 统计科学与实践，2010（11）：32–34.

［3］王宏丽. 新疆外向型经济发展水平评价［J］. 实事求是，2011（5）：37–40.

［4］李豫新，王改丽."丝绸之路经济带"建设背景下外向型经济评价及动态预测——以新疆地区为例［J］. 国际商务（对外经济贸易大学学报），2015（5）：94–103.

［5］李学军，张金艳. 西北开放型经济发展水平评价及战略思考——基于"新丝绸之路"经济带建设的角度［J］. 企业经济，2015（5）：157–161.

［6］丁文恒，高志刚. 中国丝绸之路经济带战略视角下新疆开放型经济发展方向研究［J］. 兰州商学院学报，2014（3）：87–90.

［7］张红霞，王丹阳."一带一路"区域合作网络的新经济空间效应［J］. 甘肃社会科学，2016（1）：71–74.

"一带一路"视角下新疆外贸企业
发展的若干思考[*]

努尔兰别克·哈巴斯

（新疆大学经济与管理学院）

摘　要："一带一路"战略是中国经济新常态下构建中国全方位开放新格局的必然要求，是推进区域经济一体化建设，促进亚欧国家共同发展繁荣的必然选择。作为国家向西开放的大门，转型中的新疆被列入"一带一路"战略十八个省份之中。本文运用 SWOT 分析法，对"一带一路"战略下新疆外贸企业发展的机遇与挑战进行分析，并针对新疆外贸企业在新形势下的发展提出相关对策建议。

关键词："一带一路"；新疆对外贸易企业；SWOT 分析

全方位对外开放是发展的必然要求，如期实现"十三五"规划提出的全面建成小康社会奋斗目标，推动经济社会持续健康发展，必须遵循的原则之一为坚持统筹国内国际两个大局。必须坚持打开国门搞建设，既立足国内，充分运用我国资源、市场、制度等优势，又重视国内国际经济联动效应，积极应对外部环境变化，更好利用两个市场、两种资源，推动互利共赢、共同发展。

2013 年，习近平主席提出"一带一路"经济发展策略，为我国古丝绸之路重新赋予了新的时代含义，同时也将对未来欧亚大陆政治经济格局产生深远影响，为世界繁荣发展提供了新路径。新疆地处经济合作走廊的战略通道和经济腹地，是"一带一路"战略的核心地区，该战略的提出与发展必将对新疆的对外经济与贸易造成不可估量的影响。

---

　　[*] 本文系新疆大学经济与管理学院"青年英才培养计划"项目《丝绸之路经济带背景下新疆企业跨国经营进入模式研究》（项目编号：16JG002）的阶段性研究成果。

本文从"一带一路"对新疆的外贸企业发展的意义出发，分析了"一带一路"对新疆外贸的影响。新疆的对外经贸企业在"一带一路"经济带中有地理优势、文化优势、需求的互补性等非常有利的优势。国家也对"一带一路"经济带的建设投入了不少的财力、人力，这对新疆对外贸易企业的发展带来了空前的机遇。另外，新疆对外贸易自身有结构不合理、结算方式落后等劣势，以及中亚国家的经济同盟、各国对中亚市场的争夺等都对新疆对外贸易企业的发展形成了挑战。因此，研究"一带一路"背景下新疆外贸企业的发展有着实际意义。

一、"一带一路"战略的提出对新疆外贸企业的现实意义

"一带一路"倡议的实施，将根本性扭转新疆外贸企业现有的尴尬局面，实现区域性经济优势，在国内乃至国际经济复杂环境中迈出重大一步，有积极的战略意义。

（一）"一带一路"的框架思路

"一带一路"是促进共同发展、实现共同繁荣的合作共赢之路，是增进理解信任、加强全方位交流的和平友谊之路。中国政府倡议，秉持和平合作、开放包容、互学互鉴、互利共赢的理念，全方位推进务实合作，打造政治互信、经济融合、文化包容的利益共同体、命运共同体和责任共同体。

"一带一路"贯穿亚洲、欧洲、非洲大陆，一头是活跃的东亚经济圈，一头是发达的欧洲经济圈，中间广大腹地国家经济发展潜力巨大。丝绸之路经济带畅通了中国经中亚、俄罗斯至欧洲（波罗的海）；中国经中亚、西亚至波斯湾、地中海；中国至东南亚、南亚、印度洋。21世纪海上丝绸之路重点方向是从中国沿海港口过南海到印度洋，延伸至欧洲；从中国沿海港口过南海到南太平洋。

根据"一带一路"走向，陆上依托国际大通道，以沿线中心城市为支撑，以重点经贸产业园区为合作平台，共同打造新亚欧大陆桥、中蒙俄、中国—中亚—西亚、中国—中南半岛等国际经济合作走廊；海上以重点港口为节点，共同建设通畅安全高效的运输大通道。中巴、孟中印缅两个经济走廊与推进"一带一路"建设关联紧密，要进一步推动合作，取得更大进展。

（二）"一带一路"倡议对新疆外贸企业的意义

"一带一路"倡议的构想一经提出即受到国际社会的高度重视，得到沿途各国的广泛支持，其国际影响与战略意义可见一斑。这一跨越时空的宏伟构想，是一条和平发展的共赢之路，一项脚踏实地的伟大事业。当前，经济全球化深入发展，区域经济一体化加快推进，全球增长和贸易，投资格局正在酝酿深刻调整，国内尤其是新疆外贸企业都处于经济转型升级的关键阶段，需要进一步激发发展活力与合作潜力。"一带一路"战略的实施，将根本性扭转新疆外贸企业现有的尴尬局面，实现区域性经济优势，在国内乃至国际经济复杂环境中迈出重大一步，有积极的战略意义。

第一，推动新疆外贸企业构建全方位开放新格局："一带一路"建设的根本目的是促进经济要素有序自由流动，资源高效配置和市场深度融合，推动沿线发展，地区实现经济政策协调与新疆外贸企业加强合作，开展大范围更高水平，更深层的区域合作，打造开放、包容、均衡、普惠的区域经济合作。

第二，为新疆外贸企业提供新动力："一带一路"建设对于我国现阶段促进经济结构转型升级，把中国的市场和劳动力优势与发达国家的资金和技术优势结合起来，承接来自发达经济体的产业转移，实现了经济快速发展。国内沿海地区目前的资金优势、产能优势和技术优势与新疆的地理优势、资源优势和劳动力优势结合起来，转化为对外合作优势，全面提升国际竞争力。

第三，平衡国际力量，通过全方位推进与沿线国家务实合作。"一带一路"建设中把发展规划和思想鼓励向西开放，尤其是新疆大力支持外贸企业的发展。新疆虽然地处边境地区，但在这几年的经济开放，国家大力支持下，疆内很多企业正在走向国际，"一带一路"思想的提出和实施建设，逐步展现新疆外贸企业在国内外的地位和知名度。

二、"一带一路"背景下新疆外贸企业发展的 SWOT 分析

SWOT 分析是企业竞争分析中一种很有效的方法。SWOT 分析实质上就是对企业的优势（Strength）、劣势（Weakness）、机会（Opportunity）和威胁（Threat）进行全面的评估，在此基础上，制定出适合企业实际的最能发挥企业竞争优势的竞争战略。

（一）新疆对外贸易企业发展的优势

1. 交通优势

以交通基础设施为突破口，早日实现亚洲及欧洲互通的新进展，优先部署中国同邻国的高铁、公路项目。自改革开放以来，新疆与周边众多邻国开通了很多的国际客运、货运输公路线路。这些跨国界的公路形成了连接亚洲、欧洲国家的新的"丝绸之路"。这大大减少了新疆对外贸易企业的运输费用。另外，新疆对邻国开放口岸与邻国相应城市的距离都在300公里之内，之间都有公路连接，运输距离相对比较短，运输成本相对较低。随着我国高铁技术的发展与推进，连接新疆与临边国家的高铁将陆续建造，高铁会大大促进"一带一路"经济带的建设与发展，高铁不仅能弥补中亚地区的没有水路航线的缺点，而且能减少运输成本。这显然是新疆的对外经贸企业的优势。

2. 人文优势

以人文交流为纽带，夯实"一带一路"的社会根基。新疆作为"一带一路"经济带上连接东西方多种文化的交汇点，新疆与邻边国家经过一段长期的相融共同发展，形成了独特的地域文化和相互融合的民族文化。众多少数民族都是跨国界而居，语言很相似、民族比较相通、彼此是亲戚、风俗非常相近，传统友谊源远流长，有着深厚的文化认同。中亚各国是全世界穆斯林的聚居地，这些国家居民大多信奉伊斯兰教。[1] 而新疆是中国穆斯林的主要聚居地，这为新疆对外贸易企业开展经济合作提供了良好的人文条件。尤其是近些年兴起的少数民族企业在感情上更容易沟通，使出口商品针对性强，市场开拓更加容易，大大提升外贸企业经济合作的成功率。

3. 强有力的经济扶持

以经济走廊为依托，建立亚洲互联互通的基本框架。"一带一路"是我国重大战略部署，商务部引导企业加大对沿线国家投资力度，建设一批产业园区，打造分工协作、共同受益的产业链、经济带。自从张骞抵达西域以后，闻名于世的丝绸之路由此开展，新疆也因此成为丝绸之路上的一个重要站点，从此打开了与外界，尤其是内地的关系有了新的进展。21世纪的到来，尤其是"上海合作组

---

[1] 黄晶晶. 新疆边境贸易发展路径研究 [J]. 福建党史月刊, 2010.

织"的成立，组织之间政治、经济合作进入了崭新的阶段，为未来的发展打造了更加有力的政治、经济环境。

中国将出资400亿美元成立丝路基金。在"一带一路"建设中，国家的财政政策可以发挥更积极作用，这包括政府购买服务增加对道路、桥梁、口岸、高铁等基础设施，同时，国家会加强公私合营等公司体制改革、财政贴息等财政手段，使得更多的资金参与"一带一路"建设。国家将推进亚洲基础设施投资银行和"丝路基金"等大型资金，启动一批重大合作项目，以建设融资平台为抓手，打破亚洲互联互通的瓶颈。因此，新疆的对外贸易企业要有着非常便利的融资平台和强有力的金融支持。

4. 对外贸易需求的互补性优势

与新疆接壤的国家有优质、大量的石油、天然气等能源，由于历史原因中亚各国的经济结构形成了轻工业比重工业落后很多的局面。新疆的对外贸易企业可抓紧"一带一路"带来的契机，结合自身比较优势实现能源合作、工业加工，实现互利共赢。近些年也有很多内地的企业在新疆建立工厂，这对新疆的对外贸易企业不仅是机遇，更在占领市场份额方面形成了挑战。中亚五国是新疆对外贸易的重要市场，其需求直接关系到其与新疆乃至整个中国进行经济合作的方向、规模及前景。

5. 保税区、口岸对新疆外贸企业带来的便利

保税区是中国继经济特区、经济技术开发区以及国家高新技术产业开发区之后，通过国务院批准建设的全新经济性区域。因为保税区沿袭国际一贯的流程工作，实施比其他开放领域更加灵活优惠的政策，它已成为中国与国际市场接轨的"港湾"。新疆有阿拉山口、霍尔果斯、喀什等综合保税区，下面就介绍南疆第一个综合保税区。

（1）喀什综合保税区。

喀什综合保税区的规划面积将近4平方公里，有着包括保税仓储、保税物流、保税加工、展览展示、口岸操作、航空货运和综合配套服务等七大功能区，具备国际中转、国际配送、国际采购、国际转口贸易和出口加工等服务功能。拥有国内货物入区视同出口，实行退税；国外货物入区保税等税务最优惠的政策。在物流仓储方面，保税物流仓储及进出口贸易、海关监管、检验检疫、外汇管理和其他方面的优惠政策。喀什综合保税区是目前我国开放层次最高、优惠政策在全国最多、功能区域性最全、手续办理最便捷，运营规则大体上与国际规则一致的一种新的自由贸易港区模式。

喀什综合保税区的成立，将利用新疆尤其是喀什独特的政策扶持优势、地理区域优势等各类优势，吸引来自国内、国外的资本、国际上先进的技术和科学的管理经验，这些将带动新疆，尤其是喀什的经济快速增长。进一步，综合保税区利用其特有的服务功能，在进行各类经济活动中，不间断地效仿国外高端的经验教训，将喀什乃至新疆经济与国际接轨，促进喀什、乃至新疆地经济的发展。这种综合性极强的功能目前在全国只有喀什保税区能做到，而作为新疆的对外贸易企业有着不可比拟的优势。

（2）大型口岸"边境合作中心"。

设立边境合作中心，可使中亚五国进行更加广泛的经济文化交流，促进双方贸易合作，可以快速地聚积新疆地区的各类资源，从整体上一致规划、使布局更加合理，更加全面地利用地理优势、国家政策优势，运用好铁路、公路、航空、管道运输的交通枢纽作用，创造便捷的通关环境，使双方企业间的贸易往来更加频繁，为早日建设全国向西开放的桥头堡提供有力的服务和支撑。

综上，新疆对外贸易企业具备良好的对外贸易基础和优越的外部发展条件。

（二）新疆对外贸易企业发展的制约因素

1. 出口商品结构不合理

2012年新疆外贸出口企业对外出口前五位的商品分别是服装、机电产品、鞋类、纺织制品、农贸产品。其中，技术含量高的产品出口增速相对较快，但总的占比一致较低，远远低于全国的技术产品的平均水平。新疆对外贸易企业进口的产品结构相对单一，进口的产品主要以国内短缺的能源、资源产品为占多数。另外，新疆的对外贸易企业机电设备产品进口相对较少，总的占比不断下降。劳动密集型产品或粗加工产品在新疆出口商品结构中占据较大比重，科技进展速度缓慢严重减慢了新疆边境贸易的发展。

2. 中转贸易所占比重过大

新疆对外贸易企业进行贸易的主要商品来自内地，出口的产品很少有新疆的本土的产品。在新疆从事边贸的公司，大多数都是物流货代公司，只赚取代理费和运费，这些公司在边境贸易的发展中，一直扮演内地采购并销往境外的中介角色。出口产品的单一以及加工水平的落后使得新疆的很多对外贸易企业变身成为中转贸易，很多对外贸易企业其实是从浙江、广东等地区买进各种商品，然后再卖给外商，这种中转贸易就是一种简单的转手，所以很多外商现在选择直接到内地买商品以此来降低成本。这种简单的贸易模式大大降低了新疆对外贸易企业的竞争力，新疆的对外贸易企业并没有发挥其地理位置优势、资源优势等各种优势，限制了新疆对外贸易企业的发展。

3. 结算方式落后、风险较大

由于与新疆相邻的各国家的汇率同俄罗斯的汇率有直接影响，从 2014 年开始的俄罗斯卢布贬值，带动了周边中亚国家的汇率较大浮动的变动。国际上，汇率风险较大的国际贸易一般是通过信用证、保函等形式的结算方式进行，以此来减少汇率风险。而在新疆，进出口贸易往往用现金来结算，与国家惯例相差较大，不利于新疆对外贸易企业的发展。例如在乌鲁木齐的大街小巷，我们都可以看到手拿着美元、卢布和人民币的商贩。而这种现金交易对双方来说，不仅加大了信用风险，同时也加大了汇率风险。

4. 区内边贸企业竞争力较差

近期，新疆外贸企业数量增多了，新疆总体的外贸呈现了迅速增长的模式。但是这些企业的规模相对较小，盈利能力低下，自营业务较集中、较少。尤其是，这些企业的营业模式极度相似，这种模式增加了企业之间的内耗，最后使得新疆的对外贸易企业效益下降。

（三）"一带一路"背景下新疆企业发展对外贸易的机遇

1. 周边国家发展经济、改善民生的强烈愿望

发展是当今世界的主流，即使现在国际局势仍然动荡不安。中亚各国的政治局面总的来说比较相对稳定，从 20 世纪开始中亚各国就开始调整国内的产业结构、财政收入政策，而现在这些政策已初步有成效，国家间也慢慢进入稳定的发展。以哈萨克斯坦为例，2000 年来国民经济每年都以平均 7% 左右的速度递增，2005 年的增长速度达到 9.2%，2006 年超过 10%。随着中亚各国经济的复苏、需求的扩大、居民收入的增长，新疆对中亚的出口一直保持较快增长态势。

2. 周边国家寻求与中国合作的意愿强烈

改革开放以来，中国取得了举世瞩目的成绩，中国已成为世界第二大经济体。很多国家都在寻找能与中国合作的机会，很多国家同中国都建立了友好关系。特别是，同新疆接壤的各国与中国都是睦邻友好关系，这对与新疆接壤的中亚国家是非常难得的合作机遇。新疆的霍尔果斯口岸就是上海合作组织的产物，是中国哈萨克斯坦边境贸易的重要部分，现在霍尔果斯口岸也有了其免税店，吸引了不少顾客。另外，周边国家与新疆的需求有互补性，周边国家在新疆的各个高校都有留学生，不仅加强了文化交流，还加速了人口出入。周边国家寻找各种机会与中国合作，在"一带一路"经济带的影响下会更加推动周边国家与新疆对外贸易企业外贸。

（四）"一带一路"给新疆外贸企业带来的挑战

1. 边境贸易政策不稳定

自从新疆的边境贸易开始到现在，一直没有协定的长期使用的规划与纲要。在发展的过程中，因为缺乏明确的指导文件，使得新疆的边境贸易受到很多的政策变动影响。近些年，周期越来越短地进行了三次边境贸易的政策规划，每一次政策规划的调整都对新疆边境贸易造成了不同程度的影响。不确定的政策使得对外贸易没有确定的发展预期成果和方向。加上邻国的对外贸易政策与规划与我国的相差较大且不规范，外贸市场存在一定的不规范性，这些都不利于新疆的对外贸易企业健康、稳定地发展。

2. 各国加强了对中亚市场的争夺

随着世界贸易的发展和中亚国家的一步步对外开放，美国、日本、欧洲等国家和地区的产品陆续进入中亚地区，由新疆出口的我国产品因质量和品位不高而减少了一定的竞争力。再者，由于我国人力资本成本的上升和领边国家经济、技术水平的不断提升，新疆出口的加工品有了相应的替代品，新疆出口的加工品再度减少了竞争力。

一方面，俄罗斯、白俄罗斯、哈萨克斯坦三国的关税同盟运行以来对新疆的外经贸企业的影响已逐渐显现。另一方面俄、白、哈三国实行统一的关税税率，涉及大宗出口商品的关税税率一致上调，对哈萨克斯坦出口包税费用上涨20%以上，明显增加了新疆对外贸易企业出口成本和难度；再者，关税同盟激励了同盟的三个国家内部的相互贸易往来，整体上减少了非同盟国货物的进出口，更是对新疆对外贸易企业出口造成一定程度的影响。

3. 对外贸易市场集中度高，主要集中在哈萨克斯坦，外贸市场风险大

2012年新疆对哈萨克斯坦、吉尔吉斯斯坦、塔吉克斯坦、土库曼斯坦和乌

兹别克斯坦进出口额为 175.8 亿美元，增长了 3.5%，占新疆总体对外贸易总额的将近 70%。其中，对哈萨克斯坦进出口额 111.7 亿美元，占全区进出口总额的 44.4%。说明对外贸易市场结构低度化明显。

4. 贸易方式、进出口结构受到挑战

2000 年新疆进出口金额达 22.64 亿美元，2014 年为 1700.1 亿美元，14 年间增长了 77.27 倍。另外，2000 年以来，新疆边贸占全区进出口总额均在 51% 以上，最高是 2009 年为 84.6%。而一般大宗商品的贸易占比相对较低，2012 年一般贸易进出口额 84.53 亿美元，占全区进出口总额的 33.6%，同期我国一般贸易额占进出口总额 51.6%。新疆对外贸易企业加工贸易占比不断下降，再加上加工能力比较弱，加工贸易呈现缓慢增长的趋势。

新疆的进出口结构方面，出口大部分是私营企业，进口是国有企业为主。2012 年私营企业出口额 170.6 亿美元，占新疆出口总额的 88.2%。其他企业在新疆出口中占比一致呈现下滑趋势，占比较小，2012 年占比只有 1.06%，三资企业为 2.02%。在进口贸易主体构成中，2000 ～ 2012 年国有企业一直保持进领先优势地位，2000 年进口额占全区进口总额比重为 88%，2012 年占 84.8%。集体经济进口则不断下滑，2000 年占比 8.38%，2012 年下降到 1%。三资企业进口所占比重变化不大，维持在 2% 左右。

丝绸之路经济带上的总人口近 30 亿，能带动的市场规模和潜力是空前的。我国将在"新丝绸之路"上培育新的经济增长点，这将会引进各路产业、聚集众多人口，使得新疆等西部地区更快、更健康地发展，并为我国中西部省区的各类特色企业、特色农产品、特色食品等货物向西出口创造了难得的机遇。习近平主席提出建设"丝绸之路经济带"的着眼点并不仅仅是中亚，而是更大的格局。

三、新疆外贸企业未来发展的若干思路

"一带一路"为新疆外贸企业的发展带来了机遇与挑战。新疆实现外贸企业的发展和拓展的目标，就要求我们必须对贸易结构不合理、结算方式落后等劣势进行改进，同时积极应对"一带一路"带来的挑战。新疆的外贸企业可以体验和参考沿海经济特区的成功发展和现状，利用现有有利条件和外贸国家之间的需求互补性，通过升级自身优势，调节重工业与加工产业的产业结构比例，走向一条崭新的可持续发展外贸企业发展道路。

（一）新疆外贸企业发展的 SWOT 组合

需要强调的是，新疆外贸企业仅仅能够识别自身存在哪些优劣势，知道环境带来哪些机会和威胁还不够，必须对它们做出迅速反应和果断的决策。于是可以运用 SWOT 方法制定企业战略。SWOT 法为企业提供四种可以选择的战略：SO战略、WO 战略、ST 战略和 WT 战略（见表1）。

表1　　　　　　　　　　　新疆外贸企业发展的 SWOT 分析

优势与劣势	周边国家寻求与中国合作的意愿强烈 周边国家发展经济、改善民生的强烈愿望	边境贸易政策不稳定 各国加强对中亚市场的争夺 贸易方式、进出口结构受到挑战 对外贸易市场集中度高，主要集中在哈萨克斯坦，外贸市场风险大
交通优势 人文优势 强有力的经济扶持 外贸需求的互补性优势 保税区、口岸带来的便利	SO	ST
出口商品结构不合理 中转贸易所占比重过大 结算方式落后、风险较大 区内边贸企业竞争力较差	WO	WT

SO 为强势组合，在这种组合下新疆外贸企业利用自身的优势，寻找外界存在的机会，并且抓住机会使自身得以快速发展、壮大。针对不同的行业又可以延伸出许多具体的方式方法。

WO 为扭转组合，在这种下新疆外贸企业利用机会来弥补自身的优势，从而扭转自身的命运，使企业能够得以生存。

ST 为规避组合，这种组合要求企业充分利用自身的优势规避外界的威胁，使企业尽可能不受外界的影响，并按照自身的发展规划继续发展及壮大。

WT 为防御组合，在这种组合下新疆外贸企业根据自身的条件以及外界环境只能采取防守姿态，要尽可能地保留实力，去发现"蓝海"。

（二）新疆外贸企业发展的举措

1. 调整结构、提高自身竞争力

"一带一路"给新疆的外贸企业带来的不仅是机遇更是挑战，新疆本土的外贸企业应当主动调节外贸产业结构，以前的低成本、低收益的劳动密集型产业和行业应当抓住机遇升级、转化为高收益、高效益的技术和技术密集型产业。积极推动物流、金融等第三产业的发展以及着重发展新疆特色产业，实现新疆特色的"走出去"；在贸易对象的选择上，尽可能与更多的国家进行贸易往来，以增强贸易安全。企业应当提升核心竞争力，打造良好的企业形象、保证产品质量，以占据更大的市场份额。

2. 积极利用自由贸易区

新疆的对外贸易企业经常往来的主要贸易伙伴国家有"世界最大内陆国家"之称的哈萨克斯坦、吉尔吉斯斯坦、乌兹别克斯坦和塔吉克斯坦，以及土库曼斯坦。新疆的外贸企业应当积极利用"一带一路"拓宽在中亚国家的市场，在此过程中，外贸企业需要完善企业体质、调节外贸企业结构、升级外贸企业对外贸易方式，以此来适应国际规则，完善外贸企业的运行机制，改变经济技术合作互助的落后情况，建立与国际规则相互接轨的边境自由贸易区。充分发挥本地资源优势、地理优势和渠道优势，可以走出一条振兴边境、繁荣民众的新道路。新疆的外贸企业发展态势不容乐观。首先，因为国家对边境贸易的优惠政策已经到了一定的时期，需要一些新的政策即时采用。其次，随着中亚国家经济的兴起，中亚的很多国家完善了外贸规则，以此来保护本国的民族产业和国内民族产业的市场份额，同时这些国家对资源的输出、能源合作方面更加慎重。这样将会对新疆和中亚贸易企业之间的合作关系产生不利影响。再其次，由于出境签证的烦琐以及缺乏相关法律部门的合作，中亚地区的外贸企业从中国市场，尤其是新疆市场进货的可能性就会变小，而有能力的客商从内地企业直接进货的规模将会不断扩大。最后，新疆有 16 个对外开放口岸，但其功能、贸易结构单一，与带动边境民族地区经济振兴的要求极不相称，需进行战略性调整，这对中国东西部地区联手开拓中亚市场也将极为有利。

想要在新疆地区建立一个适合国际条例的自由贸易区，必须确定以下指导原则：第一，要将改革处理好、将改革的发展步骤和稳定的关系处理好；第二，协调中国特色与国际惯例之间的关系；第三，搭配好宏观管理和特殊管理的良好关系；第四，优化政策环境和双边市场的发展。建立自由贸易区必须按照这些指导原则中提到的边境口岸、桥梁基础来行事，选择一个边境环境相对稳定、有发展前途的示范点，这些示范点取得成功后再推广宣传。

3. 扩大贸易范围，促进经贸发展

新疆对五个中亚国家进出口贸易的依赖，特别是对哈萨克斯坦的过度依赖，已经显得越来越明显。由于新疆对外贸易企业市场狭小、产品的技术水平偏低、运输成本等各种成本偏高、竞争力低下等原因，导致新疆对外贸易企业同中亚五国的贸易额年年呈上升趋势，相比之下新疆对外贸易企业同欧洲、美洲的贸易量以及贸易金额偏低。这一现象的直接后果是，新疆对外贸易企业对中亚五国的依赖性越来越大，而这几个国家生产力偏低、技术水平也相对偏低，使得新疆对外贸易企业无法有很好的突破。所以，新疆对外贸易企业想有更大的进步，就必须进军欧美市场。如果要想成功做到这一点，新疆就势必要发挥本身的优势资源。另外，在继续积极发展初级产品加工贸易的基础上，增强同其余发展比较快的国家的联系，防止外贸企业的贫困化增长。新疆的对外贸易企业应该抓住"一带一路"带来的机遇，发展先进的生产力、技术，提供优质的服务等，这对新疆的对外贸易企业是十分重要的。

参考文献

[1] 姚彤. 丝绸之路经济带为新疆提供新机遇 [J]. 大陆桥视野，2013 (10)：18 - 19.

[2] 刘亚洲. "丝绸之路经济带"是西北经贸的机遇 [J]. 中国对外贸易，2013 (10)：19 - 20.

[3] 李杨. "丝绸之路经济带"助力新疆经贸合作 [J]. 大陆桥视野，2013 (11)：17 - 18.

[4] 黄一超. 以建设"丝绸之路经济带"为契机加快实现新疆跨越式发展和长治久安 [J]. 实事求是，2013 (6)：12 - 13.

[5] 刘亚洲. "丝绸之路经济带"是西北经贸的机遇 [J]. 中国对外贸易，2013 (10)：19 - 20.

[6] 再英·塔拉甫. 浅谈新丝绸之路给我国带来的机遇与挑战 [J]. 现代经济信息，2013 (18)：13 - 14.

[7] 刘育红. 新丝绸之路，经济带交通基础设施投资与经济增长的动态关系分析 [J]. 统计与信息论坛，2012 (10)：14 - 15.

[8] 陈晓艳. "丝绸之路经济带"战略背景下新疆边境贸易发展研究 [J]. 对外经贸，2014 (12)：10 - 11.

[9] 林治波. 共建丝路经济带的战略意义 [J]. 西部大开发，2014.

[10] 陆建人. 迈向"亚洲命运共同体"[J]. 世界知识，2015.

［11］李中海．丝绸之路经济带将带来什么［J］．时事报告，2013（10）：15 – 16.

［12］陈德峰．将新疆打造成丝绸之路经济带的新增长极［M］．实事求是，2013（6）：20 – 21.

［13］袁小军．新疆对外贸易发展对产业结构的影响研究［D］．新疆财经大学硕士学位论文，2013.

［14］陈虹．中国对外贸易结构与产业结构的关系研究［D］．长春：吉林大学，2011.

［15］倪国良．新疆与哈萨克斯坦边境贸易的现状和对策［J］．东欧中亚市场研究，2001.

［16］赵记伟．重启"丝绸之路"［J］．法人，2014.

［17］马驰．费孝通与"一带一路"战略构想［J］．群言，2015.

［18］王海燕．哈萨克斯坦与中国新疆的地缘经济合作［J］．新疆社会件学，2002，1（11）.

［19］李竹青，石通扬．少数民族地区边境贸易研究［M］．北京：中央民族大学出版社，1994.

［20］苏力．新疆口岸问题研究［M］．乌鲁木齐：新疆人民出版社，1999.

［21］迪木拉提·奥迈尔．发挥新疆地缘优势和人文优势促进丝绸之路经济带核心区建设［J］．中国民族，2015.

［22］张华，段友华．浅析新疆的出口贸易［J］．新疆财经，2001.6.

［23］徐文杰．浅析"一带一路"及其惠民效应［J］．商场现代，2015.

"一带一路"背景下乌鲁木齐市物流产业发展战略研究

肖忠东[1]　马新智[2]　潘建军[3]　马　彪[4]

（1. 西安交通大学管理学院；2. 新疆大学经济与管理学院；
3. 乌鲁木齐市沙依巴克区工商局；4. 乌鲁木齐市城市规划研究院）

摘　要： 作为中国面向中亚和西欧的重要门户，乌鲁木齐市在"一带一路"背景下如何明确城市的定位以及支柱产业布局，是新疆能否准确把握经济腾飞机遇的重要基础。文章在针对乌鲁木齐市物流产业现状以及未来产值规模预测的基础上，通过"一带一路"带给乌鲁木齐城市发展机遇的分析，对比分析了"北疆城市群"和"关中城市群"的发展优势，明确了乌鲁木齐城市发展的定位。在此基础上，通过与西安、上海、成都三种不同城市发展模式的横向比较，确立了乌鲁木齐城市发展产业布局的基本思路和原则，进而明确了乌鲁木齐市物流中心战略。其研究结论为乌鲁木齐的城市发展和产业布局提供科学的依据。

关键词： 丝绸之路经济带；乌鲁木齐；物流产业；战略

2013 年 9 月 7 日，中国最高领导人习近平在哈萨克斯坦纳扎尔巴耶夫大学演讲时提出建设"丝绸之路经济带"的宏伟设想。这是中国政府首次就洲际经济合作一体化进程提出具体的构想。这一战略构想的提出为新疆参与国际区域合作提供更加广阔的空间和机会。

新疆毗邻中亚，其特有的地理位置和资源等优势，以及与中亚各经济体的经贸往来关系，奠定了它在"新丝绸之路经济带"中无可替代的战略枢纽地位。而要真正发挥新疆"丝绸之路经济带"核心区作用需要全面提升新疆在欧亚经济格局中的地位。2012 年，新疆非石油工业增加值首次超过石油工业，显示出新疆经济在结构上正在发生一定变化。"丝绸之路经济带"的提出必将催生一大批新的经济增长点，特别是在仓储、物流、旅游等服务业领域。

鉴于上述背景，本文重点探讨"一带一路"战略背景下乌鲁木齐市及其支柱产业的发展战略性布局。

一、乌鲁木齐市物流产业现状分析

作为新疆维吾尔自治区的政治、经济和文化中心，位于亚欧大陆地理中心位置的乌鲁木齐自古便是联系中亚地区与东亚地区的要冲，其承东启西、贯通南北的枢纽作用十分突出，是古丝绸之路的重要节点；成为历史上东西方社会在经济、政治、文化等各个层面交流的重要平台。

"十二五"期间，新疆加快在乌鲁木齐、奎屯、哈密、喀什、库尔勒、精河、阿拉山口、霍尔果斯等交通枢纽和口岸建设一批起点高、规模大、辐射能力强，集运输、仓储、包装、流通加工、配送等功能一体的现代物流基地或物流中心。加快新疆与内地及周边国家物流大通道建设，形成区内物流、国内物流和国际物流互动发展的现代物流网络体系。加快改造陈旧落后的口岸基础设施及生活设施。建设乌鲁木齐、阿拉山口综合保税区。乌鲁木齐市建成以物流园区为核心、以物流配送中心和物流服务站为延伸的"三环、五园、多层次"物流设施体系。

在物流产业发展过程中，也暴露出诸多问题：乌鲁木齐市现有物流企业300余家，规模普遍较小，中小型物流企业居于市场主导地位，服务内容较单一，业务面窄，专业水平不高，物流运营效率低，缺少具有带动力和辐射力的现代物流企业，辐射到全国的物流企业只有15%，业务延伸到国外的物流企业不足2%。大多数物流企业服务网络和信息系统不健全，物流信息化程度低，基本没有信息化建设，无法有效地运用网络信息和电子商务技术进行现代物流经营管理。

二、乌鲁木齐市物流产业发展预测

（一）预测模型及验证

通过建立多元非线性回归模型预测我国物流业产值，其中用 1990～2005 年共 16 年数据进行回归方程的求解，用 2006～2013 年的数据进行回归方程预测效果的检验。

基本多元非线性回归模型如下所示：

$$li = c(pi)^{a_1}(wr)^{a_2}(hr)^{a_3}\varepsilon \tag{1}$$

式（1）中：物流业：li（Logistics industry）；第一产业：pi（Primary industry）；批发和零售业：wr（Wholesale and retail）；住宿餐饮业：hr（Hotel and restaurants）；ε 为残差项。

两边取自然对数后为式（2）：

$$\ln(li) = \ln(c) + a_1\ln(pi) + a_2\ln(wr) + a_3\ln(hr) + \ln(\varepsilon) \tag{2}$$

利用 Eviews 8.0，采用 OLS 估计方法进行模型参数估计如图 1 所示。

因变量：LOG（LI）
方法：最小二乘法
日期：04/29/14　时间：17：26
样本：1990 2005
包括观察结果：16

变量	系数	标准误差	t－统计量	概率
C	3.134510	0.516952	6.063447	0.0001
LOG(PI)	－ 0.227672	0.099627	－ 2.285255	0.0413
LOG(WR)	0.372121	0.108757	3.421583	0.0051
LOG(HR)	0.532263	0.071028	7.493709	0.0000
R－平方	0.997965	平均依赖变量		8.305872
调整 R－平方	0.997456	S. D. 依赖变量		0.682347
回归方程	0.034415	赤池信息准则		－ 3.688341
剩余平方和	0.014213	贝叶斯信息准则		－ 3.495194
对数似然	33.50673	汉南－奎因准则		－ 3.678450
F－统计量	1961.577	杜宾·瓦森统计量		1.352735
概率（F－统计量）	0.000000			

图 1　回归结果输出图

从图 2 看出实际值曲线（Actual）和模型拟合值曲线（Fitted）基本重合，而残差项（Residual）比较稳定，另外从上述模型回归结果输出图中各拟合参数来看，所建模型拟合状况比较好。

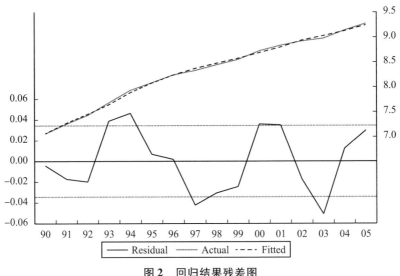

图 2　回归结果残差图

所以回归模型表达式为式（3）：

$$li = 22.977374 \times (pi)^{-0.227672} \times (wr)^{0.372121} \times (hr)^{0.532263} \quad (3)$$

按照前述步骤，采用 2006～2013 年的数据进行回归方程预测效果的检验（见表 1）。

表 1　　　　　　　　　　　　2006～2013 年全国物流业产值规模预测

年份	实际值	预测值	预测误差（%）
2006	12183.00	11762.58	−3.451
2007	14601.00	13564.60	−7.098
2008	16362.50	15974.76	−2.370
2009	16727.10	17842.86	6.670
2010	19132.20	20608.44	7.716
2011	22432.80	23477.83	4.658
2012	24660.00	26396.99	7.044
2013	27283.00	29607.19	8.519

其中预测误差 = $\dfrac{预测值 - 实际值}{实际值} \times 100\%$，从全国物流产业产值规模预测来看，所建立模型具有良好的预测能力，预测精度也比较高。

（二）乌鲁木齐市物流业产值预测

按照上述模型，乌鲁木齐市物流产业未来 20 年的产值预测如表 2 所示。

表 2　　　　　　乌鲁木齐市物流业未来产值预测表　　　　　单位：亿元

年份	物流业产值	年份	物流业产值
2008	81.6974	2022	1900.6561
2009	97.4054	2023	2162.8022
2010	134.2369	2024	2442.5831
2011	175.9876	2025	2739.9989
2012	250.9580	2026	3055.0495
2013	334.9101	2027	3387.7350
2014	438.3424	2028	3738.0554
2015	559.4096	2029	4106.0106
2016	698.1117	2030	4491.6007
2017	854.4486	2031	4894.8256
2018	1028.4204	2032	5315.6854
2019	1220.0270	2033	5754.1800
2020	1429.2685	2034	6210.3095
2021	1656.1449	2035	6684.0739

三、乌市物流中心战略定位背景：城市群比较分析

"丝绸之路经济带"将推动以下中西部 8 个城市群的发展：关中城市群、黄河上游城市群、河西走廊城市群、北疆城市群、南疆城市群、哈中北部城市群、费尔干纳盆地及周边城市群、伊犁河谷—哈东南城市群。上述八个城市群中有 5 个城市群属于新疆。其中，关中城市群作为"丝绸之路经济带"的起点，"北疆城市群"作为中国面对中亚和西亚的门户，其发展对丝绸之路经济带有着重要作用。如果将关中城市群和北疆城市群进行比较，会发现以乌鲁木齐为核心的北疆城市群最具有创建区域性物流中心的潜力。

关中城市群东西长 400 公里，南北宽 100 公里，号称"八百里秦川"，行政

上包括西安、铜川、宝鸡、渭南、咸阳五个地级市和杨凌国家级农业示范区，32个县，18个市辖区，土地总面积约5.55万平方公里，占全省总面积的27%，人口2341.82万（2010年），占陕西全省人口总数的62.7%，实现生产总值7723.30亿元，占陕西全省经济总量的61.6%。就关中城市群的特点与优势而言，关中地区将在丝绸之路经济带下与中西亚地区在资源、技术、教育和金融投资上展开较多的合作。

北疆城市群包括乌鲁木齐市、克拉玛依市、石河子市、乌苏市、奎屯市、阜康市、昌吉市、玛纳斯县、沙湾县和呼图壁县十个县市以上城市，长约250公里。是全区城市最为集中的区域，城市密度大，城镇间距50公里，聚集了全疆超过20%的人口。该城市群是连接新欧亚大陆桥的主线，成为钢铁、石油、化肥、机电产品的物流通道路。北疆城市群面对着两个重要内陆口岸（伊犁的霍尔果斯口岸和博乐阿拉山口口岸）和两个国家级经济技术开发区（乌鲁木齐经济技术开发区和石河子经济技术开发区）成为新疆经济的重心，2009年GDP总值占全疆的54.8%。这一城市群的发展可以作如此形象比喻：将北疆城市群比作一条龙，则乌鲁木齐市就是龙首，昌吉、石河子、乌苏、奎屯分别是四只龙爪，克拉玛依是龙脊，博乐和精河则是高翘的龙尾。这条长达500多公里的巨龙能否腾飞，关键在于乌鲁木齐市的引领。

如果乌鲁木齐市是北疆城市群的龙头，那么米东区和新市区是这条巨龙的两只龙角，沙依巴克区和天山区则分别是这只巨龙的两只眼睛。沙区和天山区的产业发展规划在整个北疆城市群中起着画龙点睛的作用。

作为"丝绸之路经济带"上的两个重要城市群，关中城市群定位于"丝绸之路经济带"金融中心、商贸中心、会议中心，而"北疆城市群"作为最具发展潜力的城市群，其与关中城市群还有一定的差距，根据2012年的数据统计，两个城市群的主要数据比较见表3。

表3 北疆城市群与关中城市群比较

项目	关中城市群	北疆城市群
人口（万）	2354.67	331.95
生产总值（亿元）	8808.62	3659.31
第一产业生产总值（亿元）	827.41	156.84
第一产业占比（%）	9.39	4.29
第二产业生产总值（亿元）	4476.3	1252.54
第二产业占比（%）	50.82	34.23

项目	关中城市群	北疆城市群
第三产业生产总值（亿元）	3504.91	1552.03
第三产业占比（％）	39.79	42.41
固定资产投资总额（亿元）	8621.69	1452.28
社会消费品零售总额（亿元）	3477.98	952.5297
进出口总额（亿美元）	145.3095	149.635
铁路营业里程（公里）	4094	4315
公路营业里程（公里）	65683	92456

　　"丝绸之路经济带"虽已初步形成多个城市群，但这些地区仍是经济发展水平低、人口密度低、城市密度很低的区域。为促进北疆城市群在经济发展上形成合力，各城市间需要形成较为紧密的经济分工和产业发展联系。为此，按照物流效率、成本比较优势，以及物流与相关产业的联动、融合发展关系，合理定位北疆城市群中乌鲁木齐的物流发展定位，加快建设乌鲁木齐市区域性物流中心城市，以便最为合理和最大限度地发挥物流服务系统功能，发挥乌鲁木齐在"丝绸之路经济带"建设中的重要作用。

四、乌鲁木齐市的战略定位

　　现代城市的发展都遵循着一定的内在规律，城市的发展都会具有一定的相似阶段，因此落后地区的城市发展可以借鉴发达城市的发展经验，我国上海、北京也不同程度地借鉴纽约、伦敦等城市的发展经验，乌鲁木齐在其发展过程中也可以借鉴我国东西部较发达城市的发展路径。在对乌鲁木齐进行战略定位时，有必要将乌鲁木齐分别与我国较发达的城市进行横向对比（详见表4）。

表4　　　　　　乌鲁木齐市与西安、上海和成都的横向比较

项目	经济带中心城市（西安）	区域性自由贸易中心（上海）	区域物流中心（成都）	乌鲁木齐
人口（万）	855.29	1426.93	1173.4	257.80
生产总值（亿元）	4366.1	20181.72	8138.94	2001.74

续表

项目	经济带中心城市（西安）	区域性自由贸易中心（上海）	区域物流中心（成都）	乌鲁木齐
工业生产总值（亿元）	1328.71	7097.76	3127.61	714.01
工业占比（%）	30.43	35.17	38.43	35.67
批发零售业（亿元）	486.32	3291.93	653.1188	169.68
批发零售业占比（%）	11.14	16.31	8.02	8.48
交通运输仓储（亿元）	167.46	895.31	361.03	250.96
交通运输仓储占比（%）	3.84	4.44	4.44	12.54
餐饮住宿业（亿元）	137.02	298.4	279.3486	57.12
餐饮住宿业占比（%）	3.14	1.48	3.43	2.85
金融业（亿元）	311.61	2450.36	740.5878	144.57
金融业占比（%）	7.14	12.14	9.10	7.22
社会固定资产投资额（亿元）	4243.43	5254.38	5818.42	1010.29
社会消费品零售总额（亿元）	2263.86	7412.3	3329.2178	834.35
进出口总额（亿美元）	130.1433	4367.58	475.4212	103.97
进出口额相当于生产总值的比例（%）	2.98	21.64	5.84	5.19

（一）乌鲁木齐与关中经济带中心城市西安的对比

西安与乌鲁木齐具有许多相似的特点，都处于大西北地区，都是省会城市，又都具有非常重要的战略地位，因此，从某种程度上乌鲁木齐的发展可以借鉴西安（见图3）。与西安相比，乌鲁木齐在人口规模上是西安的0.3倍左右，但是其国民生产总值仅是西安的0.46倍左右，人均国民生产总值高于西安。二者产业结构类似，乌鲁木齐市的工业生产值占到35.67%，西安则为30.43%，西安的批发零售业、餐饮住宿和金融业生产总值分别以11.14%、3.14%略高于乌鲁木齐的8.48%、2.85%。但是乌鲁木齐的物流仓储运输业生产总值占比和进出口额相对占比分别以12.54%和5.19%远高于西安的3.84%和2.98%，乌鲁木齐可以借助在物流仓储运输业和进出口方面的优势，增强其天山北坡经济带核心城市的辐射作用。

（二）乌鲁木齐与区域自由贸易中心上海的比较

上海以其国际大都市的地位，再加上显赫的区位条件，毫无争议地成为区域

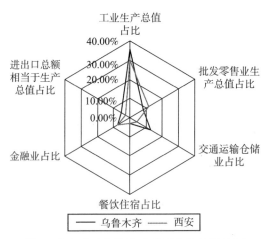

图3 乌鲁木齐与西安产业结构比较雷达图

自由贸易的中心。与上海相比，乌鲁木齐不具备优越的港口条件，没有上海那么大规模的人口，也没有上海发展得早，与上海相似的地方是乌鲁木齐的工业产值对国民生产总值的贡献率，上海为35.17%，而乌鲁木齐市为35.67%。并且二者第三产业对经济发展的贡献率都较高，但是，上海的第三产业以金融业独占鳌头，而乌鲁木齐市的第三产业中仓储、运输邮政业贡献率最高。作为区域自由贸易中心，上海的进出口总额相对生产总值的比率为21.64%，而乌鲁木齐则为5.19%，因此乌鲁木齐想要打造成为区域自由贸易中心仍然需要很长时间的发展（见图4）。

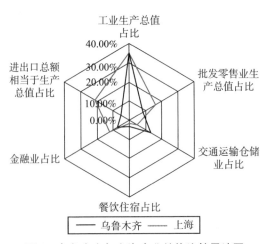

图4 乌鲁木齐与上海产业结构比较雷达图

（三）乌鲁木齐与区域物流中心成都的比较

成都正成为全国第四个区域物流中心，其枢纽作用不仅仅服务于成都，而是辐射整个西部，西部的货物到成都集散，发往全国甚至世界各地。与成都相比，乌鲁木齐是西北地区重要的交通枢纽，其是全疆的货物集散地，全疆的货物集中到乌鲁木齐后再发往全国各地，同样全国各地的货物都要经过乌鲁木齐在发往全疆，而在作为中亚、欧洲的货物转运中心方面，乌鲁木齐相比成都更具地缘优势。目前，与成都相比，乌鲁木齐在经济总量上仍存在较大差距，而在交通运输仓储邮政业生产总值方面，成都为 361.03 亿元，乌鲁木齐为 250.96 亿元，虽然绝对量上乌鲁木齐市落后于成都，但是其在国民生产总值中所占比例，乌鲁木齐以 12.54% 远远领先于成都的 4.44%，因此，乌鲁木齐未来的发展可以借鉴甚至超越成都，将其打造成为面向中西亚和欧洲的最大的区域性物流中心。

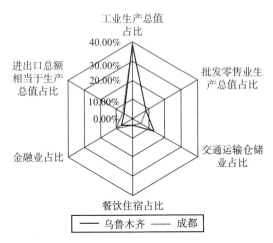

图5　乌鲁木齐与成都产业结构比较雷达图

五、乌鲁木齐市物流中心战略定位

区域性现代物流中心物流业发展战略定位的基本考虑因素是交通区位、产业基础、要素集聚能力等，定位的目的在于确定乌鲁木齐合理的产业发展模式和产业发展内容。为此，乌鲁木齐需要在物流服务的区域辐射范围、与辐射范围相匹配的服务功能，以及利用物流服务环境和条件发展相关产业，形成物流与其他产业之间的互动、共生扩张发展等多维度上确定乌鲁木齐的战略地位（见图6）。

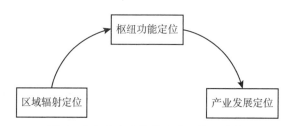

图6　乌鲁木齐现代物流中心战略定位

第一，区域辐射定位。物流效率、成本决定了乌鲁木齐的辐射范围和空间，乌鲁木齐要站在"大开放、大中亚、大亚欧、大合作"的视角确定物流业辐射发展战略定位，明确其在丝绸经济带的区域辐射定位，以便在区域辐射范围的基础上确定产业发展内容，在合理分工的基础上参与丝绸之路的建设。

第二，枢纽功能定位。按照物流辐射范围的不同，考虑到交通基础设施网络条件、运输效率与成本因素，乌鲁木齐按照自身的区位辐射定位，明确其在丝绸之路经济带的物流基础设施、物流服务组织等功能定位，以便重点培育自身的核心物流服务功能，支撑经济和产业发展核心竞争力的形成与提升。

第三，产业发展定位。在物流枢纽功能的支撑下，乌鲁木齐要依托自身的资源禀赋和产业基础，确定在物流产业、与物流产业形成的服务系统能力密切关联的货物贸易、国际贸易等方面的定位，以便既支持乌鲁木齐产业转型升级，又培育有竞争力的增量产业扩张发展。

六、结束语

通过上述研究发现乌鲁木齐自身的特点与优势，乌鲁木齐的交通运输仓储业已然是乌市的重要产业，具有非常大的发展潜力，再加上乌鲁木齐独一无二的面向中西亚的门户区位优势，乌鲁木齐未来10年发展的战略定位应该是辐射西北地区的现代区域物流中心，而在未来20年要发展成为不仅辐射国内西北地区而且辐射到中西亚的现代区域物流中心。在这一总定位下同时发展商贸和金融，提高其作为天山北坡经济带中心城市的辐射和引领作用。

参考文献

[1] 乌鲁木齐市城市规划研究院. 乌鲁木齐市城市总体规划（2011~2020年）[R]. 2011.

［2］中国国家统计局. 中国统计年鉴 ［R］. 2006～2015 年.

［3］陈恒，魏修建，杜勤. "一带一路" 物流业发展驱动因素的动态轨迹演变——基于劳动力投入的视角 ［J］. 上海财经大学学报，2015（2）：31－43.

［4］聂正彦，李帅. 共建 "丝绸之路经济带" 背景下物流业对我国西北地区经济增长的影响分析 ［J］. 西安财经学院学报，2015（6）：85－89.

［5］袁丹，雷宏振. 丝绸之路经济带物流业效率及其影响因素 ［J］. 中国流通经济，2015（2）：14－20.

［6］谢泗薪，侯蒙. "一带一路" 战略架构下基于国际竞争力的物流发展模式创新 ［J］. 中国流通经济，2015（8）：33－39.

［7］董千里. 基于 "一带一路" 跨境物流网络构建的产业联动发展——集成场理论的顶层设计思路 ［J］. 中国流通经济，2015（10）：34－41.

［8］王娟娟. "一带一路" 经济区现代物流体系构建 ［J］. 中国流通经济，2016（3）：25－31.

［9］弓宪文. 城市化与物流业协调发展模型及实证研究——以重庆为例 ［J］. 工业工程与管理，2015（2）：152－160.

［10］吴丰华，白永秀. 以丝绸之路经济带统领西部内陆开放型经济试验区建设：相互关系、重大关切、战略举措 ［J］. 宁夏社会科学，2016（1）：137－143.

［11］崔敏，魏修建. 西部物流业生产率变迁与发展异质性分析——基于丝绸之路经济带的构建 ［J］. 软科学，2015（4）：29－32，47.

扩员背景下上海合作组织成员国贸易潜力预测：基于中国的视角[*]

葛飞秀

（新疆财经大学国际经贸学院）

摘　要：上海合作组织成立至今，其主要功能偏重于安全和政治合作，经济合作发展滞后。其背后原因除了成员国在上海合作组织的定位上存在分歧之外，还因为不仅该组织成员国之间的双边合作效率高于多边合作，而且组织内多变合作的成本与潜在收益之比缺乏吸引力。在扩员背景下，上合组织的贸易潜力和分工合作潜力成倍放大，推动组织内经济合作具有现实意义。本文在综述国内外相关文献的基础上，从中国视角出发分析了上海合作组织成员前后的贸易创造效应和经贸合作潜力，结果显示，上海合作组织在扩员之后的贸易创造效应将成倍提升。因此，扩员背景下推进上海合作组织内的经济合作恰逢其时。

关键词：贸易潜力；上海合作组织；引力模型；区域经济一体化

一、引言

上海合作组织第一次峰会 2001 年 6 月 15 日在上海举行。六国元首签署了《上海合作组织成立宣言》和《打击恐怖主义、分裂主义和极端主义上海公约》。上海合作组织第十三次峰会着力发展务实合作。尽快签署《国际道路运输便利化协定》；商谈贸易和投资便利化协定；推动区域经济合作；建立粮食

---

*　国家社科基金一般项目"丝绸之路经济带下的中国与中亚国家投资便利化问题研究"（项目编号：15BGJ027）；教育部人文社科研究青年基金项目"亚行 CAREC2020 战略与中国（新疆）参与中亚区域经济合作研究"（项目编号：13YJCGJW001）；自治区社科基金一般项目"新疆番茄酱出口增长因素及出口市场潜力研究"（项目编号：14BJY031）。

安全合作机制，在农业生产、农产品贸易、食品安全等领域加强合作。"上海合作组织"的缔结对中国开辟"一带一路"的发展具有很重要的战略意义。

"上海合作组织"自建立以来，双边贸易规模增长缓慢，直到2006年以后增长迅速。中国从其他上海合作组织成员的进出口总额从1994年的56.1222亿美元发展到2014年的1298.121亿美元。从图1的趋势看中国和俄罗斯及中亚国家的贸易从2006年发生了重要的转折，这主要和"上海合作组织"的建设发展有关。2008年受金融危机的影响，中国与俄罗斯及中亚国家的进出口量在减少，直到2009年之后才开始明显增加，再到2013年"一带一路"倡议的提出促进了中国与俄罗斯及中亚国家的进出口。

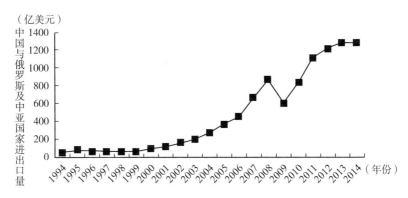

图1　1994~2014年中国与俄罗斯及中亚国家贸易趋势

2010年11月25日，上海合作组织成员国会议在塔吉克斯坦首都杜尚别举行。这次会议，主要是落实2010年6月上海合作组织推动成员国在安全、经济、人文等领域深化合作。

2011年6月15日在哈萨克斯坦首都阿斯塔纳各国元首就进一步深化政治、安全、经济、人文合作，加强组织能力建设等做出具体部署。会议签署了《上合组织10周年阿斯塔纳宣言》（以下简称《宣言》），《宣言》就加强各成员在安全、经济等领域合作达成共识。

二、文献综述

在国际贸易领域的研究文献中，测算出口潜力的研究方法主要有两种，即可计算一般均衡模型和引力模型。两相比较，引力模型不仅具有形式简单、数据要求低的优点，而且能揭示影响贸易潜力的具体因素，实际应用更为广泛。最早将引力模型应用于国际贸易研究的是丁伯根（Tinbergen，1962），他指出两国的双边贸易与各自的经济总量呈正比，而与相互的地理距离呈反比。林内曼等（Linnemann et al.，1966）将人口、人均收入、汇率以及多个虚拟变量纳入引力模型中，进一步丰富了模型的内涵，提高了测算结果的准确性。针对引力模型缺乏理论基础的批评，安德森（Anderson，1979）及其他学者从均衡理论、贸易理论等角度对引力模型进行理论上的证明，为其提供了理论上的支持。经过不断的修正与发展，引力模型在国际贸易研究中获得了相当大的成功，被广泛应用于测算贸易潜力、鉴别贸易集团的效果、分析贸易模式等领域。汉密尔顿和温特（Hamilton and Winter，1992）利用扩展的引力模型测算了欧盟东扩的贸易潜力，发现中东欧国家与欧盟之间有相当大的贸易空间有待挖掘，经济一体化过程将会显著扩大双边的出口贸易。莱曼等（Lehmann et al.，2005）利用调适后的引力模型测算了智利对欧盟的出口潜力，在模型中分析了自由贸易协定、价格竞争力、交通成本等因素对出口潜力的影响，并对主要商品的出口潜力作了进一步的比较研究。借鉴国外的研究方法，国内学者也曾对中国的出口潜力进行过多方位的估算。盛斌和廖明中（2004）基于2001年的截面数据和扩展的引力模型，从总量和部门两个层次就中国对40个主要贸易伙伴的出口潜力进行估算，结果显示中国的出口在总体上表现为"贸易过度"，但对俄罗斯、日本等七个国家或地区表现为"贸易不足"。

　　总体来看，国内外以中国为视角的扩员背景下上海合作组织成员国贸易潜力为对象的研究甚少，此研究存在不足：一是现有文献选择的样本范围普遍较窄，局限于上海合作组织成员国，而这些国家可能是中国向西开放多元化出口市场的潜在对象；二是现有文献多采用截面回归的计量方法，忽略了经济变量的时变效应，也容易出现共线性问题，而采用面板计量方法。与现有文献相比，本文贡献在于三个方面：一是在数据可得性约束下，全面地评估中国对上海合作组织其他成员国的出口潜力；二是通过统计检验指标的多方位比较，选择最可靠的面板数据计量模型进行测算，保证研究结论的准确性；三是基于国际货币基金组织的展望数据，首次对未来五年中国和出口潜力进行预测，指明今后数年内中国多元化出口市场的方向。上海合作组织的建立对中国政府积极推进"一带一路"建设具有很重要的意义。这是很多学者研究的热点，这也是本文的重点。

三、扩员背景下上海合作组织成员国影响因素分析——基于引力模型的分析

（一）模型介绍

大部分学者用贸易引力模型来研究贸易效应。国际贸易中的引力模型指两国之间的贸易量与两国的 GDP 呈正相关，与两国的距离呈负相关。如式（1）所示。

$$T_{ij} = A \frac{gdp_i \times gdp_j}{dis_{ij}} \tag{1}$$

其中，T_{ij} 为国家 i 和国家 j 之间的贸易额；A 为外生常数；gdp_i、gdp_j 分别为国家 i 和国家 j 的国民生产总值。dis_{ij} 为国家 i 和国家 j 之间的距离。

为了更加全面地研究扩员背景下上海合作组织成员国的贸易潜力，本文研究对象为上海合作组织成员国：中国、俄罗斯、哈萨克斯坦、塔吉克斯坦、吉尔吉斯斯坦、乌兹别克斯坦、印度、巴基斯坦，以中国为视角，运用引力模型对中国与各成员国家的面板数据进行回归分析。本文决定运用引力回归模型对扩员背景下上海合作组织成员国预测未来的贸易潜力空间，为未来的进一步发展提供一定的政策建议。模型设定如式（1）。本文之所以将上述经济体选作样本，主要基于以下考虑：丝绸之路经济带的构想中上海合作组织成员国在"一带一路"沿线是核心区国家，为未来发展经贸关系提供了战略意义。这样选取样本具有一定的代表性，回归结果能够更具有说服力。

根据研究目的，本文计量研究贸易引力模型形式如式（2）：

$$\ln exp_{ejt} = \alpha_{ij} + \beta_1 \ln gdp_{jt} + \beta_2 \ln pop_{jt} + \beta_3 open_{jt} + \beta_4 \ln(dis_{ej})$$
$$+ \beta_5 sco_{ejt} + \beta_6 wto_{ejt} + \beta_7 carce_{ejt} + \varepsilon_{ejt} \tag{2}$$

由于出口额（exp_{ejt}）、国民生产总值（gdp）、两国首都间距离的绝对值都非常大，数据不平稳，会造成回归结果的误差偏大，因此对这几项取对数。其中 exp_{ejt} 表示 t 年中国对 j 经济体的出口；gdp_{jt} 分别代表中国和 j 经济体的国内生产总值，并分别表示出口国的潜在出口供给能力和进口国的潜在进口需求能力；dis_{ij} 代表中国首都北京与贸易伙伴 j 经济体首都之间的距离，它代表两国间的运输成本；$open_{jt}$ 表示 t 年 j 国的经济开放程度，以一国的进出口贸易总额占 GDP 的比重来衡量［（export + import）/gdp］；方程式（2）中还引入了反映经济体 i 和 j 之间世界贸易组织（wto）、上海合作组织（sco）、中亚区域经济合作组织（carec）

等国际组织对贸易具有重要影响，文中将扩员背景下上海合作组织成员国是否加入上述模型作为解释变量，如果 t 年该国加入某一组织则取 1，否则为 0，它表示区域经济一体化的实践。β_0 为常数项，β_k（$k=1$，2，…，7）为各个解释变量的回归系数，ε_{cjt} 是与时间和经济体自身特性都无关的随机误差项。模型中解释变量的含义及符号预测如表 1 所示。

表 1   **变量说明及数据来源**

变量名	含义及取值	数据来源	预期符号
$export$	中国对贸易伙伴的出口贸易额（万美元）	联合国 UNCOMTRADE 数据库	未知
$import$	中国对贸易伙伴的进口贸易额（万美元）	联合国 UNCOMTRADE 数据库	未知
gdp_{ct}	中国按现价计算的国内生产总值（万美元）	世界银行（World Bank）数据库	−
gdp_{jt}	贸易伙伴按现价计算的国内生产总值（亿美元）	世界银行（World Bank）数据库	+
pop_{jt}	t 年 j 国的人口规模	世界银行（World Bank）数据库	未知
$open$	贸易伙伴的对外贸易自由度指数	由（$export + import$）/gdp 计算而得	+
dis_{cj}	中国和 j 国首都的距离（公里）	印度尼西亚巴厘岛网站 www. indo. com 的距离测算器	−
wto_{cjt}	虚拟变量，t 年中国、j 国是否同属 wto 组织成员	wto 官方网站	+
sco_{cjt}	虚拟变量，t 年中国、j 国是否同属 sco 组织成员	sco 官方网站	+
$carec_{cjt}$	虚拟变量，t 年中国、j 国是否同属 carec 组织成员	carec 官方网站	+

（二）数据及来源说明

文中使用的总进出口额（$export$ 和 $import$）、国内生产总值（gdp_{ct}、gdp_{jt}）来自世界银行数据库；中国对 j 经济体的出口（exp_{cjt}）和中国自 j 经济体的进口（imp_{cjt}）联合国数据库 UNCOMTRADE 数据库（SITC. REV2 编码）；dis_{ij} 代表中国首都北京与贸易伙伴 j 经济体首都之间的距离，数据来源于 www. indo. com。加入世界贸易组织（WTO）、上海合作组织（SCO）、中亚区域经济合作组织（CAREC）的情况来自各自的官方网站。

表 2 给出了 7 个国家的描述性统计分析，从表 2 中各指标的均值、标准差、最大值、最小值可以看出，上海合作组织成员国各国的经济实力、市场规模、人口规模、市场开放度均有极大的差异。这些数据表明中国如果要扩大上海合作组织成员国贸易，就应尽可能利用丝绸之路经济带的极大的市场，必须提高贸易便利化，建立自由贸易区。

表2　　　　　　　　　　　　模型各变量的描述性统计

变量	均值	标准差	最小值	最大值	样本数量
$export_{cjt}$（万美元）	721039.5	1300204	67.474	5826200	154
gdp_{jt}（亿美元）	3181.948	5538.077	8.606	22306.28	154
pop_{jt}（万人）	21201.52	38400.6	451.51	131105.1	154
dis_{cj}（公里）	4031	770.713	3278	5807	154
$open$	0.573	0.299	0.156	1.697	154

（三）实证分析及研究结论

本文运用计量经济学软件 STATA13.0 分别对面板方程式进行回归分析。在本文使用的面板数据中，时间跨度为 12 年，截面为 7 个国家，属于平衡面板数据。结果如表 3 所示。① 我们使用引力模型对扩员背景下上海合作组织成员国的面板数据。对出口的影响因素进行估计，结果如表 3 所示。表 3 中回归方程（1）、（2）、（3）、（4）、（5）、（6）为模型（1）回归结果。

表3　　　　　　　　　　　　　总体回归结果

变量	混合 OLS		固定效应		随机效应（FGLS）	
	普通标准误（1）	聚类稳健标准误（2）	普通标准误（3）	聚类稳健标准误（4）	普通标准误（5）	聚类稳健标准误（6）
$cons\,tant$	19.092*** (4.640)	19.092* (9.172)	−80.311*** (15.715)	−80.311** (35.517)	19.092*** (4.640)	19.092** (9.172)

---

① 在双边贸易流量可能出现 0 值的情形，鉴于无法取对数，凡遇到 0 值均以 0.025 代替（Kalbasi，2001）。

变量	混合 OLS		固定效应		随机效应（FGLS）	
	普通标准误（1）	聚类稳健标准误（2）	普通标准误（3）	聚类稳健标准误（4）	普通标准误（5）	聚类稳健标准误（6）
$lngdp_{jt}$	1.238 *** (0.083)	1.238 *** (0.140)	1.595 *** (0.114)	1.595 *** (0.188)	1.238 *** (0.083)	1.238 *** (0.140)
$lnpop_{jt}$	− 0.526 *** (0.112)	− 0.526 * (0.228)	4.296 *** (0.942)	4.296 * (2.013)	− 0.526 *** (0.112)	− 0.526 ** (0.227)
$open_{jt}$	0.711 * (0.391)	0.711 (1.087)	1.070 *** (0.315)	1.070 * (0.814)	0.711 ** (0.391)	0.711 (1.087)
$lndis_{cj}$	− 1.150 ** (0.548)	− 1.150 (0.886)			− 1.150 ** (0.548)	− 1.150 (0.886)
wto_{cjt}	0.915 *** (0.218)	0.915 ** (0.340)	0.669 *** (0.161)	0.669 ** (0.196)	0.915 *** (0.218)	0.915 *** (0.340)
sco_{cjt}	1.635 *** (0.165)	1.635 *** (0.224)	0.008 (0.172)	0.008 (0.249)	1.635 *** (0.165)	1.635 *** (0.224)
$carec_{cjt}$	0.229 (0.247)	0.229 (0.289)	0.088 (0.20)	0.088 (0.333)	0.229 (0.247)	0.229 (0.289)
F 值		137.75 (0.000)	197.68 (0.000)	268.16 (0.000)		
样本数	154	154	154	154	154	154

注：①括号内为对应解释变量的标准误（普通标准误和聚类稳健标准误）。②＊、＊＊、＊＊＊分别表示系数在10%、5%、1%的水平上显著。③从模型（1）~（2）的特征值可以看出整体线性关系显著成立。

　　从混合 OLS 回归结果看，对比普通标准误和聚类稳健标准误可知，普通标准误大约是聚类稳健标准误的一半。由于同一个国家不同时期的扰动项一般存在自相关，而默认的普通标准误计算方法假设扰动项独立分布，故普通标准误的估计并不准确。

　　在固定效应模型中，对于原假设"H_0: all $u\_i = 0$"，由于固定效应模型 F 检验的 P 值为 0.000，故强烈拒绝原假设，即认为 FE 明显优于混合回归，应该允许每个个体拥有自己的截距项。

　　在随机效应模型中，使用布勒施和帕甘（Breusch & Pagan，1980）提供的检验个体效应的 LM 检验，其假设为 H_0: $\sigma_u^2 = 0$，而备择假设为 H_0: $\sigma_u^2 \neq 0$。如果

拒绝 H_0，则说明原模型中应该有一个反映个体性质的随机扰动项 u_i，而不应该使用混合回归。结果显示，LM 检验强烈拒绝"不存在个体随机效应"的原假设，即认为在"随机效应"与"混合回归"之间，选择"随机效应"。

到底选择随机效应还是固定效应，需要进行豪斯曼检验。结果显示由于 chi2（7）=78.57，P 值为 0.000，故强烈拒绝原假设"H_0：u_i 与 x_{it}，z_i 不相关"，认为应该使用固定效应模型而非随机效应。因此，在后续的研究中选择固定效应模型（4）进行研究分析。

从回归结果可以看出，回归方程的系数基本上通过了检验，保证了回归方程在统计上的可靠性，另外回归方程的 F 值拟合度高。回归方程（4）的 $\ln gdp_{jt}$、$\ln pop_{jt}$、wto_t 的系数的符号满足现实和理论上的要求，进口国的经济规模对双边的贸易起到正向作用，促进了贸易关系。进口国的人口规模也对双边的贸易起到正向作用，wto_t 促进了贸易关系，这些都符合经济现实。

扩员背景下上海合作组织成员国出口影响的实证检验结果见表3。模型拟合程度高。根据表3 中出口方程模型（3）可知，模型中的 F 值为 197.68，P 值为 0.000，小于任何给定的显著性水平（1%），通过检验。根据表3 出口方程模型（3）可知，模型中通过了进口国的国民生产总值（gdp_{jt}）、人口（pop_{jt}）、经济开放度（$open_{jt}$）和世界贸易组织（wto_{cjt}）四个因素的检验，综合以上检验结果，该线性回归方程整体通过了检验。回归方程表达式为式（3）：

$$\ln exp_{cjt} = -80.311 + 1.595\ln(gdp_{jt}) + 4.296\ln pop_{jt} + 1.07open + 0.669wto_{cjt} + \varepsilon_{cjt}$$

$$(3)$$

四、扩员背景下中国与样本国家出口潜力预测

本文将上述引力模型得到的"理论"出口额，扩员背景下上海合作组织成员国家实际出口额进行比较，对扩员背景下上海合作组织成员国家的出口潜力进行测算，来说明目前中国对上海合作组织成员及扩员国家的贸易出口状态，出口潜力指数的计算公式如式（4）：

$$index_p = \frac{\exp_r}{\exp_t}$$

$$(4)$$

其中，$index_p$ 为出口潜力指数，$\exp_r$ 为出口额的实际值，$\exp_t$ 为出口额的模拟值。当 $index_p > 1$ 时，称为"过度贸易"；当 $index_p < 1$ 时，称为"贸易不足"。本文根据引力模型的扩展方程（4）计算得到出口额的贸易值，从而得到出口潜力指数。吴丹（2008）将实际双边贸易额与理论双边贸易额比值大于1.2 的称为

"潜力再造型"，这种类型的贸易伙伴间的贸易潜力非常有限；将实际双边贸易额与理论双边贸易额比值在 1.2 到 0.8 之间的称为"潜力开拓型"，这种类型的贸易伙伴间仍然存在一定的贸易潜力；将实际双边贸易额与理论双边贸易额比值小于 0.8 的称为"潜力巨大型"，这种类型的贸易伙伴间的贸易潜力很大。

从表 4 中可以看出，1994～2015 年，中国对印度的贸易出口处于"贸易不足"的状态，贸易出口属于"潜力巨大型"。中国对俄罗斯的贸易出口处于"贸易不足"的状态，贸易出口属于"潜力巨大型"。中国对巴基斯坦的贸易出口处于"贸易不足"的状态，贸易出口属于"潜力巨大型"。中国对哈萨克斯坦、吉尔吉斯、塔吉克斯坦的贸易出口呈现"贸易过度"状态，贸易出口"潜力再造型"。中国对乌兹别克斯坦的贸易出口呈现"贸易不足"状态，贸易出口属于"潜力开拓型"。

表4　　　　　　　　　1994～2015 年中国与样本国家贸易出口潜力指数

年份	印度	俄罗斯	哈萨克斯坦	吉尔吉斯斯坦	塔吉克斯坦	乌兹别克斯坦	巴基斯坦
1994	0.556	0.737	1.270	3.358	2.172	1.163	0.822
1995	0.560	0.738	1.247	3.469	2.488	1.143	0.821
1996	0.554	0.736	1.261	3.147	2.421	1.105	0.805
1997	0.560	0.759	1.258	3.142	2.435	1.129	0.807
1998	0.560	0.767	1.323	3.275	2.453	1.125	0.794
1999	0.561	0.745	1.417	3.394	2.208	1.068	0.794
2000	0.567	0.753	1.399	3.331	2.311	1.108	0.790
2001	0.560	0.757	1.337	2.999	2.293	1.135	0.782
2002	0.566	0.758	1.364	3.019	2.248	1.195	0.795
2003	0.567	0.764	1.391	2.942	2.300	1.202	0.800
2004	0.577	0.768	1.357	2.891	2.280	1.183	0.800
2005	0.582	0.770	1.348	2.895	2.343	1.181	0.802
2006	0.590	0.766	1.314	2.797	2.279	1.192	0.798
2007	0.595	0.776	1.305	2.661	2.217	1.190	0.803
2008	0.600	0.793	1.285	2.585	2.222	1.187	0.795
2009	0.596	0.765	1.296	2.595	2.240	1.183	0.792
2010	0.598	0.770	1.273	2.532	2.193	1.147	0.794
2011	0.599	0.776	1.238	2.432	2.157	1.133	0.791

续表

年份	印度	俄罗斯	哈萨克斯坦	吉尔吉斯斯坦	塔吉克斯坦	乌兹别克斯坦	巴基斯坦
2012	0.597	0.768	1.233	2.366	2.074	1.136	0.790
2013	0.596	0.776	1.228	2.304	1.954	1.143	0.792
2014	0.597	0.795	1.233	2.301	1.949	1.131	0.794
2015	0.598	0.7804	1.208	2.345	1.953	1.114	0.796

资料来源：笔者根据表3中模型（4）的模拟值与实际值整理而得。

根据回归结果中的参数估计值，我们在表5中比较了2015年中国对样本国的实际出口额（R）、估算出口额（P）以及出口潜力（$P-R$）。不难看出，中国在2015年的实际出口额远小于估算出口额，存在64791.2亿美元的出口潜力有待挖掘。对样本中的各个区域也都处于"出口不足"状态。由此可见，在丝绸之路经济带下中国的出口贸易出口对经济增长和社会就业的拉动作用还有进一步提升的空间。为消除规模因素对潜力比较的影响，我们进一步测算了出口潜力实现比例（R/P），即已经实现的出口额与理论估算的出口额之间的比值。由出口潜力指标的基本原理可知，当该比例大于1时，意味着中国对该区域处于"出口过度"状态，容易引发贸易保护措施，比值越高，贸易保护的潜在威胁越大；当该比例小于1时，则意味着中国对该区域处于"出口不足"状态，还有市场空间可以挖掘，比值越低，潜在的市场空间越大；当该比例等于1时，意味着中国对该区域的出口处于理论上的理想状态。表5中潜力实现比计算结果表明，中国对上海合作组织成员国的市场拓展较为滞后，出口潜力实现比例最高为吉尔吉斯斯坦（0.403），这可能是由于贸易便利化制约市场空间的扩张，而中国出口企业长期主攻欧美市场，较少关注亚洲市场的经营策略（张会清，2010）。随着"一带一路"倡议的提出未来的出口市场重心适度向丝绸之路经济带国家转移。

表5　　　2015年中国对外贸易处于"贸易不足"和"贸易过度"状态的国家

单位：亿美元

国家	实际出口（R）	估计出口（P）	出口潜力（$P-R$）	潜力实现比（R/P）	出口状态
印度	582.62	36560.54	35977.92	0.016	贸易不足
俄罗斯	348.10	21135.79	20787.69	0.017	贸易不足
乌兹别克斯坦	22.36	1048.97	1026.61	0.021	贸易不足
巴基斯坦	164.81	4314.04	4149.23	0.038	贸易不足

国家	实际出口（R）	估计出口（P）	出口潜力（P-R）	潜力实现比（R/P）	出口状态
哈萨克斯坦	84.27	2763.49	2679.22	0.031	过度贸易
吉尔吉斯斯坦	42.85	106.32	63.47	0.403	过度贸易
塔吉克斯坦	17.97	125.03	107.06	0.144	过度贸易

五、未来五年中国对样本国家出口潜力测算与比较

前面分析结论是针对1994~2015年的情况，揭示中国与上海合作组织其他成员出口潜力分布的大致特征。但从出口市场调整的政策角度来考虑，则应具有一定的前瞻性，立足于中长期内的国际经济发展趋势，提前做出相应的政策安排。为此，基于前述计量模型，以及国际货币基金组织关于经济发展、人口增长的预测数据（World Economic Outlook database，2016年4月12日），测算2021年中国对样本国家和地区的理论出口额，通过2021年的理论出口额（P2021）与2015年实际出口额（R2015）的比较，明确未来几年内中国对各经济体的出口成长空间，为未来五年"一带一路"倡议下中国向上海合作组织其他成员国出口市场调整提供决策依据。表6列示了未来五年中国对样本中各国家的出口潜力数据，（P2021 - R2015）衡量2015~2021年出口增长的潜在空间，反映出口潜力的绝对规模，（P2021/R2015）衡量2015~2021年出口增长的潜在升幅，反映出口潜力的成长性。预测结果表明，在"一带一路"倡议下，中国对印度2021年的出口额有望达到58440.41亿美元，较2015年的实际出口额还有57857.79亿美元的潜在增长空间，潜在的年均出口增速可达31.1%。中国对俄罗斯2021年的出口额有望达到25653.14亿美元，较2015年的实际出口额还有25653.14亿美元的潜在增长空间，潜在的年均出口增速可达31.1%。其中，印度、俄罗斯和巴基斯坦将成为"一带一路"沿线国家出口增长的主要市场，无论是绝对的出口增长潜在空间，还是相对的出口增长潜在升幅，均高于其他区域。

表6　　　　　　　**中国对样本国家的预期出口潜力比较**　　　　　单位：亿美元

国家	2015年实际出口（R2015）	2021年预测出口（P2021）	出口增长潜在空间（P2021~R2015）	出口增长潜在升幅（P2021/R2015）
印度	582.62	58440.41	57857.79	100.31

国家	2015 年实际出口（R2015）	2021 年预测出口（P2021）	出口增长潜在空间（P2021～R2015）	出口增长潜在升幅（P2021/R2015）
俄罗斯	348.10	25653.14	25305.04	73.70
哈萨克斯坦	84.27	3140.54	3056.27	37.27
吉尔吉斯斯坦	42.85	139.17	96.32	3.25
塔吉克斯坦	17.97	107.09	89.12	5.96
乌兹别克斯坦	22.36	2078.22	2055.86	54.47
巴基斯坦	164.81	4315.03	4150.22	26.18

六、结论与启示

第一，中国已跃居全球最大的商品出口国。实际上，基于理论模型的测算结果表明，当前中国对上海合作组织成员国的对外贸易仍处于"出口不足"状态，出口贸易还有相当大的发展空间，有必要通过合理的政策扶持和引导，保障出口贸易的稳定增长。为避免巨额贸易顺差所产生的不利影响，应采取"进出并重"的贸易政策，在确保出口增长的同时，加大国内资源性产品的进口力度，适当降低部分消费品的进口税率，既有利于增进社会福利，又有利于营造适度竞争的市场环境，促使我国国内企业提高产品的质量和档次。

第二，在出口市场多元化的主要对象中，印度、俄罗斯、巴基斯坦等国虽然有着较大的出口潜力，但这些国家与中国经济的同质性较高，对华贸易保护倾向也更明显，理论上的出口潜力向现实出口的转化具有相当大的难度。为此，有必要通过对等开放、区域合作、直接投资等途径破解难题，即提高对这些国家的市场开放度，以换取对方许可中国产品的市场准入；争取同这些国家签订区域贸易协定或者双边自由贸易协定，从制度上降低贸易保护主义的威胁；引导国内企业加大对这些国家的直接投资，以此绕过当地贸易壁垒的束缚。

第三，本文的数量分析虽然测算出了中国在各个市场的出口潜力，为出口市场结构调整指明了大致方向。但理论模型测算出的出口潜力并不等同于实际所能达到的出口水平，前者是建立在若干假设基础上的理想状态，后者则受到市场需求、市场竞争、贸易构成、贸易保护等多方面因素的限制，我们将在今后的研究中对这些因素进行更深入的分析，论证不同地区出口潜力向现实转化的可能性，为对外贸易管理提供更准确的决策依据。

参考文献

［1］盛斌，廖明中.中国的贸易流量与出口潜力—引力模型的研究［J］.世界经济，2004（2）：3-12.

［2］张会清，唐海燕.中国的出口潜力：总量测算、地区分布与前景展望［J］.国际贸易问题，2012（1）：12-25.

［3］段秀芳.中国对上海合作组织国家贸易发展特点及其地位［J］.新疆社会科学，2013（5）：74-80.

［4］高志刚.中国（新疆）企业参与中亚次区域合作的模式与思路［J］.开放导报，2007（1）：77-79.

［5］Anderson J. A Theoretical Foundation of the Gravity Model, American Economic Review, 1979, 69（1）.

［6］Cyrus T. L. Income in the Gravity Model of Bilateral Trade：Does Endogeneity Matter? The Journal of International Trade 9, 2002.

［7］Egger P. An Econometric Vview of the Estimation of Gravity Models and the Calculation of Rrade Potentials, The World Economy 25, 2002.

［8］Hamilton C. Winter. Opening Up International Trade with Eastern Europe, Economic Policy, 1992（14）.

［9］Linnemann H. An Econometric Study in International Trade Flows, Amsterdam：Elsevier, 1996.

［10］Nilsson L. Trade Integration and the EU Economic Membership Criteria, European Journal of Political Economy, 2000（16）.

［11］Tinbergen J. Shaping the World Economy：Suggestions for an International Economic Policy, New York：The Twentieth Century Fund, 1962.

能源约束下的新疆经济可持续发展研究

古丽娜尔·玉素甫　麦提玉苏·麦提热杰普

（新疆大学经济与管理学院）

摘　要： 新疆是我国最重要的能源后备基地之一，大量开发和勘探新疆能源虽然增加了国内的能源供给，促进了我国经济的发展，但是使我国经济高速增长的同时也带来了能源资源的严重枯竭以及经济增长的不可持续性。本文研究如何实现能源约束下的新疆经济可持续发展问题。

关键词： 能源约束；技术进步；极化效应；可持续发展

一、引言

中央实施西部大开发政策以来，新疆经济得到了快速发展，经济建设取得了很大的成就，经济的快速发展也带来了明显的经济效益。但是，在新疆经济快速增长的同时，也出现了各种能源的大量不可持续开发和严重浪费的现象，同时还带来了严重的生态问题和环境问题。相关统计资料表明，按万元 GDP 能耗分析，全国万元 GDP 能耗为 0.793 吨标准煤/万元，新疆为 1.631 吨标准煤/万元，是全国的 2.06 倍。这一数字可充分说明新疆目前能源利用效率的低下。不合理的能源利用方式会导致环境的破坏，甚至还会威胁到人类自身的生存。一个国家或地区能源支持系统的可持续性和不危害环境的能源利用方式的建立是这一国家或地区可持续发展战略的要求。

随着世界经济的迅速发展和人口的快速增长，人类对能源的需求也在不断地增加。随着能源消费量的增加，能源已成为稀缺资源，能源短缺会影响国民生产总值的增长，影响国民经济的发展，成为制约经济可持续发展的主要因素之一。据分析，因为能源短缺而引起的国民经济损失相当于能源本身价值的 20~60 倍。

因此，能源消费量的增加与国民经济的发展之间是有密切的联系的。可持续的能源生产与消费才能使一个国家或地区经济的可持续发展。因此，研究新疆经济可持续发展所建立的现代经济增长模型包含能源利用方程的约束。如何在能源约束之下实现新疆经济的可持续发展是研究新疆经济增长所面临的一个重大问题。

二、文献综述

20世纪70年代，西方世界先后两次石油危机使能源问题的研究进入了一个新的阶段，罗马俱乐部20世纪70年代初的《增长的极限》这一报告警告过世人："我们不只是继承了父辈的地球，而是借用了儿孙的地球"。因此，如果我们继续恣意地掠夺、为所欲为地向自然界贪婪地所取，就无法建立人类社会美好的未来。《联合国环境方案》中也曾用同样的话来告诫过世人，这使能源问题的研究进入了一个新的阶段。

梅森·威尔里奇（Mason Willrich，1975）等经济学家在《能源与世界政治》（*Energy & World Politics*）这一著作中提出，从本质上看，能源问题属于国际性的政治问题。该书提出了管理世界能源问题的国际机制建立的可能性，并探讨了和谐的全球能源关系是如何建立的。该书得出了以下结论：面对世界性的能源问题，在缺乏国际机制的情况下，"自制"是各国的最佳策略，因为"自制"策略能使能源在各国国内得到可持续利用，并为远期有效的国际机制的建立奠定基础。

福曼（Forman）认为可持续发展是寻求一种最佳的生态系统，以支持生态系统的完整性和人类愿望的实现，是人类生存环境的可持续。可持续发展在生态层面上主要强调环境保护与资源的永续利用。

布朗（Brown）认为可持续发展是人口规模处于稳定、高效利用可再生能源、集约高效的农业、生态系统的基础得到保护和改善、持续发展交通运输系统、新的工业和新的工作、经济从增长到持续发展、政治稳定、社会秩序井然的一种社会发展。韦尔施和摩尔斯、弗雷泽和耶辛豪斯（Welsch & Morse，Fraser & Jesing-haus）等学者利用 ESI（环境可持续性指数）对不同国家的可持续性进行分析为生态决策提供了有利的分析工具，促进了环境政策制定和环境管理的定量化和系统化。道尔（Dowers）提出了实现可持续发展四个层次的框架，反映了澳大利亚经济可持续发展的一种观点。他所提出的四个层次包括社会目标、政策目标、政策、行动。

随着能源安全问题越来越突出，国内经济学家也对能源生态系统以及经济可持续发展问题进行了分析和研究。国家计委国土开发与地区经济研究所郝晓辉提出了由社会（包括 23 个指标）、经济（包括 18 个指标）、资源（包括 6 个指标）、环境（包括 20 个指标）四大部分组成的可持续发展指标体系。中国科学院可持续发展战略研究组对相关要素进行内部自洽与外部关联逻辑分析，并根据中国自身的发展特点及评价需要，将指标体系包含的指标分为总体层、系统层、状态层、变量层与要素层，共五个等级。宋瑞在《新疆能源与经济增长质量关系分析》一文中写道："改革开放以来，新疆经济增长率有了明显的提高，实现了年均 10.1% 的高速增长，这一数字比全国平均水平快 0.7 个百分点，与此同时，新疆经济增长的稳定性了进一步的增强，城乡人民生活水平明显改善，劳动生产率也逐年提高。但值得注意的是，经济增长的质量不是很高，这具体表现在以下几个方面：经济结构调整步伐滞后于经济发展的步伐、经济增长效率总体来讲还是比较低、生产技术比较落后、生产成本过高、投资效率低下、地方工业效益下滑，资源利用效率低、能源消耗率过高、环境污染、生态环境破坏严重等。因此，目前的能源发展模式的转变，对于保障新疆经济持续、健康、高速发展具有非常重要的意义。"并分析了新疆能源生态系统发育以及经济的可持续发展问题。

国内外专家从生态层面、社会层面及经济层面提出了自己的可持续发展观。但相关研究中，描述性、归纳性的成分较多，对如何合理地开发以及保持经济的可持续发展方面的综合研究、理论研究偏弱，对能源约束下的可持续发展问题方面的理论探讨则明显不足，构建相关理论的独创性方面的研究还有欠缺。尤其是关于作为我国能源后备基地的新疆的能源生态系统，以及经济的可持续发展的研究极少。本文通过建立能源约束下的新古典经济增长模型，研究如何在能源开发的同时实现新疆经济的可持续发展问题。

三、可持续发展对能源的需求

各国实践表明，在人类现代化社会的资源开发过程中，没有哪一种资源能像能源资源那样产生如此巨大的极化效应（见图 1）。一方面，国家和地区经济发展速度的快慢和发达程度越来越明显地取决于现代能源供应保障体系能力的建设状态；另一方面，快速增长的能源消费越来越明显地干扰和破坏自然生态环境演进状态。因此，能源资源的合理开发和利用便成了世界各国共同面临的基本任务和重大课题。

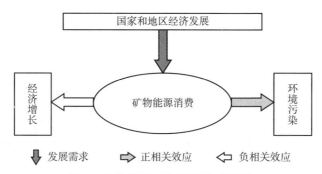

图1　现代能源开发利用的极化效应

中国是发展中大国，正处于工业化的过程中，尚处于社会经济发展的能源密集阶段，无论在目前还是未来的发展中，对能源的依赖程度很高。中国目前的能源现状是东部地区能源短缺，供应严重不足，而西部地区却有着丰富的能源资源。中国实施西部大开发战略时的能源开发就是要利用西部地区的能源优势，开发其丰富的能源资源，在全国范围内达到能源的最优配置。虽然，大量开发西部地区能源资源，可以极大地促进西部经济的发展，缓解东部能源短缺的矛盾，但过度地开发会损害能源作为稀缺资源的可持续发展性。作为能源资源丰富的西部地区之一，新疆能源的大规模勘探开发必将增加我国国内能源的供给，在一定程度上缓解能源供给不足的突出矛盾，对于增强我国的能源安全，将会起到不可估量的重要作用。但随着社会的进步及经济发展，人类对能源的需求及开发利用深度和广度在不断地扩大，人们为了获得最大的经济利益，只顾发展，忽视了可持续性，只顾资源的利用，而忽视了对生态环境的保护，给新疆经济的可持续发展带来了很大的负面影响，导致了新疆经济发展的不可持续性。若要加快新疆经济的发展，就必须保证能源消费量的相应增长，走可持续的能源生产与消费的道路是实现经济可持续发展的前提。有鉴于此，探讨如何实现能源约束下的新疆经济可持续发展应是制定未来新疆能源开发战略的关键。

为了实现人口、资源、环境与发展所构成的系统的合理演化，以及确保经济的可持续发展，人类必须依靠科学精神、科技能力和理性。从古至今，科技进步被视为人类社会发展的基础和第一推动力，人类社会的发展规律归为智力发展。为了创建更高级的人类文明模式，人类必须更加依赖技术文明、科学文明，从而在未来能够更快地形成区域的和代际的可持续发展。

四、能源约束下的经济增长模型

在假定劳动力是常数并标准化为 1 的前提条件下，我们假设 Y, S, K, C 分别表示 t 时期国民经济系统的人均产出、人均能源存量、人均资本存量、人均消费。为实现经济的可持续增长目标，决策者将会决定把一定量的能源在 t 时期投入到生产，假定 E 表示 t 时期投入到生产的能源量。由于我们可以把能源分为可再生能源和不可再生能源，同时又由于不同的勘探技术和开采水平等的影响，能源存量 S 会随着时间 t 的变化而变化的。如果我们假设能源存量 S 的自然增长速率或者再生速率为 σ，则 t 时期能源存量的变化率满足以下方程（1）：

$$\dot{S} = \sigma S - E \tag{1}$$

把各种能源作为生产要素引入生产函数中，在规模报酬不变的前提条件下，生产函数取如下 Cobb – Douglas 模型，则有方程（2）：

$$Y = F(K,\ E) = AK^a(E)^{1-a} \tag{2}$$

式（2）中的 A 代表一定时期的生产技术水平，且 $A > 0$，为常数；以 K 表示人均资本存量，以 E 表示人均能源投入，以 a，$1 - a$ 分别表示资本和能源的产出弹性系数，$0 < a < 1$。这里任何技术进步都被忽略了。则 K 满足方程（3）：

$$\dot{K} = Y - C - \beta K = AK^a(E)^{1-a} - C - \beta K \tag{3}$$

式（3）中 β 表示资本折旧率，C 表示人均消费，$\dot{K}$ 为人均资本变化率。

在此基础上，我们再假设对于经济产出，能源投入是必需的，即若 $E = 0$，则 $Y > 0$，则有 $E > 0$。从经济学角度来看很明显，这一假设是合理的，也就是说经济学中所谓的"没有免费的午餐"。F 是 E 的增函数且边际生产力递减，即经济产出与能源生产要素之间的关系满足经济学关于生产要素的基本假设，本文中在确保经济可持续增长的前提条件下，能源的可持续利用被定义为：能源存量 S 在长期发展过程中具有非负增长率，或者 E（t 时期投入生产能源量）具有负增长。S 的非负增长说明能源存量随时间的变化保持不变（零增长）或随时间的变化而增加（正增长），E（t 时期投入生产能源量）不超过能源再生量 σS，即 $E \leqslant \sigma S$。t 时期投入生产能源量 E 具有负增长时，随时间的变化投入生产的能源量会减少，即随着技术进步和经济的发展，经济对能源的依赖性会越来越减弱。我们假设消费者的效用函数为 $U(C) = \ln C$，用常数 p 表示不同时期的效用贴现率，在以上假定的前提条件下，决策者所面临的问题是在式（1）和式（3）约束之下，对 t 时期能源投入量 E 和人均消费 C 做出选择，实现无限时域中消费者经贴现后的总效用的最大化，即有一下优化问题：

$$\max \int_0^\infty \ln C\, e^{-pt}\mathrm{dt}$$

$$\text{s. t. } \dot{K} = AK^a(E)^{1-a} - C - \beta K$$

$$\dot{S} = \sigma S - E$$

根据现代经济增长理论进行分析和研究，我们可以发现在长期过程中，多数国家或地区的经济增长具有稳态的特点，也就是说所有的人均变量的增长率在长期增长中均为常数。用 Hamilton 函数我们可以解释上述优化问题：

$$J = \ln C + \lambda_1(AK^a E^{1-a} - C - \beta K) + \lambda_2(\sigma S - E)$$

式中，t 时期资本和能源的影子价格分别用 λ_1 和 λ_2 来表示。

在以上优化问题中，S 和 K 为状态变量，E 和 C 为控制变量。最优性条件有：

$$Jc = 0 \Rightarrow C^{-1} = \lambda_1 \tag{4}$$

$$Je = 0 \Rightarrow \lambda_1 AK^a(1-\alpha)EK^{-a} = \lambda_2 \tag{5}$$

$$\dot{\lambda}_1 = p\lambda_1 - Jk = p\lambda_1 - \lambda_{1A}\alpha K^{a-1}E^{1-a} + \lambda_1\beta \tag{6}$$

$$\dot{\lambda}_2 = p\lambda_2 - Js = p\lambda_2 - \lambda_2\sigma \tag{7}$$

由式（3）~式（7）我们可得：

$$\frac{\lambda_1}{\lambda_2} = -\frac{\dot{c}}{c} \tag{8}$$

$$\frac{\lambda_1}{\lambda_2} = p + \beta - \alpha_M \tag{9}$$

$$\frac{\lambda_1}{\lambda_2} = p - \sigma \tag{10}$$

$$\frac{\dot{K}}{K} = M + N - \beta \tag{11}$$

$$\frac{\lambda_1}{\lambda_1} + \alpha\frac{\dot{K}}{K} - \frac{\dot{E}}{E} = \frac{\lambda_2}{\lambda_2} \tag{12}$$

其中 $M = A\alpha K^{a-1}E^{1-a}$，$N = \dfrac{c}{k}$。由于各人均变量的增长率在稳态状态下均为常数，所以，可知 M，N 为常数，对 M 和 N 取对数并进行求导。再利用式（8）~式（12），有：

$$y_{\lambda_1} = -y_c \tag{13}$$

$$y_{\lambda_2} = p - \sigma \tag{14}$$

$$(\alpha - 1)y_K + (1-\alpha)y_E = 0 \tag{15}$$

$$y_K = y_c \tag{16}$$

$$y_{\lambda_2} + y_K - \alpha y_E = y\lambda_2 \tag{17}$$

由式（13）~式（17）可得：

$$y_K = y_c = y_E = -y_{\lambda 2} = p - \sigma \qquad (18)$$

经济可持续增长是实现经济可持续发展的必要条件之一，所以在长期发展过程中要求消费和人均资本应有正的增长，即 $y_K = Y_c > 0$。从而由式（18）知 $\lambda_E > 0$。即在所建立的以上模型的假设之下，经济可持续增长的实现要以相应的能源投入量的增长作为支撑。但是，我们必须要考虑经济发展的过程中能源存量 S 的变化趋势，由能源存量 S 的动态变化方程可得：

$$y_S = \sigma - \frac{E}{S} \qquad (19)$$

式（19）中 $\frac{E}{S}$ 表示 t 时期投入生产的能源比例。因为，能源投入量呈现正的增长趋势，即 $y_E > 0$，必然促使 $y_E < 0$，即能源存量 S 的负增长。这一结论与能源可持续利用的要求是相悖的。产生这样的矛盾究竟是什么原因呢？这是因为在上述模型中技术进步没有被考虑到。对此，从经济角度可以进行如下解释：经济可持续增长的实现，如果不依赖于技术进步，必然是以能源的大量消耗作为代价的。或者我们可以说，经济增长和发展如果没有技术进步就必然属于"粗放型"。如果这样继续下去，最终会导致能源的枯竭，实现社会可持续发展和经济可持续增长也是不可能的。从而说明技术进步是经济可持续增长的动力源泉。为了最终能实现社会可持续发展和经济可持续增长，必须降低产品能耗，增强产品科技含量和竞争力。

五、结论

本文得出的结论是技术进步是经济可持续发展的原动力。技术的落后，致使能源资源的大量消耗，最终会导致能源的枯竭，所以说技术进步在能源约束下促进新疆经济可持续发展中的作用是很重要的。因此，在合理开发和有效利用新疆能源资源的同时，还要重点推动能源行业技术的不断革新。

参考文献

[1] 王庆晓，崔玉泉，张延港．环境和能源约束下的内生经济增长模型［J］．山东大学学报（理学版），2009（2）：52-55.

[2] 尤卓雅．能源替代、安全约束和经济增长［D］．浙江大学，2011.

[3] 王海勤．中国石油城市可持续发展模式研究［D］．哈尔滨工程大学，2006.

[4] 沈满洪，高登奎．生态经济学［M］．北京：中国环境科学出版社，2008.

[5] 张雷．能源生态系统——西部地区能源开发战略研究［M］．科学出版社，2006.

［6］田立新. 能源经济系统分析［M］. 社会科学文献出版社，2005.

［7］王革华. 能源与可持续发展［M］. 化学工业出版社，2004.

［8］BP Statistical Review of World Energy，June 2010 and CIA World Fact Book 2011.

［9］T. Gylfason，G. Zoega. Natural Resources and Economic Growth：The Role of Investment. The World Economy，2006.

［10］Ibrahim Dincer，Marc A Rosen. Energy，environment and sustainable development. Applied Energy，1999，Vol. 64（1），pp. 427 – 440.

［11］Linwei Ma，Pei Liu，Feng Fu，Zheng Li，Weidou Ni. Integrated energy strategy for the sustainable development of China. Energy，2010，Vol. 36（2），pp. 1143 – 1154.

［12］Raymond P. Côté，Theresa Smolenaars. Supporting pillars for industrial ecosystems. Journal of Cleaner Production，1997（6）：67 – 74.

［13］Raymond R. Tan，Kathleen B. Aviso. An inverse optimization approach to inducing Resource conservation in eco-industrial parks，2012（31）：775 – 779.

推进环阿尔泰山次区域跨境旅游合作试验区建设的几点思考

原帼力　王　霞

（新疆财经大学国际经贸学院）

摘　要： 环阿尔泰山地区各地旅游资源具有很强的互补性，拥有良好的边境旅游跨境合作基础和合作环境，为进一步提升环阿勒泰地区旅游沿边开发开放的层次和水平，建立跨境旅游合作试验区势在必行。本文提出以边境旅游合作及开发跨境旅游产品为主导，通过机制体制创新，由四国六方划定一定范围，多边共同规划管理，共同制定并执行有利于国际旅游相关产业发展政策，实现旅游者、旅游产业要素在区域内自由流动，建设跨境合作区，促使环阿勒泰地区旅游和旅游相关产业在区域内高度聚集，规模化、集群化发展。

关键词： 四国六方；跨境旅游合作区；机制；模式

2013 年 9 月 3 日，习近平总书记在哈萨克斯坦纳扎尔巴耶夫大学演讲中呼吁共建"丝绸之路经济带"。中央、国务院多次发文，要求沿边地区在人员往来、加工物流、旅游等方面先行启动，加强与毗邻国地方政府的务实合作，以"政策沟通，道路联通，贸易畅通，货币流通，民心相通"开展丝绸之路沿线国家的区域经济合作。国家旅游局也在 2015 年全国旅游工作会议上提出的"515"战略，其中包括围绕"一带一路"战略开展国际旅游合作，推动与周边国家之间的跨境旅游合作，分步落实特殊的旅游方式和政策。

阿尔泰区域是指以阿尔泰山系为纽带的中、俄、哈、蒙四国交界地区，包括中国新疆阿勒泰地区、俄罗斯阿尔泰共和国和阿尔泰边疆区、哈萨克斯坦东哈州、蒙古国巴彦乌列盖省和科布多省等六个行政主体，面积 78.5 万平方公里，人口约 600 万人。这一区域虽然同属于经济不发达地区，但都有着丰富的资源，具备巨大的经济合作潜力。一是生态环境优越，是亚洲大陆腹地的"湿岛"，水资源和林木资源十分丰富；二是矿产资源含量富集，阿尔泰山系是一条世界级成矿带，蕴藏着丰富的贵金属、稀有金属和有色金属，加强这一区域的矿产资源合作，有利于保障我国巨大的资源需求；三是旅游资源品位高，该区域的阿尔泰—萨彦保护区、卡通保护区、别克哈山保护区、捷列茨科耶湖保护区、马尔卡科尔斯克保护区等都已被列入世界自然遗产名录，目前都已形成了一批各具特色的旅游区。

环阿尔泰山次区域的中国新疆维吾尔自治区（阿勒泰）、哈萨克斯坦东哈萨克斯坦州、俄罗斯阿尔泰边疆区、阿尔泰共和国、蒙古国巴彦乌列盖省、科布多省于 2000 年建立四国六方合作机制，经过十几年的发展，周边国家地区的合作领域持续拓展，合作方式不断创新，推进跨境旅游合作的愿望十分强烈，已经成为双方共同的奋斗目标。2013 年以来，阿尔泰区域合作在四国六方的积极参与下，已成功举办了三届环阿尔泰山次区域经贸合作论坛，联合开发的共识初步形成，各方先后达成了《阿尔泰区域合作倡议》，成立了阿尔泰区域合作国际协调委员会、发表了阿尔泰区域发展跨界合作联合声明，联合举办大阿尔泰体育运动会以及商品展洽等活动。此外，2013 年 9 月，俄罗斯阿尔泰边疆区在亚欧博览会上隆重推介环阿尔泰山旅游线路，获得环阿尔泰山国家地区的积极响应和与会人员的关注。因此，阿勒泰地区旅游业蓬勃发展和次区域合作的基础使得跨境旅游合作机制构建中具备率先发展、率先突破的现实基础。

阿勒泰地区独具魅力的原始生态、古代遗迹、民俗民情构成了天地、自然与人文的和谐统一，是"一带一路"的一颗跨境旅游精品的"明珠"。但是，相同、相近又相邻的区域却被四国分界分割，各国主权界限的划分使区域旅游资源多年封闭，"养在深闺人未识"，旅游线路不畅通，各国景点独立分散，阻碍了跨境旅游合作的发展，因而，在此背景下，提出"推进环阿尔泰山次区域跨境旅游合作试验区"建设的战略，打造跨境旅游精品路线，成为践行丝绸之路经济带沿线国家区域经济合作的关键性举措，有利于新疆北部能迅速成为国家北通道中俄蒙开放格局中的主先锋，使区位优势得到充分发挥，经济合作潜力得到充分释放，更好地融入到国家对外开放的总体格局中去。

一、推进环阿尔泰山次区域跨境旅游合作试验区建设的意义

阿尔泰区域合作，表现出国家利益同新疆利益的高度一致性，对新疆的稳定与发展具有重要战略意义，有利于进一步扩大新疆的对外开放，加快阿勒泰地区

的发展，增强天山北坡经济带在陇海—兰新经济带中的作用和地位，扩大乌鲁木齐作为国际商贸城在东中亚地区和俄罗斯中部地区的影响。

第一，有利于睦邻、安邻与富邻。建设环阿尔泰山跨境旅游合作试验区的是我国与相邻国家，特别是沿边地区在旅游产业领域深化商贸、金融、人文交流、投资合作等多方面合作的试验区，是新疆构建丝绸探索建立跨境旅游合作区符合我国的国家利益和国家战略之路经济带核心区的具体举措。对促进沿边地区经济发展，推进相邻国家关系、缓和国际冲突具有重大意义。

第二，环阿尔泰山跨境旅游合作区是四国外交互信的孵化器和产物。通过举办博鳌论坛的国际性论坛，举办区域性、国际性体育赛事，不但能提升区域知名度、美誉度和影响度，提升新疆国际旅游竞争力，更是新疆政府建设丝绸之路经济带核心区的主要举措。

第三，积极推进在跨境合作区游客免签证等旅游便利化机制形成。对于促进四国范围内人民币国际化具有极大示范作用，对于新疆旅游购物与国际商贸业务发展具有极大推动作用，对新疆开通喀纳斯旅游专用口岸通道，形成独特的国际口岸群，成为丝绸之路旅游合作的窗口，极具示范作用。

第四，围绕跨境旅游合作区规划建设等问题，定期组织双边或多边研讨，推进该区旅游服务标准化和国际质量认证管理，对共同打造旅游品牌、共同防范国际恐怖活动具有重大意义，也对四国六方旅游业发展带来新的生机。推进环阿尔泰山次区域跨境旅游合作试验区的范围更加集中，合作内容更具体化，并且已形成了一定的合作基础，因此，这一构成的前景也更应该看好。

二、推进环阿尔泰山次区域跨境旅游合作试验区建设现实条件

从世界范围看，中国是世界上旅游业发展形势极好的少数国家之一，据世界旅游组织预测，我国到 2020 年入境过夜游客将达到 1.37 亿人次，成为世界第一大旅游目的地和第四大客源国。

从新疆看，有着长达 3600 公里的边境线，与周边 8 个国家相邻，有 17 个一类口岸，旅游资源极其丰富，而阿勒泰作为新疆的"会客厅"，旅游市场较为成熟。特别是相邻的俄罗斯、蒙古均是我国旅游目的地国家，环阿尔泰山旅游也是俄、蒙国家旅游规划大纲的一项重要内容。其现实条件主要表现在以下几个方面：

（一）独特的区位优势

阿勒泰地区与哈、俄、蒙三个国家接壤，边境线长 1197 公里，所辖六县一市均为边境开放县（市），有 4 个国家一类口岸，是我国西北唯一与俄罗斯接壤地区，在地理位置上与俄、哈、蒙三国连成一片，自然地理环境有着明显的一致性，因而有着优越的区位优势。随着"一带一路"建设的发展，阿勒泰和周边城市都将成为节点城市，也是所在国重点发展区域，而周边国家相邻城市对中国日用商品和轻工产品的依赖，边民互市贸易的发展都从空间上为区域旅游生产要素的有效流动提供了潜力，促进了各种旅游活动的萌动。

（二）民族的亲近性和文化的认同性

环阿尔泰山四国六方不仅地缘相邻，而且民族亲近、文化相通，哈萨克族、蒙古族作为跨境民族，在语言、习俗、宗教、文化等各领域都具有相同性。作为我国唯一的一条流入北冰洋的外流河——额尔齐斯河孕育了这一区域的各个民族，也渗透到了民族文化的各个层面，需求消费偏好的相同性，夯实了易于沟通和了解的基础，建立了对区域共同体阿尔泰山脉的归属感与依赖感，也促进了区域易货贸易和旅游贸易的合作。

（三）经济的驱动性

2007 年开始，阿勒泰地区与周边俄、哈、蒙三国贸易额全面增长，2014 年全地区进出口贸易额接近 15 亿美元，"走出去"步伐全面加快，对外贸易和投资均居全疆前列。吉木乃口岸三日免签的落实，塔克什肯口岸实现常年开放并向第三国开放，油气资源和煤炭资源的引进都加大了人流、物流的流动，以口岸为合作节点的跨境旅游得以快速发展。由于旅游业的辐射功能强大，交通、金融、餐饮、住宿、商贸、物流都将带动，使产业合作更加多元化。阿勒泰地区加大了对旅游业的支持，加强与周边国家合作，采取具体有效合作方式，如免签证、免税、车辆自由通行，在边境县（市）相应范围内允许邻国之间旅游要素自由流动，逐步形成了推动跨境旅游经贸合作的强大动力。

（四）旅游资源的互补性

阿尔泰山横亘在中、俄、哈、蒙四国边境地区，绵延2000余公里，森林、矿产资源丰富，盛产黄金、宝石，又被称为"金山"，俄罗斯称这一环四国线路跨境旅游为"阿尔泰大金环"，把这一精品跨境旅游线路命名为"阿尔泰—金山游"。阿尔泰山区地理环境奇特，高山和冰川与湖泊和河流相连形成了雄浑与优美结合的旅游资源。尤其以山谷、草原、河流、湖泊最为典型，额尔齐斯河、鄂毕河、卡通山脉、丘依山脉，还有著名的别卢哈山和友谊峰冰川，与阿尔泰山脉相接的捷列茨科耶湖、玛尔卡湖、呼尔干湖和喀纳斯湖更是美到极致。环阿尔泰山的许多动植物都被列入了各国以及世界自然资源保护名录，拥有丰富而独特的自然资源，悠久的草原文化遗存大量的原始时代的各种石刻、草原石人、鹿石等是草原文化的历史反映。独具魅力的原始生态、古代遗迹、民俗民情构成了天地、自然与人文的和谐统一，必将成为"一带一路"的一颗跨境旅游精品的"明珠"。

三、推进环阿尔泰山次区域跨境旅游合作试验区建设几点思考

环阿尔泰山地区旅游资源具有很强的互补性，并且拥有着良好的合作基础和合作环境，为进一步提升新疆阿勒泰地区旅游沿边开发开放的层次和水平，建立跨境旅游合作区势在必行。建设的整体思路是：以旅游合作及产业发展为主导，通过机制体制创新，由四国六方划定一定范围，多边共同规划管理，共同制定并执行有利于国际旅游级相关产业发展的政策，实现旅游者、旅游产业要素在区域内自由流动，旅游和旅游相关产业在区域内高度聚集，规模化、集群化发展。具体而言，笔者初步形成以下战略思路：

（一）高规划构建区域合作协调机制

环阿尔泰山尽管旅游资源丰富，但被四国管控，主权国家边界是国家安全的基本屏障。是否推进跨境旅游的顺利合作，取决于相邻国家层面各方面条件的制约。目前中俄哈蒙区域合作国际协调委员会组织结构相对扩散，在合作的权威性和务实性方面明显不足，而目前区域跨境旅游合作从各国进出关口的情况就已经

表现得错综复杂，这也是多年来跨境旅游难以推进的主要原因。建议从国家层面上，建立四国高层合作协调机制，将环阿尔泰山跨境旅游合作纳入国家试验区范畴，或者建立跨境旅游特区，纳入上海合作组织机制下，寻找适当切入点的基础推进跨境旅游的务实合作，参照大湄公河次区域经济合作模式，实现四国环阿尔泰山区域间互免旅游签证，提供人员自由往来、货物自由流通、货币自由换汇、车辆自由通行，同时，争取亚投行、联合国计划署等一些国际组织给予外部支持，为环阿尔泰山跨境旅游合作建立一个更具权威性、更有推动力的区域合作化平台。

一是中央政府大力支持，新疆政府积极推动，阿勒泰地区政府具体实施，通过多边谈判，建立四国六方区域性全委旅游合作组织——环阿尔泰山跨国旅游政府间合作同盟。通过建立自由、开放、公正的多边合作框架，推进互为旅游目的地国。借鉴美国与加拿大之间、欧盟各成员国之间便利化通关的成熟经验，在组织模式和机制构建上实现创新务实。

二是在推动建立跨境旅游合作区建设国家层面的磋商协调机制，就跨境旅游合作区建设的法律框架、运行模式、监管方式、优惠政策、市场准入、争端解决等问题进行前瞻性解决。通过多方合作协商取消旅游经营的属地限制，在税收、融资、土地等方面为经营跨国旅游的企业提供优惠政策，探索使用"无障碍旅游"制度，游客在环阿尔泰山区域享有统一购票、食宿等便利，自驾游客可享受车辆通关便利化服务等。

三是建立四国旅游合作发展基金。通过争取亚投行、联合国计划署等一些国际组织款项基金项目，加大投资力度，完善跨境旅游合作区的旅游交通网络、旅游标志标牌、旅游公共服务体系等基础设施；多方合作投资开发旅游景区和旅游接待服务设施、旅游休闲度假区，制定跨境旅游线路产品，组织四国六方间的旅客互送等。

（二）运作和发展模式探讨

目前看，阿尔泰地区国际旅行社寥寥无几，推进环阿尔泰山跨境旅游的企业主体严重缺乏，制约着跨境旅游的实际运营。跨境旅游产品的营销需要国际化旅游精品企业群体来打造，因此，要引入四国乃至世界上有实力的旅游企业，组建旅游企业同盟，共同打造精品线路和旅游产品服务，结合跨境电商，做好大数据的分析，带动旅游商贸的发展。

具体发展思路方面，首先，新疆应积极推动各方形成地方合作机制，以跨境旅游合作试验区为突破口，加强四国六方在基础设施、旅游公共服务设施、跨国旅游线路（产品）打造、市场主体培育、旅游联合营销、市场监管服务、人才培养交流等重点领域的互动与合作。其次，通过多渠道协商，采取边开发边保护的方法，逐步推进式合作，把生态旅游与草原文化旅游相结合，在国与国相邻口岸建立双边或多边合作区，探讨货物、人员、金融等自由流动模式，在口岸所在城市设立旅游签证代办点，推进一次签证相邻四国互认机制，同时，在特定区域设立免税区，在已成熟的景区推动跨国企业共同参与开发的合作模式，以点带面，引领区域跨境旅游合作更加务实发展。最后，推动四国在试验区内先行先试，制定游客出入境便利化措施。主要是：第一，逐步实现旅行社组团签、落地签，直至实现游客持有效证件免签，方便游客跨国旅游。第二，在未发生重大疫情的情况下，对出入境游客免办健康证。第三，对自驾游车辆出境的，建议由旅游部门出具相关证明后，由口岸办办理车辆通关手续。第四，在不违反国家安全规定的前提下，对游客携带旅游商品利用现代化设施检查，提高通关效率等。

（三）跨境旅游线路的选择

设计精品旅游线路是务实推进环阿尔泰山跨境旅游合作试验区建设的第一步。

一是近期选择环形旅游线路或者环形区间旅游路线。如开展中蒙自驾 4～6 日游，中国游客可选择从塔克什肯口岸或红山嘴（大洋口岸）进出，具体从塔克什肯口岸出关，从红山嘴入关，沿途景点有科布多省古城、黄庙，距今 1.5 万～2 万年前有人类居住遗迹的青山洞，有亚洲地区发现的唯一旧石器时代岩画，有巴彦乌列盖省的天鹅故乡——大洋湖，有古老的俄式建筑，有民间狩猎和猎鹰，那达慕等节日，期间有角力、赛马、射箭等体育活动。国内可以把青河县的三道海子、福海县的蝶泉谷、温泉沟等景点串联起来。也可以开展中哈三日游，从吉木乃口岸或阿黑吐别克口岸进出，这里是草原和半沙漠地区与西伯利亚原始森林交界的地带，是观赏草原和森林鸟类的绝佳地点，包括额尔齐斯河、斋桑湖、马尔卡科尔湖、阿拉湖和萨乌斯康湖。此外，塞米巴拉金斯克是哈萨克斯坦伟大诗人阿巴依·库南巴耶夫和杰出作家穆塔尔·奥佐夫的故乡。这些旅游线路都可以呈环线进行，交通非常便利。

二是中期选择中、蒙、俄三国线路。因为目前俄罗斯和蒙古都是我国旅游目的地国家，交通比较便利。该线路从阿勒泰地区红山嘴口岸或塔克什肯口岸—蒙古巴彦乌列盖省—俄罗斯阿尔泰共和国—俄罗斯阿尔泰边疆区—新西伯利亚乘飞机进入新疆乌鲁木齐。该路线除了蒙古国的高山湖泊自然景观以外，俄罗斯境内鄂毕—叶尼赛旅游区更是景色宜人，阿尔泰共和国境内仅大小湖泊就有 7000 余个，切马尔旅游区、乌拉干风景区、库斯卡亚大草原、捷列茨科耶湖，阿尔泰共和国还被喻为"亚洲心脏"，还有著名的新西伯利亚科学院、世界前列的地质博物馆，这条路线适合发展休闲旅游、狩猎旅游、观赏和探险等多种形式的旅游业。需要解决的主要问题是推动红山嘴口岸向第三国开放，放开中、俄、蒙三国车辆的自由通行。

三是从远期积极探索中、俄、哈、蒙四国环阿尔泰山脉跨境旅游合作。该路线主要景点除涵盖了上述三国相邻地区的全部景点以外，还包括新疆的阿勒泰地区"千里旅游画廊"的所有景点。目前四国跨国环线中，各国间口岸开放程度不断加大，蒙俄查干努尔—塔尚塔口岸已向第三国开放，中哈吉木乃—迈哈布齐盖口岸、中蒙塔克什肯口岸均已向第三国开放，中俄吉克普林口岸已被我国口岸办列入"十三五"规划。由中俄哈蒙区域合作国际协调委员会牵头组织的环阿尔泰山跨境旅游已连续多次组团，全线时长20天，相邻地区间也有组团，此线路的推进已取得各方共识。这一区域的大环线旅游发展有望成为"一带一路"上的精品旅游线路，成为国际旅游热点。

综上所述，环阿尔泰山跨境旅游合作试验区的建设有其深刻的现实背景和强大的理论与实践支撑。它是我国与相邻国家，特别是沿边地区在旅游产业领域深化商贸、金融、人文交流、投资合作等多方面合作的试验区。它在边境跨境旅游模式探索、促进各国相邻沿边地区经济发展、推进相邻国家关系、缓和国际冲突等各方面均有积极的推动作用，积极推进，务实发展，前景向好。

参考文献

［1］王辉，杨兆萍. 边境口岸跨国旅游合作机理研究——以新疆为例［J］. 经济地理，2011（8）：1387 – 1391.

［2］王文华. 丝绸之路经济带背景下新疆与中亚旅游一体化可行性研究［J］. 伊犁师范学院学报（社会科学版），2015（1）：67 – 70.

［3］王丽会，原帼力. 上合组织成员国发展跨国旅游合作的途径探索［J］. 对外经贸实务，2015（1）：82 – 84.

［4］仇学琴. 欧洲旅游便利化及对大湄公河次区域旅游发展的借鉴［J］. 经济与管理研究，2007（9）：82 – 86.

［5］钟智全. 新形势下广西与东盟旅游合作路径探析［J］. 东南亚纵横，2015（3）：48 – 52.

生态环境与新疆经济发展耦合关系研究

乌拉尔·沙尔赛开[1]　吐火加[2]

（1. 新疆大学经济与管理学院；2. 新疆师范大学法学院）

摘　要：本文综合运用熵值法、耦合度协调模型、神经网络模型以及 GIS 技术对新疆生态环境与其经济发展的耦合关系进行了分析。其结论表明新疆的经济发展与生态环境的协调性整体偏低，新疆经济发展与其生态环境保护亟待提高。

关键词：新疆；生态环境；经济发展

一、引言

20 世纪 50~60 年代和 80 年代生态环境和经济的协调发展是社会的热点问题。改革开放 40 多年来，新疆经济实现了前所未有的经济发展，但这种经济增长在质量方面并没有突出的贡献。长期以来，新疆经济只靠新疆的资源优势，资源消耗带来环境污染，这样新疆生态环境和自然资源遭遇了不可预料的损失。生态破坏和环境污染不仅会导致生态环境退化，增加生态环境治理负担，还会影响周边居民生活质量，对新疆经济社会产生广泛的负面影响。例如，2010 年新疆环境污染治理投资额达 65 亿元，占地区 GDP 的 1.2%，给新疆经济社会发展造成沉重的负担。当前国内学界对生态环境与经济发展耦合关系的研究以多指标、定量化综合研究为主，评价模型也多采用主成分分析、回归分析、层次分析、模糊数学、SD 模型、EKC 计量模型等。

本文以新疆 7 地区为研究对象，基于地区尺度，融合区域尺度比较分析的思想，综合运用神经网络模型、GIS 技术、熵值函数模型等方法定量分析新疆生态环境与经济的协调发展，以促进新疆各个方面的健康可持续发展。

二、数据来源及指标体系构建

（一）数据来源

本文的研究所采用的数据来源于《中国城市统计年鉴（2010）》《中国县市社会经济统计年鉴（2010）》和《新疆统计年鉴（2010）》。

（二）指标体系构建

结合新疆7个地区的情况选择出环境生态评价指标的平均值或比率，构建出系统的评价指标体系，包括8个方面，共20个单项指标（见表1）。

表1　　　　　　　　　　　　新疆经济与环境协调度评价指标体系

目标层	系统层	控制层	指标层	权重
经济与环境协调度	区域综合经济实力指数	经济水平指数	人均GDP	0.069
			人均社会消费品总数	0.212
		经济结构指数	第一产业从业人员比重	0.057
			第二产业产值比重	0.076
			第三产业产值比重	0.048
		经济效率指数	社会劳动生产率	0.092
			人均GDP	0.016
			GDP年增长率	0.056
			固定资产投资增长率	0.048
	生态环境综合指数	大气环境指数	单位面积工业废气排放	0.287
			万元产值工业废气排放	0.012
		水环境指数	二氧化氯浓度	0.018
			单位面积工业废水排放	0.262
			万元产值工业废水排放	0.012

目标层	系统层	控制层	指标层	权重
经济与环境协调度	生态环境综合指数	生态环境承载指数	人口密度	0.016
			单位绿地面积人口数	0.024
			单位面积工业废弃物排放量	0.009
		生态环境保护指数	工业废水排放达标率	0.018
			工业固体废弃物综合利用率	0.025
			"三废"综合利用产品产值	0.082

1. 经济水平指数

指区域内各经济要素相互作用的结果。

2. 经济结构指数

区域经济结构指数集中反映在各产业的从业人员及产值比重等方面,采用第一产业从业人员比重、第二产业产值比重、第三产业产值比重3个指标来综合衡量。

3. 经济效率指数

经济效率指数是区域经济综合实力的重要体现。该指标通过社会劳动生产率和地均GDP来衡量。

4. 经济活力指数

采用GDP增长率和固定资产投资增长率来衡量经济活力指数,此指标集中反映了区域经济的增长潜力和可持续发展能力。

5. 大气环境指数

大气环境指数是区域生态环境综合发展水平的集中体现,主要体现在各主要废气排放对区域生态环境的影响,这里采用单位面积工业废气排放、万元产值工业废气排放、二氧化硫浓度等3个指标来综合衡量。

6. 水环境指数

水环境指数集中反映了区域水环境变化对区域生态环境的影响,是区域生态环境综合指数高低的另一个重要体现。一般而言,水环境指数越高表明该区域的生态环境综合指数越高，这里采用单位面积工业废水排放、万元产值工业废水排放两个方面来衡量。

7. 生态环境承载指数

一般采用人口密度、单位绿地面积人口数、单位面积工业废弃物排放量等 3 个指标来衡量。区域的生态环境承载指数越高，表明该区域的生态环境建设越好，承载经济增长的潜力就越高。

8. 生态环境保护指数

本研究的生态环境保护指数采用工业废水排放量达标率、工业固体废弃物综合利用率、"三废"综合利用产品产值等 3 个指标来衡量。

三、研究方法及计算结果

（一）研究方法

首先运用熵值函数模型计算出各指标的权重（见表 1），并计算出各市经济水平得分、经济结构得分、经济效率得分、经济活力得分、区域经济综合实力得分、大气环境得分、水环境得分、生态环境承载得分、生态环境保护得分，以及生态环境综合得分等 10 项。

其次在此基础上，运用 SOM 神经网络模型对其进行归类，揭示出各地市的空间格局特征及内在的可能驱动因子。

（二）计算结果

第一，利用熵值函数模型计算出各指标的权重，把指标分为正相关和负指标两类，便于消除各指标量纲对结果的影响。

对于正相关指标，标准化公式为：$x_{ij} = \dfrac{x_j - x_{j\max}}{x_{j\max} - x_{j\min}}$

对于负相关指标，标准化公式为：$l - x_{ij} = \dfrac{x_j - x_{j\min}}{x_{j\max} - x_{j\min}}$

式中：x_{ij}——第 i 个地区的第 j 个指标的标准化值；x_j——第 j 项指标值；

x_{jmax}，x_{jmin}——第 j 项指标的最大、最小值。

根据熵值法的计算步骤进行计算，其结果详见表2。

表2　　　　　　　　　　　新疆各地市指标统计

地区	阿勒泰	塔城	哈密	吐鲁番	喀什	阿克苏	和田
经济水平得分	0.124	0.013	0.029	0.015	0.012	0.001	0
经济结构得分	0.018	0.015	0.014	0.016	0.011	0.009	0.006
经济效率得分	0.126	0.015	0.016	0.024	0.032	0.001	0
经济活力得分	0.006	0.005	0.006	0.004	0.016	0.005	0.004
区域经济发展综合得分	0.213	0.081	0.090	0.082	0.071	0.016	0.010
大气环境得分	0.018	0.002	0.037	0.047	0.042	0.031	0.029
水环境得分	0.028	0.024	0.028	0.032	0.038	0.033	0.018
生态环境承载力得分	0.005	0.003	0.005	0.004	0.005	0.004	0.003
生态环境保护得分	0.009	0.007	0.006	0.036	0.002	0.002	0
生态环境综合得分	0.078	0.057	0.085	0.067	0.051	0.050	0.049

第二，依据熵值函数模型计算出新疆整体及各市域的综合指数 $f(x)$ 和 $f(y)$，然后计算出协调度 C 和耦合协调度 D。计算结果详如表3所示。

表3　　　　　　　　　　新疆环境与经济协调发展的表征判断

地区	$f(x)$	$f(y)$	C	T	D
阿勒泰	0.285	0.076	2.801	0.109	0.705
塔城	0.086	0.058	4.612	0.061	0.512
哈密	0.109	0.083	3.187	0.104	0.524
吐鲁番	0.105	0.107	3.198	0.105	0.561
喀什	0.025	0.082	4.162	0.051	0.478
阿克苏	0.02	0.105	4.317	0.062	0.541
和田	0.01	0.05	4.516	0.051	0.426
综合	0.09	0.08	3.216	0.09	0.532

按照 D 的大小将区域经济发展与生态环境耦合发展状况分为10类（见表4）。

表4　　　　　　　　　　　　　　　协调度等级分类

耦合协调度 D	[0, 0.1)	[0.1, 0.2)	[0.2, 0.3)	[0.3, 0.4)	[0.4, 0.5)
协调等级	极度失调	严重失调	中度失调	轻度失调	濒临失调
耦合协调度 D	[0.5, 0.6)	[0.6, 0.7)	[0.7, 0.8)	[0.8, 0.9)	[0.9, 1)
协调等级	勉强协调	初级协调	中级协调	良好协调	优质协调

第三，神经网络模型计算结果。

首先，利用函数 newsom 导入标准化之后的数据，创建一个自适应特征映射网络，确定网络的输入模式为：$p^k = (p_1^k, p_2^k, \cdots, p_n^k)$，$k = 1, 2, \cdots, 7$；$n = 5$。

其次，利用训练函数 Train 和仿真函数 sim 对网络进行训练并仿真。在 Matlab 7.0 软件中应用神经网络工具箱（NNTOO1），选取网络类型 Self-organizing map，结果显示，经过 70 次的训练之后，网络的误差达到设定的精度，分类已比较稳定（见表5）。

表5　　　　　　　　新疆生态环境与经济发展耦合的空间差异

项目	北疆混合协调发展类环境滞后型（1类）	南疆初级协调发展类环境滞后型（2类）	北疆初级协调发展类环境滞后型（3类）	南疆初级协调发展类经济滞后型（4类）
经济水平得分	0.078	0.029	0.025	0.004
经济结构得分	0.019	0.018	0.017	0.008
经济效率得分	0.075	0.037	0.038	0.009
经济活力得分	0.005	0.006	0.008	0.006
区域经济发展综合得分	0.156	0.081	0.086	0.075
大气环境得分	0.008	0.034	0.042	0.019
水环境得分	0.021	0.028	0.037	0.031
生态环境承载力得分	0.005	0.007	0.005	0.004
生态环境保护得分	0.009	0.005	0.004	0.003
生态环境综合得分	0.065	0.091	0.078	0.071
耦合协调度 D	0.652	0.596	0.597	0.524

四、结果分析

在新疆 7 个地区中，耦合协调度最高的是阿勒泰地区，达到了 0.709，根据表 4 协调度等级的分类，属于良好协调发展类型；最低的是和田地区，耦合协调度为 0.501，属于濒临失调类型，而大部分地区都处于［0.3，0.4］，属于轻度失调阶段。这反映出新疆的经济状况与生态环境的协调性整体偏低。耦合协调度最低的地区分布在南疆，这一特征的形成机理虽然有其有固有的地理因素，也有其经济发展因素。

为了详细探讨各类地区之间经济发展与生态环境耦合协调度的差异及其具体原因，在分析新疆 7 个地区实际经济发展状况与生态环境的基础上，根据表 2 数据值的特点，结合 SOM 方法将新疆 7 个地区分为 4 类，结合表 2 和表 5 所示的各类别地区的综合指标平均值即反映各类别区域之间存在明显的差异。

第一，北疆混合协调发展类环境滞后型区域在经济水平得分、经济效率得分、经济结构得分、区域经济综合实力得分、耦合度得分等方面均处于领先地位，表明该类型区域经济与生态环境发展的较为协调，区域发展以经济建设为主导，且在经济水平、经济效率、经济结构、区域经济综合实力等方面具有较强的比较优势，而生态环境方面的各项指标的比较优势并不明显，深入分析可发现，该类区域是关中地区人口、经济最为集聚的区域，加之关中地区本来就是资源性缺水及人地关系较为复杂的地区，经济发展也尚未完全进入后工业化时代，经济发展对环境的正效益并未完全体现。在局域特征上，该类区域的内部分异特征也较为明显。

第二，南疆初级协调发展类环境滞后型区域经济效率、经济水平、大气环境得分、水环境得分、区域经济综合实力得分较高，耦合度得分为 0.683，接近 0.70，表明该类别区域的经济发展与生态环境相对协调，但经济发展相对占优，生态环境的发展处于相对劣势地位。

第三，北疆初级协调发展类环境滞后型区域经济效率均值得分、经济水平、大气环境均值得分、水环境均值得分、生态环境综合得分等几类得分较高，表明该类别区域的经济发展与生态环境相对协调，但生态环境的发展相对占优。与此同时，该类别经济水平和经济效率相对较好，生态环境方面仅生态环境保护得分相对较低，仅为 0.008。

第四，南疆初级协调发展类经济滞后型该类区域经济活力和生态环境保护方面得分较高，但是在经济水平、经济结构、大气环境、生态环境承载力、耦合度等 5 个方面的得分较低，表明该类区域的经济发展虽然较具增长活力，但是整体的经济增长水平、经济结构等较低，经济结构尚待优化。不仅如此，该区域经济发展与生态环境的耦合程度也较低，处于初级协调水平，即经济增长方式较为粗放，对生态环境的影响较其他区域明显。

五、结论

第一，构建了区域经济发展与生态环境耦合的评价指标体系，运用熵值法进行了权重计算，有效避免了人工赋权的主观性。对 2010 年新疆 7 个地区的经济发展与生态环境耦合关系进行了分析，有助于新疆各地区根据经济发展与生态环境制定合理的协调发展的空间政策。

第二，应用 SOM 神经网络模型对新疆 7 地区的经济发展与生态环境耦合的关系进行了分类，较之传统协调度等级分类方法更为全面，并将 7 地区分成 4 类。

第三，新疆的经济发展与生态环境的协调性整体偏低，经济发展与生态环境保护亟待提高；另外，各类型区域的分布具有明显的区位趋同性，且相邻类别区域具有较强的地理邻近性，各类型区域南北分异较为明显，但各类型区域内部由于地理上的邻近性等多种因素的驱动，差异并不显著。

第四，神经网络的非线性、有监督学习以及一定的推广及概括能力使其在尽量完整保留指标信息的同时，较好地反映了系统的非线性特点，使得网络具有较强的泛化能力，不失为一种有效的评价方法。

第五，虽然本研究采用了熵值法和 SOM 等方法对新疆 7 个地区的经济发展与生态环境耦合状况进行了分析和解释，但尚有一些问题值得商榷：一是各地区的差异较小及其内在机理有待进一步研究；二是本研究通过构建经济水平、经济结构、经济效率和经济活力来评价区域经济发展水平；三是生态环境方面以大气环境、水环境、生态环境承载力和环境保护方面来评价，如果评价指标体系和研究方法发生了变化，研究结果将有何变化。

参考文献

[1] 赵雪雁. 甘肃省经济发展与环境质量的交互耦合关系 [J]. 干旱区资源与环境，2008，22 (6)：1 - 7.

[2] 傅威，林涛. 区域社会经济发展与生态环境耦合关系研究模型的比较分析 [J]. 四川环境，2010，29 (3)：102 - 109.

[3] 刘耀彬, 李仁东, 宋学锋. 中国区域城市化与生态环境耦合的关联分析 [J]. 地理学报, 2005, 60 (2): 237 – 247.

[4] 乔家君. 改进的熵值法在河南省可持续发展能力评估中的应用 [J]. 资源科学, 2004, 26 (1): 113 – 118.

[5] 秦永东, 欧向军, 甄峰. 基于熵值法的人居环境质量评价研究: 以徐州市为例 [J]. 城市问题, 2008 (10): 19 – 24.

[6] 周杜辉, 李同昇. 基于 FA – SOM 神经网络的农业技术水平省际差异研究 [J]. 科技进步与对策, 2011, 28 (3): 117 – 121.

[7] 许月卿, 李双成, 蔡运龙. 基于 GIS 和人工神经网络的区域贫困化空间模拟分析 [J]. 地理科学进展, 2006, 25 (3): 79 – 85.

[8] 延军平. 西北经济发展与生态环境重建研究 [M]. 北京: 中国社会科学出版社, 2008.

[9] 方创琳, 宋吉涛, 蔺雪琴. 中国城市群可持续发展理论与实践 [M]. 北京: 科学出版社, 2010: 279 – 280.

[10] 周杜辉, 李同昇, 哈斯巴根. 陕西省县域综合发展水平空间分异及机理 [J]. 地理科学进展, 2011, 30 (2): 205 – 214.

基于熵权法的企业绩效评价及影响因素分析

——来自新疆企业的案例

郭金忠　韩丰名

（新疆大学经济与管理学院）

摘　要： 本文以新疆工业企业 2001～2008 年数据为样本，利用熵权法赋权建立绩效评价指标体系。根据绩效得分与企业年龄、从业人员数、职工人均薪酬、研究开发支出建立多元回归模型，结果显示企业年龄、从业人员数与企业绩效有显著负相关；职工人均薪酬、研究开发支出与企业绩效显著正相关。此结论为今后新疆企业的公司内部管理，特别是对职工人数和薪酬结构的改革提供了重要的依据和启示。

关键词： 绩效；影响因素；熵权法；新疆工业企业

一、引言

企业绩效微观层面反映企业的经营效率，宏观层面则反映经济的发展。企业绩效评价体系的建立及测评因素研究，既是对企业从过程到结果的评价，又是企业管理者对企业管理的规划的重要参考。因此，本文将通过建立绩效评价体系，研究新疆工业企业的企业年龄、企业规模与绩效的关系。

关于企业绩效的测度，在文献中，通常有以下三种方法：第一种，研究者通常选择总资产收益率、主营业务收益率、净资产收益率等财务指标中的一个或两个来单独或分别衡量企业绩效，这种方法因其衡量的指标并不复杂，得到了广泛应用。例如，刘焱分别选择净资产收益率和总资产收益率衡量绩效，研究企业生命周期不同阶段内部控制力量对公司绩效的影响。王跃堂等选用资产收益率衡量绩效，研究独立董事会的比例与企业绩效的关系。第二种是建立绩效评价体系，综合企业生产经营过程及成果全面的评价企业绩效。1993 年，财政部颁布《企业经济评价指标体系（试行）》，这套体系是我国最初的企业财务性综合评价体系，其分别从盈利能力、偿债能力和营运能力三个方面综合评价企业运营绩效。该体系包括资产负债率、流动比率、速动比率、应收账款周转率、资金利用率、存货周转率、销售利税率和成本费用率 8 个指标。我国现行的企业绩效评价系统构成是由 2002 年财政部确立的。虽然建立了一套评价制度体系、评价标准和方法以及评价机构在内的 32 个指标的体系。但是在实际操作过程中需要根据行业主观选择指标并对指标赋予权重。如杨杰等针对绩效评价体系构建提出了一些建议。第三种是主观评价绩效，这种方法因其主观性强，应用的人并不多。如赵曙明等通过五级量表主观评价企业绩效：母公司对于子公司的预测利润和总体绩效的满意度；与同行业的其他在华企业相比，子公司的经营业绩和利润率是否令母公司满意。

本文认为，一两个指标并不能客观评价企业的经营效率，因此需建立绩效评价指标体系。通过分析工业企业特点并借鉴历史文献指标的选择，建立绩效评价指标体系。我国现行的企业绩效评价系统构成是由 2002 年财政部确立的一套评价制度体系、评价标准和方法以及评价机构在内的 32 个指标的体系。关于企业绩效的评价方法，国内外已有很多的研究，1919 年，美国杜邦公司的杜邦财务分析体系创立；20 世纪初，亚历山大·沃尔创立沃尔评分法，根据赋权的不同可以分为总分法、综合指数法、模糊综合评价法。20 世纪 60 年代托马斯·塞蒂创立层次分析；80 年代，主成分分析法、因子分析法成为常用的多元统计分析方法；1992 年罗伯特和大卫·诺顿明的平衡计分测评法和 1991 年 EVA 评价方法成为主流；随后非线性主成分分析法、熵权法、突变级数法等新的研究方法纳入企业财务绩效评价当中。在具体的应用过程中，评估者需要根据行业主观选择指标并赋值。针对指标权重的赋值，国内文献采用较多有：因子分析法、熵权法、层次分析法、专家评分赋权等。本文在方法的选择上，将利用熵权法对企业绩效进行测度，选择相对客观的方法对指标赋权。

在完成企业绩效评价的测度后，我们要考虑另一个问题，什么因素影响企业绩效？在有关绩效影响因素的历史文献中，企业年龄、企业规模、薪酬、研发支出与绩效究竟有何深层的联系一直是学者们研究企业绩效的重点。对于企业规模、企业年龄，学术界有较大的分歧。

历史文献对于绩效的影响因素分析中，有对财务状况的评价，也有对非财务状况的评价。财务状况的评价如，孙早分析企业资本结构与绩效的关系，其中绩效用资产利润率衡量，资本结构用实收资本与总资本的比衡量。又如胡玲对 132 家跨国公司的公司规模与创新绩效的关系进行研究。非财务状况的评价如李燕萍等人探寻高管报酬、战略并购重组与企业绩效的关系。李善民以我国证券市场251起多元化并购事件分析多元化并购对企业长期绩效的影响。企业生命通常分为成长期、成熟期和衰退期不同的时期智力资本对企业绩效存在差异，李寅龙研究企业年龄与创新绩效发现其关系与企业所处的环境有关。刘焱在探讨生命周期的不同阶段内部控制质量对公司绩效的影响，研究表明：成熟期的公司内部控制质量最高，衰退期的公司内部控制质量最低。企业规模分布的"融资约束"理论认为企业动态与企业年龄之间呈负相关。对于企业规模的衡量，学者一般采用职工人数和销售额。企业职工的人数意味着企业规模的大小，随着职工人数的增多企业所承担的社会责任也会随之增多。严圣艳从员工人数衡量的企业规模与企业创新绩效的研究，发现两者之间呈现明显的倒"U"形关系。工资事关民生，从个人层面讲，是人民安居乐业的基础；从企业层面讲，它直接影响职工的积极性和企业价值的创造。针对企业职工薪酬与企业绩效的研究，已有的文献缺乏多样探讨。大多是针对高管薪酬、薪酬差距与企业绩效的研究，如李燕萍针对来自中国A股上市公司的研究发现高管年薪薪酬对企业绩效的直接正向作用显著。冯根福通过实证分析2005～2010年沪深两市A股上市公司管理者年薪、股权激励、在职消费与公司绩效之间关系，发现管理者持股比例和在职消费之间存在替代关系，管理者持股比例的增加能够抑制在职消费，从而提高公司绩效。刘春的研究发现国企高管与员工的内部薪酬差距与企业绩效显著正相关。研究开发支出是企业创新的投入，企业要想在市场竞争中求得生存和发展，很重要的就是通过研发新产品提高自身竞争水平。我国西南和西北地区的对比发现，信息流动能力、企业技术创新能力、创新环境等方面存在差距。孙慧针对新疆2001～2009年R&D投入与经济增长数据研究，结果表明R&D投入对经济增长有促进作用。徐海峰根据2007～2011年披露的R&D投入信息，对R&D投入与经营绩效关系进行实证研究，发现R&D投入与企业盈利能力显著正相关，并且存在滞后效应。

对于薪酬与企业的关系，历史文献大多考察管理层薪酬与绩效的关系，却很少研究企业职工人均薪酬与绩效的关系，本文试图探寻职工人均薪酬与绩效的关系。这在某种程度上是一种新的尝试和创新。研究开发支出是企业创新的投入，大量文献证明了研发支出与绩效的正相关关系，本文将验证这个观点。本文将试图通过建立绩效评价体系，研究企业年龄、职工人数、职工人均薪酬及研究开发支出对新疆工业企业绩效有何影响，并提出相应的对策和建议，这对企业的发展将有着十分重要的意义。

二、指标体系确定

（一）指标设定原则

企业绩效评价指标体系是一套能全面分析并反映企业经营效益的指标组合。在指标设置中，应保证其指标的可测量性、科学性、客观性、实用性。

1. 可测量性

指标的选取应该能够在企业日常经营活动中确实可测量或在会计活动中体现出来，并通过简单计算得出。

2. 科学性

确保指标体系整体结构的合理。

3. 客观性

在筛选评价指标过程中，不受主观因素的影响，根据其经济含义做出取舍，权重通过科学有效的方法去赋予。

4. 实用性

即指标体系的设置能够切实为企业所用，在指标的可测量基础上保证与日常经营活动接轨。

（二）指标体系构建

对于企业绩效指标评价体系，根据上述体系构建的原则，并借鉴历史文献的成果，建立了由 16 个具体指标构建的评价体系，分别代表偿债能力、营运能力、成长能力及盈利能力，具体 16 个指标如下所示。

1. 流动比率（A1）

该指标反映的是企业在短期内能够变现的流动资产的能力，能向债权人准确说明企业短期还债的能力。通常认为流动比率在 1～2 较为合适。该指标为适度指标。其计算公式为：

$$流动比率 = \frac{流动资产}{流动负债}$$

2. 速动比率（A2）

该指标反映的是企业用速动资产偿还流动负债的能力。它在流动资产中去除了存货这个变现能力相对弱的流动资产，因此通常认为速动比率在 1 时较为适合。该指标为适度指标。计算公式为：

$$速动比率 = \frac{流动资产 - 存货}{流动负债}$$

3. 资产负债率（A3）

该指标反映了企业的资本结构情况，即企业资产总额中负债总额的比率。通常认为资产负债率为 0.6 较为合适。该指标为适度指标。计算公式为：

$$资产负债率 = \frac{负债总额}{资产总额}$$

4. 总资产周转率（B1）

该指标反映的是企业的全部资产使用是否充分的情况，表明全部资产在一年内周转的次数。计算公式为：

$$总资产周转率 = \frac{营业收入}{平均资产总额}$$

5. 应收账款周转率（B2）

该指标反映了应收账款的周转速度，表明每年应收账款平均月被收回的次数。计算公式为：

$$应收账款周转率 = \frac{营业收入}{应收账款平均余额}$$

6. 存货周转率（B3）

该指标反映的是企业对存货管理的效率，存货周转率说明了一定时期内存货周转的次数。存货周转率越高，周转的就越快，产品销售的越好。计算公式为：

$$存货周转率 = \frac{主营业务成本}{平均存货余额} = \frac{主营业务成本}{(期初存货余额 + 期末存货余额)/2}$$

7. 净利润增长率（*C1*）

该指标反映企业经营效率。计算公式为：

$$净利润增长率 = \frac{期末净利润 - 年初净利润}{年初净利润}$$

8. 股东权益增长率（*C2*）

该指标反映企业自有资本增减变动情况增长率和企业资本规模的扩张速度。计算公式为：

$$股东权益增长率 = \frac{期末所有者权益余额 - 期初所有者权益余额}{期初所有者权益余额}$$

9. 总资产增长率（*C3*）

该指标反映企业总资产规模的增长情况。增长率越高，企业扩张速度越快，但在具体企业进行评估时，还要注意资产规模扩张的质量和后续发展的能力。计算公式为：

$$总资产增长率 = \frac{期末资产总额 - 期初资产总额}{期初资产总额}$$

10. 主营业务收入增长率（*C4*）

该指标反映企业营业收入增减情况。通常来说，主营业务增长率可以衡量公司的产品生命周期。若比例低于5%，说明公司产品进入衰退期；5% ~ 10%，公司产品处于稳定的时期；大于10%，说明公司产品处于成长期。计算公式为：

$$主营业务收入增长率 = \frac{期末主营业务收入 - 期初主营业务收入}{期初主营业务收入}$$

11. 净资产收益率（*D1*）

该指标反映的是企业通过生产经营，利用自有资本获得收益的能力，即表明所有者每一元资本能够获得多少净收益。计算公式为：

$$净资产收益率 = \frac{净利润}{所有者权益}$$

12. 总资产利润率（*D2*）

该指标是一综合性效益指标，反映企业全部资产的盈利水平。计算公式为：

$$资产利润率 = \frac{净利润}{平均资产总额}$$

13. 主营业务利润率（*D3*）

该指标反映企业主营业务收入的收益水平。计算公式为：

$$主营业务利润率 = \frac{主营业务利润}{主营业务收入}$$

工业企业财务绩效评价体系详见表1。

表1　　　　　　　　　　工业企业财务绩效评价体系

一级指标	财务指标	变量名称	指标性质
偿债能力	流动比率	*A1*	适度指标
	速动比率	*A2*	适度指标
	资产负债率	*A3*	适度指标
营运能力	总资产周转率	*B1*	正向指标
	应收账款周转率	*B2*	正向指标
	存货周转率	*B3*	正向指标
成长能力	净利润增长率	*C1*	正向指标
	股东权益增长率	*C2*	正向指标
	总资产增长率	*C3*	正向指标
	主营业务收入增长率	*C4*	正向指标
盈利能力	净资产收益率	*D1*	正向指标
	总资产利润率	*D2*	正向指标
	主营业务利润率	*D3*	正向指标

（三）利用熵权法确定权重

熵权法的基本原理：对于某个指标，其指标间的变异程度越大，熵值越小，表明指标在综合评价中的作用越大，即权重越大；反之，变异程度越小，熵值越大，表明在综合评价中的作用越小，即权重也越小。

在企业绩效指标体系中，有些指标是越大越好，即正向收益性指标；而有些则是越小越好，即逆向成本性指标；还有一些则是希望处于某一水平，即适度指标。因此，需要先对数据进行标准化处理以消除不同指标数据间属性和量纲的差异。对于选定的 13 个指标，*n* 个企业，构成矩阵，对 13 个指标做如下标准化处理，除去偿债能力的 3 个指标是适度，其余 10 个均为正向指标。

1. 适度性指标的处理，对它作如式（1）变换

$$Y_{ij} = 1 - \frac{|x_{ij} - \alpha|}{\max_l |x_{ij} - \alpha|} \quad (1)$$

2. 正向指标，对它作如式（2）变换

$$Y_{ij} = \frac{x_{ij} - \min_j(x_{ij})}{\max_l(x_{ij}) - \min_l(x_{ij})} \quad (2)$$

3. 求出各权重的熵值

据信息论中信息熵的定义，定义第 j 个指标的信息熵为式（3）。

$$E_j = \frac{1}{\ln n} \sum_{i=1}^{n} (p_{ij} \ln p_{ij}) \quad (3)$$

其中，表示第 j 个指标下第 i 个企业的比重。

4. 计算第 j 个指标权重如式（4）

$$p_{ij} = \frac{Y_{ij}}{\sum_{i=1}^{n} Y_{ij}} \quad (4)$$

三、数据和权重确定

（一）数据来源

本文所用的数据来自中国工业企业数据库，为保证数据的有效性，对原始数据进行了如下筛选与整理。

第一，以法人代码为标准，剔除了原始数据的重复值；

第二，剔除了原始数据资产不等于负债加所有者权益的企业；

第三，由于指标建立的需要，将数据根据法人代码匹配出企业年初、年末的财务报表数据，去除匹配不出来的数据。

（二）数据的描述性统计

数据的描述统计如表2所示。

表2　　　　　　　　　　　　　数据描述性统计

年份	样本量	统计量	goal	age	lnstaff	lnperwage	rd
2002	951	均值	14.00	17.40	4.90	2.26	—
		标准差	10.72	15.67	1.32	0.57	—
2003	886	均值	15.00	16.64	4.91	2.38	—
		标准差	10.25	15.12	1.30	0.54	—
2004	872	均值	15.00	14.14	4.86	2.53	—
		标准差	3.07	3.64	2.19	1.61	14.18
2005	987	均值	9.41	13.27	4.80	2.58	201.09
		标准差	6.57	13.21	1.29	0.51	1855.15
2006	1143	均值	8.00	12.23	4.75	2.71	154.58
		标准差	5.74	12.18	1.21	0.56	1750.02
2007	1094	均值	11.00	11.17	4.85	2.89	1236.37
		标准差	7.94	11.23	1.24	0.56	15878.50
2008	1107	均值	10.00	10.68	4.77	3.06	—
		标准差	8.06	10.47	1.21	0.54	—

（三）各指标的权重确定

通过新疆工业企业2001～2008年数据为样本，通过上述熵权法的计算可以得到工业企业绩效评价体系的赋权（见表3）。

表3　　　　　　　　　　　　工业企业绩效评价体系权重

一级指标	财务指标	均值	合计
偿债能力	流动比率	0.0169	0.034
	速动比率	0.0083	
	资产负债率	0.0088	

一级指标	财务指标	均值	合计
营运能力	总资产周转率	0.3232	0.5572
	应收账款周转率	0.0959	
	存货周转率	0.1381	
成长能力	净利润增长率	0.068	0.3112
	股东权益增长率	0.011	
	总资产增长率	0.1172	
	主营业务收入增长率	0.115	
盈利能力	净资产收益率	0.0168	0.0977
	总资产利润率	0.0528	
	主营业务利润率	0.0281	
合计		1	1

　　营运能力占绩效评价的 55.72% ，成长能力占比 31.12% ，盈利能力占比 9.77% ，偿债能力仅占 3.4% 。从这四个能力的占比来看，营运能力所占比重最大，可以说，营运能力是企业能否实现可持续发展的灵魂，盈利能力和成长能力是企业效益质量和资产安全的体现，偿债能力则是企业生存和发展的基本保障。这 13 个指标之间相互影响，共同反映了企业的经营绩效。

四、企业绩效的影响因素分析

（一）影响因素

　　企业生命通常分为成长期、成熟期和衰退期，不同的时期智力资本对企业绩效的影响存在差异。但总体来说，随着企业从成长期到成熟期到衰退期的演变，企业信息不对称、管理层惰性的问题从无到有、日益凸显，使企业逐渐走向衰落。企业职工的人数意味着企业规模的大小，随着职工人数的增多企业所承担的社会责任也越多，经济成本也越多，因此一味地增加企业人数未必能提高企业的经营绩效。工资是人民安居乐业的基础，从企业角度讲，它影响职工的积极性和企业价值的创造，因此工资的提高能够促进职工生产的积极性。企业要想在市场竞争中求得生存和发展，很重要的一点就是通过研发新产品提高自身竞争水平，于是研究开发支出是企业提高竞争的途径。

基于上述，提出以下假设：

假设 H1：企业年龄越大，其绩效越高。

假设 H2：企业越多，企业绩效越低。

假设 H3：职工人均薪酬对企业绩效有正向影响。

假设 H4：企业研究开发支出投入与企业绩效正相关。

（二）回归模型

针对上面提出假设，建立多元回归模型如式（5）。

$$GOAL = \beta_0 + \beta_1 \cdot age + \beta_2 \cdot \ln staff + \beta_3 \cdot \ln perwage + \beta_4 \cdot r\&d + \xi \quad （5）$$

回归模型中，$GOAL$ 表示通过熵权法赋权后计算出来的企业绩效得分，age 表示企业年龄，$\ln staff$ 表示将企业年平均职工人数取自然对数，$\ln perwage$ 表示将企业应付职工人均薪酬取自然对数，$r\&d$ 则表示企业研究开发支出。

（三）回归结果

具体回归结果详见表4。

表4　　　　　　　　　　　　　各年描述分析结果

变量	2002	2003	2004	2005	2006	2007	2008
(S. E)	14. 054 *** (1. 781)	13. 643 *** (1. 862)	13. 875 *** (2. 212)	10. 331 *** (1. 263)	8. 667 *** (0. 996)	12. 718 *** (1. 476)	7. 656 *** (1. 599)
Age (S. E)	− 0. 142 *** (0. 022)	− 0. 141 *** (0. 022)	− 0. 167 *** (0. 026)	− 0. 078 *** (0. 016)	− 0. 078 *** (0. 014)	− 0. 102 *** (0. 022)	− 0. 064 *** (0. 023)
lnstaff (S. E)	− 0. 672 *** (0. 259)	− 0. 508 ** (0. 260)	− 0. 508 ** (0. 234)	− 0. 501 *** (0. 169)	− 0. 272 ** (0. 143)	− 0. 555 *** (0. 206)	− 0. 603 ** (0. 199)
lnperwage (S. E)	2. 639 *** (0. 603)	2. 467 *** (0. 623)	1. 897 *** (0. 748)	0. 968 ** (0. 413)	0. 508 * (0. 296)	0. 647 (0. 424)	1. 771 *** (0. 446)
r&d (S. E)				0. 000333 *** (0. 000116)	0. 000478 *** (0. 000096)	0. 000037 ** (0. 000015)	

变量	2002	2003	2004	2005	2006	2007	2008
F	24.889	21.532	17.595	11.639	16.729	11.200	10.223
P	0	0	0	0	0	0	0.000001

注：*、**、***分别表示显著性水平为 0.1、0.05、0.01，2002 年、2003 年、2004 年、2007 年、2008 年研发支出统计指标缺失。

从回归模型的总体显著性来看，2002~2008 年回归模型在 1% 水平上显著，说明模型中各个因素对企业绩效的共同影响是显著的。纵向来看，随着时间的推移，从 2002 年到 2008 年，F 统计量逐年降低，说明企业年龄、职工人数、职工人均薪酬、研发支出这四个因素对企业绩效的共同影响逐年降低。

从单个回归系数的显著性来看，age 和 lnstaff 在 5% 的显著性水平下与企业绩效显著负相关，即企业年龄与职工人数对企业绩效起着明显的消极作用。而 lnperwage 和 r&d 在 10% 的显著性水平下与企业绩效显著正相关，即职工人均薪酬和研发支出对企业绩效有明显的积极作用。

纵向来看，随着时间的推移，2002~2006 年，企业年龄、职工人数、职工人均薪酬的系数绝对值与显著水平逐年降低，说明这几个影响因素对企业绩效影响呈下降趋势，且统计显著；2006~2008 年，企业年龄、职工人数、职工人均薪酬的系数绝对值与显著水平逐年降升高，但统计显著。2005~2007 年，研发支出系数与显著水平逐年降低但统计显著。

五、结果分析

企业在成立初期，企业投资人员与管理人员、员工往往有较高的积极性，成长速度较快，绩效水平往往较高；到了成熟期，企业盈利能力较强，现金流量充足，但与此同时，委托代理和信息不对称的问题日益凸显，管理者权力增加、在职消费的问题等内部控制问题会逐渐使企业的产出增长速度放缓，绩效水平并不如初期那么高；到了衰退期企业管理层惰性、代理问题进一步加重，同时企业融资困难现金流转不畅等问题使得企业逐渐走向衰落，绩效更加降低。本文所研究的企业年龄与绩效的负相关关系证实了这一点。当然本文的不足之处在于未研究不同生命周期对企业绩效的影响。

本文采用的以职工人数作为企业规模衡量的指标，职工人数的增加意味着企业规模的壮大，企业产出也随之增大，但同时企业的管理成本也在增大，因此企业未必能够保持原有的绩效水平。本文的回归结果证实了这一观点。单纯地增加职工人数并不能简单地提高工业产值及企业绩效，管理者更应该注重职工个人水平和生产效率。

改革开放以来我国职工工资大幅增长，很大程度刺激了职工的积极性，成为经济发展的重要推动因素。本文的回归结果证实了工资与绩效明显正相关。由于本文的数据来源企业年度财务报告，没有分别披露管理层和普通职工的薪酬，因此本文的不足之处在于，未能够研究管理层、普通职工的薪酬分别对企业绩效的影响程度。

研究开发投入的多少受到企业自身实力和企业对研发的态度的影响。研究开发支出是决定企业绩效的重要资源，是企业获得竞争优势实现经济增长的主要驱动因素。本文的回归结果同样证实了这一点，但是不足之处在于未能对研发支出的时滞性与绩效进行研究。

六、结论和政策建议

本文通过建立新疆工业企业绩效指标评价体系，对《中国工业统计年鉴》的新疆工业企业的绩效进行测评。在对企业年龄、职工人数、职工人均薪酬、研究开发支出进行多元统计回归后，发现企业年龄、职工人数与企业绩效显著负相关，而职工人均薪酬、研究开发支出与企业绩效显著正相关。

在企业生命周期的不同阶段，管理者应当注重内部控制，避免随着时间的推移，企业内部消耗导致企业的衰落。随着企业扩张，企业不应一味通过增加职工人数来寻求产出的增加，应适当控制人数，注重职工水平和管理效率。适当提高职工薪酬可以提供职工积极性，提高职工薪酬将比增加职工人数更有利于提高企业绩效。研发投入能够增加企业竞争力，因此加大研发投入是一种有效提高企业绩效的方式。

参考文献

［1］贾宁，李丹．创业投资管理对企业绩效表现的影响［J］．南开管理评论，2011（1）：96－106．

［2］王跃堂，赵子夜，魏晓雁．董事会的独立性是否影响公司绩效？［J］．经济研究，2006，5：62－73．

［3］李燕萍，孙红，张银．高管报酬激励，战略并购重组与公司绩效——来自中国A股上市公司的实证［J］．管理世界，2008（12）：177－179．

［4］于东智．资本结构，债权治理与公司绩效：一项经验分析［J］．中国工业经济，2003

（1）：87 – 94.

　　[5] 刘焱，姚树中．企业生命周期视角下的内部控制与公司绩效 [J]．系统工程，2014，11：3.

　　[6] 杨杰，方俐洛，凌文辁．对绩效评价的若干基本问题的思考 [J]．中国管理科学，2000，8（4）：74 – 80.

　　[7] 赵曙明，高素英，耿春杰．战略国际人力资源管理与企业绩效关系研究——基于在华跨国企业的经验证据 [J]．南开管理评论，2011（1）：28 – 35.

　　[8] 衣长军，谢月婷．基于 AHP 法和熵权法的企业管理熵流值计算 [J]．运筹与管理，2012，21（5）：235 – 241.

　　[9] 孙早，王文．产业所有制结构变化对产业绩效的影响——来自中国工业的经验证据 [J]．管理世界，2011（8）：66 – 78.

　　[10] 胡玲．在华子公司自主权与创新绩效统计分析 [J]．统计与决策，2014（20）：185 – 188.

　　[11] 李善民，朱滔．多元化并购能给股东创造价值吗？——兼论影响多元化并购长期绩效的因素 [J]．管理世界，2006（3）：129 – 137.

　　[12] 李寅龙．基于创新环境类型的企业年龄与创新绩效关系研究 [J]．企业经济，2015（8）：30 – 35.

　　[13] 李洪亚，史学贵，张银杰．融资约束与中国企业规模分布研究——基于中国制造业上市公司数据的分析 [J]．当代经济科学，2014，36（2）：95 – 109.

　　[14] 严圣艳，唐成伟．企业规模与中国高新技术企业的创新绩效研究 [J]．管理现代化，2012（5）：72 – 74.

　　[15] 陆正飞，王雄元，张鹏．国有企业支付了更高的职工工资吗？[J]．经济研究，2012，3：28 – 39.

　　[16] 冯根福，赵珏航．管理者薪酬，在职消费与公司绩效——基于合作博弈的分析视角 [J]．中国工业经济，2012（6）：147 – 158.

　　[17] 刘春，孙亮．薪酬差距与企业绩效：来自国企上市公司的经验证据 [J]．南开管理评论，2010（2）：30 – 39.

　　[18] 孙慧，钟小梅，董彦斌，等．新疆 R&D 投入与经济增长的灰色关联度分析 [J]．中国商贸，2012，31：222 – 224.

　　[19] 徐海峰．企业 R&D 投入与经营绩效关系的实证研究——基于辽宁省上市公司的经验数据 [J]．科学管理研究，2012，30（5）：93 – 96.

　　[20] 程玛．基于因子分析的云南省上市公司绩效评价研究 [D]．中央民族大学，2015.

Contribution of the Marginal Abatement Cost Curve (MACC) to Social and Environmental Accounting

Juergen Seufert, Brian Andrew*

Abstract: The purpose of this paper is to introduce the MACC as a 'new accounting' tool into an intra-company, managerial accounting, information system, management and behavioural change context with the aim of evaluating its compatibility with prevailing management accounting techniques and its usefulness for investment decision-making. The literature review and conceptual analysis reveals that in order to establish a MACC the respective managerial and information system context matters significantly for the provision of necessary data. The MACC could support management decisions which are concerned with the costs and benefits of CO_2 abatement and facilitate behavioural change in organisations. It could help to address some weaknesses in prevailing management accounting techniques and information systems.

Keywords: Marginal Abatement Cost Curve; investment decision; cost benefit; communication tool

* Corresponding author

边际减排成本曲线（MACC）
对社会和环境会计的贡献

尤根·索伊弗特（宁波诺丁汉大学商学院）

布莱恩·安德鲁（通讯作者）

摘　要：本文主旨是将 MACC 作为一种新型的会计工具引进企业内部、管理会计、信息系统和管理行为的环境中，目的是评估 MACC 与现有的管理会计技术的兼容性和其对投资决策分析的实用性。文献综述与概念分析表明，公司的管理和信息系统环境对建立 MACC 曲线模型所必需的数据起着十分重要的作用。MACC 可以支持有关 CO_2 减排和促进改善企业行为方面的管理决策，并能帮助解决一些在现有的管理会计技术和信息系统中存在的缺陷。

关键词：边际减排成本曲线（MACC）；投资决策；成本收益；交流工具

1. Introduction

Bebbington and Larrinaga-Gonzalez (2008) outline the scientific basis of Global Climate Change, which has been acknowledged as an urgent issue (IPCC, 2013). Policy instruments such as emissions trading that target reduction in greenhouse gases will or have already impacted on many parties, including companies (Bebbington and Larrinaga-Gonzalez, 2008). Internal decision-making based on traditional management accounting has generally failed to take emissions into consideration (Gibson and Martin, 2004; Savage, et al., 2001; White and Savage, 1995). Internalisation of emission costs is crucial to investment decisions that impact on future emissions and cost-structures. The world is in the position where science has alerted us to a problem of global warming caused by the build-up of greenhouse gases in the atmosphere that may threaten our civilisation. There are engineering solutions to the problem if we are pre-pared to move away from the burning of fossil fuels, but the hardest issue is the need for corporations and individuals to change their behaviour.

For corporations to adapt might require an appropriate management information sys-tem and a management approach focused on organisational change. The Marginal Abate-ment Cost Curve (MACC) as a means to facilitate least-cost emission-oriented invest-ment decisions will be introduced within a discussion of internal accounting to illustrate compatibility with existing management approaches, challenges to management informa-tion systems, contributions to management and initiation of organisational change. The MACC is a graphical illustration of options available to achieve increasing levels of emis-sions reductions at lowest possible costs. It will comprise a series of cost/benefit calcula-tions represented graphically in a single document which will facilitate communication and understanding.

The MACC has been used in a number of settings already but it has not been con-sidered seriously in the accounting literature. Turner et al. (2010) used a MACC to model the potential costs of Carbon Dioxide equivalent (CO_2-e) abatement opportuni-ties for the US from 2009 until 2020 or 2030 to suggest the most cost-effective solutions available to policy makers. On a regional level Choate et al. (2005) proposed a MACC for non-CO_2-emissions to recommend the most cost-effective mitigation options within California. McKitrick (1999) derived recommendations about the indifference from a cost-efficiency point of view of either output or emission restriction on companies from his theoretical evaluation of the MACC on a single company. Finally, Bauman et al. (2008) analysed the impact of technology innovations in the Korean electric power sec-tor using a MACC.

These previous studies are within the (environmental) economics and management literature as well as part of private consulting firms' research. An application to account-ing is still lacking, and this is the purpose and main contribution of this paper. It is ar-gued that the MACC can be used within an organisation to improve the environmental quality of investment decisions and management's response to environmental sustainabili-ty by focusing attention on the costs and benefits of emission reductions during invest-ment decision-making.

The remainder of the paper is organised in the following manner. Section 2 discus-ses the main features of a MACC. Section 3 elaborates on the application of the MACC within Management Accounting. The final section considers implications, conclusions and limitations.

2. Features of a MACC

The earliest carbon abatement cost curves were estimated in the 1990's (Jackson, 1991; Kesicki and Ekins, 2011; Mills et al. , 1991; Sitnicki et al, 1991).

The current and future emissions of a business as usual (BAU) scenario have to be estimated before it is possible to identify potential abatement opportunities. This is so that only those abatement projects which would not have taken place anyway are included. The MACC depicts on the abscissa (x-axis) the amount of CO_2-e in tons which can be saved per annum of each project. Thus, the wider the bar of a project the more CO_2-e can be abated. The ordinate (y-axis) shows net costs/benefits of investments per ton of CO_2-e per annum. That is, if net costs of a particular project are below zero (below the abscissa) then this project provides net cost reduction benefits to the company; and vice versa. As illustrated in Figure 1 variances and the carbon price set by either policy or carbon permit market can be illustrated in order to show the threshold above which it would be cheaper to buy emission permits rather than entering into a project.

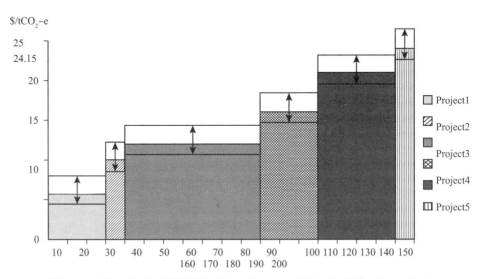

Figure 1: Hypothetical MACC with variances and threshold for six projects

This example of a MACC depicts six projects with different cost per tCO_2-e (depicted on y-axis) and different abatement amounts depending on the width of each bar (x-axis). The projects are put in order ascending to their respective cost per tCO_2-e, starting with the lowest cost on the left. Variances are depicted as boxes on top of each bar with the arrows illustrating the upper and lower boundaries. The price of CO_2-e permits is at ＄24.15 in Australia, and as projects 1 – 4 are below this figure they would be worthwhile undertaking. Project 5's upper boundary touches on this mark and would make an investment decision indifferent to the purchase of permits; and project 6's lower boundary would make an investment favourable while considering its upper boundary we would reject an investment, since per cost tCO_2-e is above the price of carbon permits.

One of the most important features of a MACC is its potential as a vehicle of communication about the relationship between the costs and benefits of investment decisions which aim to increase organisational efficiency at the same time as optimising the environmental benefits. It uses both inscriptions and graphical images to enhance communication about complex relationships which must be considered by management. Robson (1992) explains the characteristics of inscriptions in accounting as action at a distance. As it translates remote organisational elements such as stocks, buildings, production processes and so on, into monetary quantities, accounting inscriptions build powerful explanations. The refinement of writing and quantification procedures leads to an increased potential of accounting to represent reality in order to act on it (control or dominate), to provide a means of long-distance control and to ensure compliance (Bloomfield and Vurdubakis, 1994; Robson, 1992). Inscriptions have the important attribute that they can translate local events into textual, numerical or graphical forms which are mobile and remain immutable through their displacements (Qu and Cooper, 2011). Therefore, accounting inscriptions can communicate information and promote a common frame of reference. Graphical inscriptions like the MACC are a powerful mechanism to provide support for challenged knowledge claims, as they can convince opponents about the validity of one's evidence (Smith, et al., 2000) and are generally a pervasive means of communicating information.

Graphical representations can be used for communication and for presentation of data to an audience. They reveal links between phenomena that seemed to be unrelated; can detect similarities between events that are in time and space separated; and can support a move from details to generalities. Furthermore graphs can summarise, communicate and distil (financial) information to also show trends, anomalies and/or patterns, as they are able to transcend scales of time and place, rendering invisible phenomena…into easily apprehended icons (Smith et al. , 2000, p. 75). Graphs are mobile and can be brought into different settings while remaining stable even if they are transported into a different context (Beattie et al. 2008). Through graphs data can be seen and understood more directly and clearly, which is favoured by humans' cognition in processing information (Beattie and Jones, 2002) and they also can be more easily memorised and retrieved (Beattie et al. , 2008).

From the above discussion several arguments can be advanced in favour of the MACC. The MACC reveals the relation between abatement opportunities and abatable CO_2-e amounts and their respective benefits/costs per ton of CO_2-e. This relationship might not be easily accessible from technical and/or accounting reports on abatement options which can be complex and difficult to understand for non-experts. The MACC provides a simplification of complex data by reducing NPV-calculations and technical reports on CO_2-e abatement options into single bars plotted as ascending. The resulting graphical inscription can be used as a convincing tool in support of investment decisions, in particular which abatement opportunities are to be undertaken in order to achieve a pre-given corporate emission reduction goal and the respective costs. Obviously, the MACC can make different abatement opportunities more easily comparable and thus overcome time and space limitations, but it can also have a normative control function and act over distance.

Beaumont and Tinch (2004) found in their case study of the Humber Estuary in the UK that the MACC applied to all the pollutants in the water of this region provides valuable information on future strategies for abatement and also an insight to the barriers preventing this reduction (p. 213). Apart from that, more transparency was found in terms of investment decisions and the actual cost of a longer (10 – 20 years) time span. That is, the MACC revealed that abatement measures with high initial costs, but lower operating costs, can be more cost effective in the long-run than measures that appeared initially less costly. The MACC also enhances comparison of different abatement opportunities with the actual price of carbon permits (Kuik et al. , 2009). Policy decision-makers can use the MACC to determine whether it is worth supporting a certain abatement technology rather than buying certificates from international markets and can use information from the MACC to either set the level of regional emissions or to determine the price for emissions (Blanchard et al. , 2002). Thus the MACC can provide information for companies, consumers or politicians to undertake either abatement investments or to pay for their emissions. However, this investment decision instrument has not been introduced into the accounting literature, yet. This paper aims to fill this gap by showing theoretical potentials but also some diverse threats to the adoption of the MACC.

3. The MACC and Management Accounting

3.1 Management accounting

A combination of Loew (2003, p. 43) and Schaltegger and Burritt's (2000, p. 107) Environmental Management Accounting (EMA) classifications determines the Environmental Management Accounting (EMA) approaches for this paper. These are examined for their capacity to provide the information required to establish a MACC.

3.1.1 Calculation of environmental protection costs and Materials and energy flow-oriented cost accounting

Separately calculated environmental protection cost (Orbach and Liedtke, 1998; VDI, 1979), full cost accounting (Parker, 2000) as well as their more future oriented counterparts, separate environmental budgeting (Wagner and Janzen's 1991) and inclusion of environmental risks as future costs (Neumann-Szyszka 1994), focus on end-of-pipe' investments. Therefore, these approaches provide no focus on integrated technologies (Schaltegger and Burritt, 2000; Schaltegger and Wagner, 2005) and do not deliver sufficient data to establish even a baseline or to generate a MACC.

Resource cost accounting and Activity Based Cost Accounting (ABC) have greater potential to inform a MACC. Resource cost accounting allocates the cost of for rejected and waste quantities at each production process to the cost drivers (Kunsleben and Tschesche, 2010). Those data can be incorporated into a MACC to illustrate reduction in waste and to build the baseline for a MACC. ABC allows an accurate allocation of prevention cost and of costs after the abatement investments were undertaken. The focus of ABC and resource cost accounting on the present and past can be overcome by life-cycle costing (LCC). LCC identifies, tracks, and accounts for the total cost of a product, activity, or process through its whole life-cycle, and discounts them over its lifetime (Korpi and Ala-Risku, 2008). LCC might provide the most holistic view of environmental cost that a product has to carry and therefore is a good starting point for the MACC.

Material Flow Cost Accounting (MFCA) combines physical and cost relevant information in order to reduce waste and increase efficiency (Staniskis and Stasiskiene, 2006; Wagner, et al. , 2010). In order to integrate future energy and material-flows Schaltegger and Burritt (2000) suggest Material flow-oriented and energy flow-oriented activity-based budgeting. Both accounting techniques add another layer of data to support the establishment, refinement and accuracy of the MACC.

3.1.2 Environmental investment appraisal

Investment appraisal is-the process by which projects are evaluated and approved (Spitzer et al. , 1993, p. 7) with its political nature (Burchell et al. , 1980). This section names and explains several-anthropocentric or human-centred value based (Milne, 1991, p. 87) approaches for investment appraisal with the awareness that just as there is no single method of evaluating investment opportunities, so can there be no single way of incorporating environmental considerations into investment decisions (Gray et al. , 1993, p. 153).

The use of the payback method puts emphasis on the short-term (Gray et al. , 1993), and is therefore inadequate to evaluate environmental investments (Epstein and Roy, 1998). It ignores future cash-flows once the pay-back time has been reached (Jasch, 2009) and therefore neglects environmental investments with longer payback periods and with benefits revealed many years in the future (Schaltegger and Burritt, 2000). Finally, there is no rational economic link between the goal of maximizing shareholder value and the acceptance criterion (Parrino and Kidwell, 2009).

Similarly, the accounting rate of return as decision-making tool shares many of the payback method's advantages and disadvantages. Both, pay-back time and accounting rate of return could be assigned to abatement opportunities which are depicted as part of the MACC. Their usefulness, however, for environmentally sound investments has to be rejected due to long-term considerations that underpin those investments. Both methods do not consider the time value of money or the future (long-term) cash-flows considered by net present value (NPV).

The NPV incorporates opportunity costs of capital and discounts future net cash-flows, thus projects/investments with positive NPV are worth conducting. As for environmental investments Portney and Weyant (1999) bring the argument forward that discounting puts lower value on future generations, therefore, it is unethical and discourages long-term investments with a life over ten years (Elkington, 1991). Suggested solutions might be: lower social discount rates (Epstein and Roy, 1998), adjustments to the cost and benefit rather than discount rate to assess environmental risk (Epstein and Roy, 1998), and a test of sensitivity of project evaluations'outcome towards the variation of key parameters (Kula, 1992).

The introduction of products should be treated as an investment and LCC's focus, contrary to the previous section (3.1.1.), primarily on capital or fixed assets (Korpi and Ala-Risku, 2008). LCC helps to understand-the purchase price of the asset and also on determining how much it actually costs the organisation to use, maintain and dispose of that asset during its lifetime (Ellram, 1995, p. 5). The expected (operational and investment) costs of the product and or investment can be either added, with or without discounting. Similar to LCC for investments, the total cost assessment (TCA) method identifies potential savings and costs of pollution prevention projects within traditional costing analysis. The investment appraisal method proposed in this study is the MACC.

The MACC as a graphical illustration of the costs and benefits of abatement options which can be calculated following the McKinsey (2009) definition of abatement costs, which is the change in cost (net cost or benefit) compared to a reference year divided by the annual change in a particular pollutant e. g. CO_2 emissions per annum compared to a reference year:

Kesicki (2010) summarised the advantages of the MACC on a macro level as follows: the presentation of cost for any given reduction amount; the total cost occurring to abate a pre-set amount of carbon emissions; extensive technology details, adjustability of the MACC according to the chosen perspective and easy comprehension of technology specific MACCs. Disadvantages of the MACC are: the restriction to one point in time; no path dependency is provided; uncertainty is not integrated; assumptions may not be made transparent; it lacks consideration of ancillary benefits; it lacks integration of behavioural factors; there are problems of inconsistency in deriving the baseline and not paying sufficient attention to potential rebound effects (Greening et al., 2000). Kesicki and Ekins (2011) mention further flaws of the MACC: that the MACC misses out non-climate benefits (energy security), co-costs (negative distributional impacts), and synergies; and that institutional barriers and transaction costs are not taken into consideration, which explains some of the failure to take implementation options with negative costs (no regret options) (Bréchet and Jouvet, 2009).

The above discussion about the MACC is mainly at a macro-level; and some issues also arise at a micro level. At the micro level, for example a single company, only one study by McKitrick (1999) was found which mentions that the actual abatement costs on a company level are the opportunity costs that an investment implies. The MACC can be seen as undeveloped at a company-level, though it remains an important management accounting instrument which could support decision-making about future investments.

One critique of the MACC as being *restricted to one point in time* can be solved by constructing more than one MACC at different points of time. This might include variations in points of time when implementation of different abatement options would take place. However, too many depictions of MACCs and too many options bear the risk of reducing the simplicity and comprehensibility of the MACC. Also the level for which the MACC might be established impacts on the inclusion of more or less factors. For a project or department level it could be easy and less destructive to include more options and produce several MACCs, whereas on a company level which might involve the aggregation of project and department MACCs, simplicity is sought. In order to *integrate uncertainty* different discount rates can be chosen and/or the expected cash-flows can be adjusted (e. g. upper-, middle-, and low-boundary MACCs on an industry level e. g. Russell and Amand, 2011) and the issue that the MACC *lacks consideration of ancillary benefits, synergies, co-cost, non-climate benefits, institutional barriers, and transaction costs* can be easier solved on a company level by surveying the costs and benefits more thoroughly. Additionally, to run a sensitivity analysis that varies the most sensitive factors (e. g. discount rate, life span of the project, major savings, and others) for certain projects will underpin the robustness of assumptions and address the flaw *that assumptions may not be made transparent* (suggested by Kesicki and Ekins, 2011; see also Lindholm and Suomala, 2007).

Miller (1998) mentions that manufacturing and engineering added more to new calculative concepts and practices than the existing ways of calculation. What he calls margin of accounting are added to or expanded through problematisation (Rose and Miller, 1992) and critique of prevailing practices. The identified problem, then, can be addressed by new forms of calculation which trigger change. The MACC as a part of the cost-benefit-analysis, informed by engineering and other company-related departments can expand the margins of (management) accounting, and add another perspective, the environmental one, to the investment evaluation of organisations.

3.2　Management Information Systems

Management Information Systems (MIS) are only one kind of information system out of many that serve management's needs for information to facilitate performance of activities, such as decision-making, reporting, planning and controlling activities (Leitch and Davis, 1992).

Features of modern information systems select and filter away significant amounts of relevant uncertainty, diversity, and change signals (Hedberg and Jönsson, 1978, p. 48). They have their own worldviews that firstly determine the relevance of information and secondly identify their user-groups; this might hinder companies adaptation to changed environments (Hedberg and Jönsson, 1978). Moreover, the introduction of emission trading schemes and related instruments caused the need for specific environmental, carbon related information in order to facilitate carbon management (Lohmann, 2009; Ratnatunga, 2007). Schaltegger and Burritt (2000) indicate that different managers have different information needs. To overcome this issue Burritt et al. (2002) suggest a framework which classifies the most important information properties for decision makers of a corporation and show how these properties are related to the practices and workflows related to collecting and managing carbon information. Such a framework provides the foundation for comparing the scope, range and potential variability of carbon accounting structures and processes in practice (Burritt, et al., 2010, p. 5).

Monetary Environmental Management Accounting (MEMA) as an accounting system provides information about things like the reduction of cost associated with environmental impact; capital investment decisions into greener products or cleaner production. Generally speaking it supports strategic and operational planning, provides the main basis for decisions about how to achieve desired goals or targets, and acts as a control and accountability device (Schaltegger et al., 2000, p. 15).

Physical Environmental Management Accounting (PEMA) provides information for internal management decisions. In contrast to MEMA, a company's ecological impact on its natural environment is shown in physical units such as joules, cubic metres, or kilograms (Burritt et al., 2002). PEMA can be applied as an analytical tool to assess ecological strengths and weaknesses; a technique that supports decision making in highlighting the relative environmental quality; a measurement tool for other environmental measures e. g. eco-efficiency; a control-tool for indirectly and directly tracing environmental consequences; and a communication tool for internal and external usage.

The choice of a MIS has significant implications for the relevance and availability of information necessary to calculate MACCs at their different levels within an organisation. An organisation has to ensure that information systems provide the information (amount of CO_2-e and $ – value of investment opportunities) to managers to establish baselines and to evaluate their investment decisions. Additionally, as discussed above under 3. 1. 2, the assumptions made in terms of interest rate, baseline, and future investments have to be made transparent so that consistent MACCs across the organisation can be estimated. This might be achieved through the incorporation of a separate information system or by enhancement of Enterprise Resource Planning System (ERPS); either system has to be designed in a way that suits the organisational context. The framework from Burritt et al. (2002) can guide organisations in establishing an information system or expanding its ERPS so that each field of the matrix (MEMA & PEMA with each short & long term perspective, past & future with each ad hoc & routine perspective) is sufficiently covered in order to overcome data flaws discovered by Schaltegger and Zvezdov (2011). The information needs can be assessed by relying on a stakeholder engagement process, as suggested by Yuthas and Dillard (2002) to ensure empowerment of all user-groups and prevent unjust intra-organisational power distribution through uneven information distribution. MIS incorporating the MACC can establish a companywide language which emphasises environmental issues or risks and provides useful information for decision-makers to tackle these issues.

3. 3　Management

The MACC can assist during the process of implementation of management plans and policies. Qu and Cooper (2011) mention that graphical inscriptions can mobilize the heterogeneous human and non-human actors that constitute that project (2011, p. 347) and that abstract objectives can be translated into practice. That is, local specificity is provided by inscription building such as the MACC, which is contrary to abstractly defined management tools. Conceptual ambiguity is controlled by inscriptions, support is provided for management technologies through inscriptions' ability to mobilize distant locales, stabilize meanings, and establish new relationships through combining different elements (2011, p. 347).

Management and management control for sustainability integrates management accounting techniques, which generate information, and a MIS which delivers this information in a logical and systematic manner. The MACC should be a part of the sustainability (environmental) consideration that connects abatement opportunities for a specific pollutant (environmental perspective) to their (investment) costs. More concretely, the MACC can be used as a leading KPI that sets the abatement amount to be achieved and at which costs. Depending on the abatement opportunity there will be reductions in the output of pollutants which will reduce financial costs; either as prevention of clean-up-costs or as prevention of charges for CO_2 permits. Especially, for longer term planning, the MACC will be a valuable tool to guide investments and impact on the cost structure e. g. decreased variable vs. increased fixed costs or in a win-win situation when reduction in either cost category takes place with no cost increase.

3.3.1 Management Accountability

In corporate organisations management is accountable to the board of directors for the efficiency and effectiveness of their decision-making and according to Roberts and Scapens (1985) accounting information can be the means to shape and maintain accountability patterns within an organisation.

The MACC illustrates abatement opportunities which have not been undertaken by the company at their respective costs/benefits. In this sense the MACC can be seen as a means to provide the board with information about a company's available abatement opportunities that have not been undertaken for which company's management can be held accountable. This information should be essential for any company presented with the need to pay for its environmental pollution as it will highlight all abatement opportunities with a cost which is either below or above the cost of buying a permit or paying a carbon tax.

The MACC should be an essential tool of management if it aims to manage the company in an environmentally sensitive way at least cost. They will be able to make cost-effective investment decisions that meet the requirements of other stakeholders who have an environmental focus. A MACC could be a valuable tool to focus management attention on environmental issues. It would promote reflective action because of its relative simplicity and clarity, which does not require advanced technical competence for full understanding by the board of directors and other relevant stakeholders.

3.3.2 Behavioural change in organisations

Accounting, and especially budgeting, planning and (internal-) reporting can, as parts of a company's control system articulate a pattern of expectations' and even influence motivations, as the visibility which is created provides a basis for organisational rewards and sanctions (Burchell et al., 1980, p. 17). Calculative practices such as accounting create visibility of phenomena which otherwise would remain hidden (see for example: Hines, 1991; Hines, 1988; Hopwood, 1987; 1992; Llewellyn, 1994; 1998; Miller, 1992; Miller and Napier, 1993) and Potter (2005) claims that accounting provides a financial lens to understand and observe organisational outcomes and individuals' activities. To assign financial figures to events, processes and activities makes it possible to compare and standardise individuals' actions and achievements, therefore, they become a means to direct, control and act upon these individuals (Miller, 1998).

The MACC might encourage behavioural change within an organisation since it creates explicit visibility for CO_2-e emissions' abatement opportunities and their related costs. However, behavioural change depends on how the MACC is implemented within an organisation and whether it is accompanied by changes in management practice and incorporated into the management control systems as a part of a company's performance indicators.

3.3.3 Sustainability Management

This section is neither aimed at entering into a discussion of sustainability accounting, reporting or disclosure and guidelines for reporting nor to reflect on the critics of those guidelines, nor how to measure sustainability aspects. However, issues around the sustainability concept will be considered to show that a MACC could contribute to decisions which incorporate sustainability considerations by providing clear and informative information.

The Brundtland Report defines the term sustainable development as development that meets the needs of the present without compromising the ability of future generations to meet their own needs (Brundtland, 1987, p. 43) and addresses issues of environmental degradation that goes hand in hand with economic growth as well as the issue that such growth can reduce poverty (Adams, 2006). However, the looseness of the Brundtland Report's definition of sustainable development, while it allows many divergent ideas, is inexact so that diverse groups (e. g. governments, environmentalists, business people, and economic/political planners) can assign different meanings to it (Kaidonis, et al., 2010). There are also trade-offs to be made between each of sustainability's dimensions: environmental, social and economic, which leads to the distinction between concepts of strong (trade-offs are not allowed) and weak (trade-offs are permitted) sustainability perspectives. In practice higher emphasis is given to the economy over the other dimensions of sustainability, with accounting as a means of quantification contributing to the overemphasis on the economy (Adams, 2006) but we must be aware that the environment can exist without the economy but the economy cannot exist without a favourable environment.

Despite serious methodological issues, attempts have been made to quantify the social cost of carbon (SCC). While Pearce (2002) stated a range from US $4 to US $9 per tCO_2 as SCC, Watkiss (2005b) described a study from the UK Government Economic Service (GES) recommending a social cost of carbon of £ 70 per tCO_2, but ranging from £ 35 – 140 per tCO_2 in 2000 (for a review of SCC-estimates see also Tol (2005)). Watkiss (2005b) found that the prevailing literature mainly focused on the effects of SCC upon markets, with market value the primary consideration and socially contingent factors not included.

The uncertainty in the SCC values concerns, not only the true value of impacts that are covered by the models, but also uncertainty about impacts that have not yet been quantified and valued (Watkiss, 2005a, p. 4). Consequently Watkiss (2005a) concluded that existing studies on SCC present only sub-totals of currently known costs and the actual SCC remains unknown.

This short discussion of some issues around sustainability and the social cost of carbon illustrates that its incorporation into a MACC curve may be problematic because of the uncertain nature of the social costs involved. But a MACC will present a range of information on the costs and benefits of investment decisions which have environmental implications and it can highlight those which will contribute most to sustainability. The concept of sustainability/sustainable development is not clearly defined or easily definable and can mean different things to different people. Even if there was a consensus about the definition it has to be decided whether to apply a strong or weak sustainability definition, which raises issues of trade-offs among each of the sustainability dimensions and how to deal with them. Attempts to give consideration to those trade-offs within a MACC-calculation may be subjective and difficult at a company level, and could be expected to be biased towards the economic perspective of sustainability.

Estimates of the SCC are spread over a significant range, depending on their underlying assumptions (e. g. discount rate, valuation of impacts and equity weighting), and they are criticised as excluding non-market and social contingencies. Furthermore, the array of uncertainties underlying SCC is vast so that SCC is not a reliable measure for companies to incorporate into a MACC. It is also questionable to what extent the inclusion of SCC would be prudent in business terms. Assuming a social opportunity cost of carbon per ton CO_2-e to be £ 70, the vast majority of abatement opportunities would be worth undertaking. However, the cash-flow implications are significant since £ 70 per ton CO_2-e cannot easily be recovered from markets or other financial sources, as we have seen in the prices paid in the EU ETS. Thus, the decision usefulness of such a MACC would be limited and not appropriate for a company's attempts to reduce their SCC. That is not to say that a MACC would not be useful for investment decisions under other assumptions concerning the likely cost of carbon.

4. Summary and Conclusion

The prevailing cost accounting method within a company necessary to fulfil MACC's data needs for baseline and abatement opportunities has a significant impact on the compatibility of a MACC with cost-accounting systems. Present and past oriented cost-accounting systems, which provide a solid base for baseline calculation might be limited to end-of-pipe solutions. Furthermore, depending on the costing-system applied and the companies accountability obligations, CO_2-e data might be available, but this is not necessarily the case. The extent to which a company has to adjust its management accounting system to cope with the introduction of a price on CO_2-e emission will vary between companies, but there are overlaps in the information needs for prevailing cost decision making and the MACC. That is, for a company to make future (investment or pricing) decisions, relevant and opportunity costs have to be determined. It lies in the nature of environmentally sound investments that their pay-back period can be very long. Therefore, measures that put too much emphasis on short-term results are more likely to distort investment decisions rather than enrich them.

The establishment of the MACC itself might face issues of prevailing power structures, with resource allocation within a company being a political process. Parties might support their own interests and therefore prevent the MACC from being enforced, as found by Burchell et al. (1980). In a similar vein, Hines (1991) emphasised some of the dangers of placing a figure on nature which might also be applicable to the MACC if utilised for the wrong purpose (one which does not aim to reduce emission but rather to legitimise inertia on cost grounds). On the other hand, there is the possibility that the MACC as a practice on the margin of accounting (Miller, 1998) could become one day central to it, so that externalities such as CO_2-e emissions are accounted for and included in internal investment decision-making.

Accountants in order to model the MACC within the company require a MIS that provides suitable data. This includes data to model the baseline, future-oriented costs and benefits for investments as well as variable costs associated with prevailing practices and abatement opportunities. To what extent prevailing MIS within a company fulfil this requirement cannot be forecast, but a price on emissions and existing legal reporting requirements such as the Australian National Greenhouse Energy Reporting (NGER)-Act 2007 might already ask for some of the necessary data to establish a MACC and to drive an appropriate MIS.

The MACC can set the abatement amounts and their costs of implementation for divisions, departments, or plants. With performance goals illustrated by the MACC, behavioural change could be expected. It can reveal abatement opportunities with their respective costs, and thus create visibility for CO_2-e emission abatement opportunities with their related costs that otherwise could remain hidden (Hines, 1991; Hines, 1988; Hopwood, 1987; 1992; Llewellyn, 1994; 1998). Behavioural change due to the introduction of a MACC also depends on changes in management practise and its integration into management control systems.

For the internal implementation of the MACC within an organisation MIS, and management accounting systems need to provide appropriate information. Whether the MACC can act as a trigger for behavioural change depends on several contingencies which are not only technical but also intra-organisational power-related.

To be efficiently and effectively implemented the MACC will have an impact on the management accounting systems' attributes to foster explicit awareness and consideration within a company's cost-accounting and investment decisions of the costs and benefits of emissions reduction. It could trigger a change towards a more environmentally sensitive management accounting system and support sound management (investment) decisions which internalise the costs of greenhouse pollution in accordance with a national policy of reducing CO_2-e in the atmosphere. This may require improvements in company MIS to facilitate availability of sufficient and reliable data and to enhance a dialogue among departments involved with CO_2-e data. The above measures taken together could result in increased visibility of CO_2-e and CO_2-e abatement opportunities and drive organisational and behavioural change within the company.

The complexity of sustainability and related costing issues do not allow simple representation in other reporting media but the MACC is a way of representing a number of cost/benefit calculations in a comprehensible manner. The MACC has great potential as inscription of complex NPV calculations in a simple manner.

This paper presents arguments for the introduction of the MACC as a tool which can improve the overall quality of environmental accounting and investment decision-making its scope is largely limited to the conceptual. Greater detail about obstacles for implementation and the general usefulness of the MACC can be drawn from the case-studies cited above to study accounting in the context in which it operates' (Hopwood, 1983).

Bibliography

[1] Adams W. M. The Future of Sustainability: Re-thinking Environment and Development in the Twenty-first Century, Report of the IUCN Renowned Thinkers Meeting, 29 – 31 January, available at http: //cmsdata. iucn. org/downloads/iucn_future_of_sustanability. pdf, 2006.

[2] Bauman Y. , Lee M. and Seeley, K. Does Technological Innovation Really Reduce Marginal Abatement Costs? Some Theory, Algebraic Evidence, and Policy Implications, *Environmental and Resource Economics*, 2008, 40 (4): 507 – 527.

[3] Beattie V. , Dhanani A. and Jones M. J. Investigating Presentational Change in U. K. Annual Reports, *Journal of Business Communication*, 2008, 45 (2): 181 – 222.

[4] Beattie V. and Jones M. J. Measurement distortion of graphs in corporate reports: an experimental study, *Accounting*, *Auditing & Accountability Journal*, 2002, 15 (4): 546 – 564.

[5] Beaumont N. J. and Tinch R. Abatement cost curves: a viable management tool for enabling the achievement of win-win waste reduction strategies? *Journal of Environmental Management*, 2004, 71 (3): 207 – 215.

[6] Bebbington J. and Larrinaga-Gonzalez C. Carbon Trading: Accounting and Reporting Issues, *European Accounting Review*, 2008, 17 (4): 697 – 717.

[7] Blanchard O. , Criqui P. and Kitous, A. After The Hague, Bonn and Marrakech: the future international market for emissions permits and the issue of hot air, available at: http: //EconPapers. repec. org/RePEc: hal: journl: halshs – 00196364, 2002.

[8] Bloomfield B. P. and Vurdubakis T. Re-Presenting Technology: It Consultancy Reports as Textual Reality Constructions, *Sociology*, 1994, 28 (2): 455 – 477.

[9] Bréchet T. and Jouvet P. – A. Why environmental management may yield no-regret pollution abatement options, *Ecological Economics*, 2009, 68 (6): 1770 – 1777.

[10] Brundtland G. H. *Our Common Future* (Oxford: World Commission on Environment and Development), 1987.

　　[11] Burchell S. , Clubb C. , Hopwood A. , Hughes J. and Nahapiet J. The roles of accounting in organizations and society, *Accounting, Organizations and Society*, 1980, 5 (1): 5 – 27.

　　[12] Burritt R. L. , Hahn T. and Schaltegger S. Towards a comprehensive framework for environmental management accounting-links between business actors and environmental management accounting tools, *Australian Accounting Review*, 2002, 12 (2): 39 – 50.

　　[13] Burritt R. L. , Schaltegger S. and Zvezdov D. Carbon management accounting-practice in leading German companies, *University of South Australia*, available at: http: //www. unisa. edu. au/ Global/business/centres/cags/docs/Occasional% 20Working% 20Papers/CAGS_Occasional_Working_ Paper_No% 202% 202010% 28CAGS% 29. p df, 2010.

　　[14] Choate A. , Kantamaneni R. , D. Lieberman, Mathis P. , Moore B. , Pape D. , Pederson L. , Pelt M. V. and Venezia J. Emission Reduction Opportunities for Non – CO_2 Greenhouse Gases in California, *California Energy Commission*, *PIER Energy-RelatedEnvironmental Research CEC – 500 – 2005 – 121.* , available at: http: //www. energy. ca. gov/2005publications/CEC – 500 – 2005 – 121/CEC – 500 – 2005 – 121. PDF, 2005.

　　[15] Elkington J. *The green business guide: how to take up-and profit from-the environmental challenge* (London: V. Gollancz), 1991.

　　[16] Ellram L. M. Total cost of ownership: an analysis approach for purchasing, *International Journal of Physical Distribution & Logistics Management*, 1995, 25 (8): 4 – 23.

　　[17] Epstein M. and Roy, M. – J. *Integrating Environmental Impacts into Capital Investment Decisions* (Sheffield, England: Greenleaf), 1998.

　　[18] Gibson K. C. and Martin B. A. Demonstrating Value through the Use of Environmental Management Accounting, *Environmental Quality Management*, 2004, 13 (3): 45 – 52.

　　[19] Gray R. H. , Walters D. , Bebbington J. *Accounting for the environment* (London: M. Wiener Pub), 1993.

　　[20] Greening L. A. , Greene D. L. and Difiglio C. Energy efficiency and consumption—the rebound effect—a survey, *Energy Policy*, 2000, 28 (6 – 7): 389 – 401.

　　[21] Hedberg B. and Jönsson S. Designing semi-confusing information systems for organizations in changing environments, *Accounting, Organizations and Society*, 1978, 3 (1): 47 – 64.

　　[22] Hines R. On Valuing Nature, *Accounting, Auditing & Accountability Journal*, 1991, 4 (3).

　　[23] Hines R. D. Financial accounting: In communicating reality, we construct reality, *Accounting, Organizations and Society*, 1988, 13 (3): 251 – 261.

　　[24] Hopwood A. G. The archeology of accounting systems, *Accounting, Organizations and Society*, 1987, 12 (3): 207 – 234.

　　[25] Hopwood A. G. Accounting calculation and the shifting sphere of the economic, *European Accounting Review*, 1992, 1 (1): 125 – 143.

　　[26] Hopwood A. G. On trying to study accounting in the contexts in which it operates, *Accounting, Organizations and Society*, 1983, 8 (2 – 3): 287 – 305.

[27] IPCC *Climate Change* 2013: *The physical science basis*, available at http://www. climatechange2013. org/images/uploads/WGIAR5_WGI – 12Doc2b_FinalDraft_All. pdf. 2013.

[28] Jackson T. Least-cost greenhouse planning supply curves for global warming abatement, *Energy Policy*, 1991, 19 (1): 35 – 46.

[29] Jasch C. *Environmental and material flow cost accounting: principles and procedures* (New York: Springer), 2009.

[30] Kaidonis M. , Stoianoff N. P. and Andrew, J. (2010) *The Shifting Meaning of Sustainability* (Farnham: Gower Publishing Ltd).

[31] Kesicki F. Marginal Abatement Cost Curves for Policy Making-Expert-Based vs. Model-Derived Curves. 33rd *IAEE International Conference*. Rio de Janeiro, 6 – 9 June 2010.

[32] Kesicki F. and Ekins P. Marginal abatement cost curves: a call for caution, *Climate Policy*, 2011, 1 – 18.

[33] Korpi E. and Ala-Risku T. Life cycle costing: a review of published case studies, *Managerial Auditing Journal*, 2008, 23 (3): 240 – 261.

[34] Kuik O. , Brander L. and Tol R. S. J. Marginal abatement costs of greenhouse gas emissions: A meta-analysis, *Energy Policy*, 2009, 37 (4): 1395 – 1403.

[35] Kula E. *Economics of natural resources and the environment* (London: Chapman & Hall), 1992.

[36] Kunsleben A. and Tschesche J. R. Resource Cost Accounting (RKR) – A Synthesis of Business Management and Technology, *Chemical Engineering & Technology*, 2010, 33 (4): 589 – 592.

[37] Leitch R. A. and Davis K. R. *Accounting information systems: theory and practice* (Englewood Cliffs, N. J: Prentice-Hall), 1992.

[38] Lindholm A. and Suomala P. Learning by costing: Sharpening cost image through life cycle costing? *International Journal of Productivity and Performance Management*, 2007, 56 (8): 651 – 672.

[39] Llewellyn S. Managing the Boundary: How Accounting Is Implicated in Maintaining the Organization, *Accounting, Auditing & Accountability Journal*, 1994, 7 (4): 4 – 23.

[40] Llewellyn S. Boundary work: Costing and caring in the social services, *Accounting, Organizations and Society*, 1998, 23 (1): 23 – 47.

[41] Loew T. *Environmental Cost Accounting: Classifying and Comparing Selected Approaches* (Dordrecht: Kluwer Academic Publishers), 2003.

[42] Lohmann L. Toward a different debate in environmental accounting: The cases of carbon and cost-benefit, *Accounting, Organizations and Society*, 2009, 34 (3 – 4): 499 – 534.

[43] McKinsey Nauclér T. and Enkvist P. – A. Pathways to Low Carbon Economy-Version 2 of the Global Greenhouse Gas Abatement Cost Curve, *McKinsey & Company*, available at: https://solutions. mckinsey. com/ClimateDesk/default/en-us. aspx, 2009.

[44] McKitrick R. A Derivation of the Marginal Abatement Cost Curve, *Journal of Environmental*

Economics and Management, 1999, 37 (3): 306 – 314.

［45］Miller P. Accounting and Objectivity: The Invention of Calculating Selves and Calculable Spaces, *In Annals of Scholarship*, 1992, 9 (1/2): 61 – 85.

［46］Miller P. The margins of accounting, *European Accounting Review*, 1998, 7 (4): 605 – 621.

［47］Miller P. and Napier C. Genealogies of calculation, *Accounting, Organizations and Society*, 1993, 18 (7 – 8): 631 – 647.

［48］Mills E. , Wilson D. and Johansson T. B. Getting started: no-regrets strategies for reducing greenhouse gas emissions, *Energy Policy*, 1991, 19 (6): 526 – 542.

［49］Milne M. J. Accounting, Environmental Resource Values, and Non-market Valuation Techniques for Environmental Resources: A Review, *Accounting, Auditing & Accountability Journal*, 1991, 4 (3): 81 – 109.

［50］Neumann-Szyszka J. *Kostenrechnung und umweltorientiertes Controlling: Möglichkeiten und Grenzen des Einsatzes eines traditionellen Controllinginstruments im umweltorientierten Controlling.* (Wiesbaden: Dt. Univ. -Verl. Gabler.), 1994.

［51］Orbach T. and Liedtke C. Eco-Management Accounting in Germany. Concepts and pratical Implementation Wuppertal Institute for Climate, Environment and Energy Devision for Material Flows and Structural Change, available at: http: //econstor. eu/bitstream/10419/49134/1/300396473. pdf, 1998.

［52］Parker L. D. Environmental Costing: A path to Implementation, *Australian Accounting Review*, 2000, 10 (22): 43 – 51.

［53］Parrino R. and Kidwell D. S. *Fundamentals of corporate finance.* Hoboken, NJ, USA: John Wiley & Sons, 2009.

［54］Pearce D. The social cost of carbon and its policy impliclations Oxford University, available at: http: //www. ucl. ac. uk/ ~ uctpa15/SOCIAL_COST_OF_CARBON. pdf, 2002.

［55］Portney P. R. and Weyant (eds.), J. P. *Discounting and intergenerational equity.* Washington, DC, USA: Resources for the Future, 1999.

［56］Potter B. N. Accounting as a social and institutional practice: perspectives to enrich our understanding of accounting change, *Abacus*, 2005, 41 (3): 265 – 289.

［57］Qu S. Q. and Cooper D. J. The role of inscriptions in producing a balanced scorecard, *Accounting, Organizations and Society*, 2011, 36 (6): 344 – 362.

［58］Ratnatunga J. An Inconvenient Truth about Accounting, *Journal of Applied Management Accounting Research*, 2007, 5 (1): 1 – 20.

［59］Roberts J. and Scapens R. Accounting systems and systems of accountability understanding accounting practices in their organisational contexts, *Accounting, Organizations and Society*, 1985, 10 (4): 443 – 456.

［60］Robson K. Accounting numbers as "inscription": Action at a distance and the development of accounting, *Accounting, Organizations and Society*, 1992, 17 (7): 685 – 708.

[61] Rose N. and Miller P. Political Power beyond the State: Problematics of Government, *The British Journal of Sociology*, 1992, 43 (2): 173 – 205.

[62] Russell B. A. and Amand D. S. Marginal Abatement Costs and Cost Effectiveness of Energy-Efficiency Measures, *The Society of Naval architecturs and marin engineers (SNAME) Technical and Research program panel AHP20: Greenhouse Gases and Economics*, available at: http://www. imarest. org/Portals/0/IMarEST/Community/IMO/MEPC62% 20INF% 207% 20Report. pdf, 2011.

[63] Savage D. E. , Ligon P. J. and Lomsek J. Policy Pathways for Promoting Environmental Management Accounting (EMA) United Nations, available at: http://www. un. org/esa/sustdev/publications/policiesandlinkages. pdf, 2001.

[64] Schaltegger S. and Burritt R. *Contemporary environmental accounting: issues, concepts and practice*. Sheffield: Greenleaf, 2000.

[65] Schaltegger S. , Hahn R. W. and Burritt R. L. Environmental Management Accounting-Overview and Main Approaches, *Centre for Sustainability Management*, available at: http://www2. leuphana. de/umanagement/csm/content/nama/downloads/download_publikationen/06 – 1downloadversion. pdf, 2000.

[66] Schaltegger S. and Wagner M. *Current Trends in Environmental Cost Accounting and Its Interaction with Ecoefficiency Performance Measurement and Indicators*. Dordrecht: Springer, 2005.

[67] Schaltegger S. and Zvezdov D. Management klimarelevanter Reporting informationen-Eine explorative Unter suchung in deutschen Unternehmen, *Controlling & Management*, 2011, 55 (2): 92 – 96.

[68] Sitnicki S. , Budzinski K. , Juda J. , Michna J. and Szpilewicz A. Opportunities for carbon emissions control in Poland, *Energy Policy*, 1991, 19 (10): 995 – 1002.

[69] Smith L. D. , Best L. A. , Stubbs D. A. , Johnston J. and Archibald A. B. Scientific Graphs and the Hierarchy of the Sciences: A Latourian Survey of Inscription Practices, *Social Studies of Science*, 2000, 30 (1): 73 – 94.

[70] Spitzer M. , Pojasek R. , Robertaccio F. and Nelson J. Accounting and Captial Budgeting for Pollution Prevention. *Engineering Foundation Conference*. San Diego, CA, USA, 1993.

[71] Staniskis J. K. and Stasiskiene Z. Environmental management accounting in Lithuania: exploratory study of current practices, opportunities and strategic intents, *Journal of Cleaner Production*, 2006, 14 (14): 1252 – 1261.

[72] Tol R. S. J. The marginal damage costs of carbon dioxide emissions: an assessment of the uncertainties, *Energy Policy*, 2005, 33 (16): 2064 – 2074.

[73] Turner G. , Sjardin M. and Capua M. D. Carbon Markets-North America-Research Note, *Bloomberg New Energy Finance*, available at: http://www. google. com. au/url? sa = t&rct = j&q = &esrc = s&source = web&cd = 1&ved = 0C DEQFjAA&url = http% 3A% 2F% 2Fbnef. com% 2FDownload% 2FUserFiles_File_WhitePapers% 2FNEF_RN_Carbon_Markets_NAmerica_2010_01_US-MACC. pdf&ei = yld 2UefDOLCUiAfhm4GAAg&usg = AFQjCNGUbdOajI51sTpw4CTGDtt2cxmo6A&bvm = bv. 45512109, d. aGc&cad = rja, 2010.

[74] VDI. *VDI-Richtlinie* 3800: *Kostenermittlung fuer Analagen und Massnahmen zur Emissions-*

miderung. Duesseldorf: VDI, 1979.

[75] Wagner B. , Nakajima M. and Prox M. Materialflusskostenrechnung-die internationale Karriere einer Methode zu Identifikation von Ineffizienzen in Produktionssystemen, *uwf*, 2010 (18): 197 – 202.

[76] Wagner G. R. and Janzen H. Ökologisches Controlling. Mehr als ein Schlagwort? *Controlling & Management*, 1991, 3 (3): 120 – 129.

[77] Watkiss P. The Social Cost of Carbon, *AEA Technology Environment*, available at: http: //www. oecd. org/dataoecd/19/21/37321411. pdf, 2005a.

[78] Watkiss P. The Social Cost of Carbon-the Social Costs of Carbon (SCC) Review—Methodological Approaches for Using SCC Estimates in Policy Assessment, *AEA Technology Environment*, available at: http: //www. oecd. org/dataoecd/19/21/37321411. pdf, 2005b.

[79] White A. L. and Savage D. E. Budgeting for Environmental Projects: A survey, *Strategic Finance*, 1995, 77 (4), pp. 48 – 54.

[80] Yuthas, K. and Dillard, J. A. (2002) A responsibility-based approach to the development and implementation of advanced accounting and information technology, *Research on Accounting Ethics*, 9, pp. 37 – 58.